福島県全図

【会津】
会津若松市：2-1,5-1,5-4
喜多方市：3-3
猪苗代町：1-1
磐梯町：1-1
会津坂下町：3-2,コラム1-2
金山町：3-2
下郷町：コラム1-2
昭和村：3-2
只見町：3-2
西会津町：コラム1-2,コラム3-4
檜枝岐村：3-2
三島町：3-2
南会津町：3-2
柳津町：3-2

＊地名の後ろの「2-1」は、本書第2部の1番目の章での掲載を表している。

,1-3,2-2,2-3,3-1,5-1,5-2,
ラム1-1,コラム2-1,コラム2-2,
ラム3-1,コラム5-1,コラム5-2
郡山市 -1,1-4,3-1,3-2
白河市：2-1
須賀川市：5-2
二本松市：1-3,1-5,4-3
本宮市：5-3,コラム1-3
川俣町：コラム3-2
国見町：1-1,1-2
三春町：2-1

大学的福島ガイド

——こだわりの歩き方

福島大学行政政策学類 編
阿部浩一 責任編集

昭和堂

大安場古墳（菊地芳朗撮影）

阿津賀志山と二重堀（菊地芳朗撮影）

松川事件碑（高橋有紀撮影）

河野広中像（阪本尚文撮影）

郡山市街界全図1909
（郡山市図書館デジタルアーカイブより）

田子倉発電所、只見ダム
（塩谷弘康撮影）

2011年5月14日 富岡駅（富岡町教育委員会提供）

長泥地区環境再生事業　農地再生盛り土（鈴木典夫撮影）

布沢棚田の芸術祭（岩崎由美子撮影）

本宮映画劇場（久我和巳撮影）

『大学的福島ガイド』刊行に寄せて

「ふくしま」と聞いて、この本を手に取っておられる方は、何を思い出されるだろうか。もちろん、東日本大震災とそれにひき続く東京電力福島第一原発事故の記憶を、まだ心の中に強くとどめているという方も多いことだろう。

だがそれだけではなく、自らの出身地であるとか、桃やぶどうなどのおいしい果物の産地であるとか、尾瀬や阿武隈山系の豊かな自然であるとか、歴史上のできごとなどを想起される方もいるはずだ。

どの土地にもそれぞれに、人々の想いが重なっている。「ふくしま」も例外ではない。人の数だけ、「ふくしま」の姿は存在するともいえる。

『大学的福島ガイド』は、そんな「ふくしま」の多様な姿を、「大学的」に描き出そうという一冊である。執筆者は地元福島大学の行政政策学類に所属する教員たちである。

福島大学行政政策学類は、一九八七年十月に福島大学行政社会学部として発足し、一九八八年四月に第一期生を迎えた。二〇〇四年に改組されて現在の名称、組織となっている。比較的新しい学部（現在は学類）であり、人文科学・社会科学領域でさまざまな専門をもつ教員が所属している。そのため、紹介の視点も多岐にわたった。

執筆者は、それぞれの立場から福島という地域にかかわった経験を持ち、魅せられてきた。他の地域でも出していているような、長い間福島で暮らしてきたものも多い。

ほかの地域の出身であっても、長い間福島で暮らしてきたものも多い。

集部の大石泉さんからお話をいただいたのが、二〇二二年六月のことである。その後、できれば行政政策学類の幅広い分野の教員でまとめよう、という方針で、専門とする研究領域を問わずに手を挙げてもらって内容を検討し、責任編集者のもとで形を整えてきた。

学部・学類・大学院の同窓会である阿武隈会、学類学生の保護者で作る後援会には、出版助成という形で、こころよくご協力をいただいた。さらに重ねて、福島大学基金研究推進事業からの学術出版助成をいただき、このたび無事出版にこぎつけることができた。その他を含め、ご尽力、ご協力いただいた諸氏・諸団体には、ここで感謝の言葉を記したい。

・・・・・

それでは、本書全体の構成の意図と各論の内容について簡単にご紹介する。

「**第1部　歴史から福島を探訪する**」は、行政政策学類の歴史研究者五名がそれぞれの専門とする時代・分野から執筆した。

考古学の菊地芳朗は、縄文時代の会津の法正尻遺跡、郡山市の大安場古墳、中世の阿津賀志山防塁という時代の異なる三つの遺跡から、福島の歴史的特性を論じる。

文化史の阿部浩一は、鎌倉時代の阿津賀志山防塁と石那坂合戦、奥大道、戦国時代の大森城・八丁目城を例に、ふくしまの中世を体感できる身近な史跡と史実を紹介する。

地方行政論の荒木田岳は、幕末に生糸の一大集散地福島町で出会った三人の商人が、維新期に小野組で結集し、閉店後に三者三様の道を歩んでいく姿を辿っていく。

地域史の徳竹剛は、江戸時代の宿場町から東北有数の都市に発展した郡山市の近代のあゆみを、過去と現在の道を軸に展開される歴史の痕跡を辿りながらガイドする。

地方政治論の功刀俊洋は、地域振興政策としての歴史と文化を資源にした観光都市づくりの実像を、学生たちとまち歩きを経験した二本松市を例に案内する。

「**第2部　身近な地域から法を知り、世界を展望する**」は、行政政策学類の柱の一つである法学分野から三名の教員の論考を採録した。

憲法の金井光生は、日本の立憲主義と日本国憲法の成立に関わりをもつ福島県ゆかりの五人の事績を紹介し、福島を日本の立憲主義と憲法の土壌の一つだと高く評価する。

刑法・刑事裁判法の高橋有紀は、「戦後最大の冤罪事件」松川事件の刑事訴訟法的意義を、別件逮捕と自白、刑事訴訟法改正、再審法といった今日の観点から捉えなおす。

憲法の阪本尚文は、新たに建設された福島市議会が採用した議場構造に込められた思想を、諸外国との比較や議事録から解明し、市民の議会傍聴の大切さを解く。

「**第3部　地域に学び、ともに課題に取り組む**」は、行政政策学類の多くの教員が得意とする地域連携やフィールドワークにもとづく三名の論考を配した。

社会調査論の今西一男は、福島・郡山・いわきの三都市を例に、成長期の都市計画の見方である中心市街地と郊外住宅地の関係を概観し、特徴と課題を指摘する。

法社会学の塩谷弘康は、安積開拓・安積疏水開削事業と只見川電源開発事業の二つの国家プロジェクトから、地域の発展と遅れという光と影の部分を浮き彫りにする。

地域環境論の廣本由香は、喜多方市熱塩加納町での有機農業の取り組みと学校給食への供給、散歩みちから広がる地域づくりから、地域循環共生圏の可能性を展望する。

「**第4部　震災・原子力災害の地域に寄り添う**」は、二〇一一年三月に発生した東日本大震災・福島第一原発事故の被災地での調査と実践に基づく四名の論考で構成される。

ジェンダー論の髙橋準は、「よせあつめ」をキーワードに、震災後の「ふくしま」、南相馬市、地域と人の関わりを分析し、その先に「ふるさと」の存在を見る。

行政学の西田奈保子は、いわき市豊間地区の震災・津波被災から復興への過程における「ふるさと豊間復興協議会」の活動と経験、役割と今後を中心に描き出す。

社会計画論の岩崎由美子は、放射能汚染から独自に食と農の安全の再生に取り組む先駆けとなった二本松市東和地区の住民主体の地域づくりと復興の歩みを詳述する。

地域福祉論の鈴木典夫は、までい（丁寧に細やかに心を込めて）な村、飯舘村が震災・原発事故での全村避難の苦難を乗り越え希望をもって進んでいく様子を活写する。

そして「**第5部　福島を文化から探り、楽しむ**」は、行政政策学類の特徴でもある文化研究の成果として四名の論考を収める。

メディア論の新藤雄介は、会津図書館・福島県立図書館・福島市立図書館・須賀川図書館の四つの事例を紹介し、それぞれのあゆみと多様なかたちを明らかにする。

欧米文化論の田村奈保子は、福島の芸術・文化の核として「ことどこかをつなぐ場」でもある福島県立美術館の魅力を存分に語り、読者を美術館へと誘う。

言語文化論の久我和巳は、学生たちとフォーラム福島、本宮映画劇場を訪れて調査した成果に基づき、福島の映画館の歴史とその魅力について語る。

情報社会論の佐々木康文は、全国的にも評価の高い福島県の清酒業の実態をデータから分析し、質の高さを維持するしくみや酒蔵・酒造りの個性を解き明かす。

なお、各部にはそれぞれのテーマに関わるコラムを配置したので、あわせてご一読いただきたい。

以上からも分かるように、行政政策学類には法学、行政学、政治学、社会学、歴史学、文化研究など、学類の名称からは想像できないような、人文科学・社会科学の多岐にわたる分野を専門とするスタッフが揃っている。本書を通じて、行政政策学類の学問的魅力をぜひとも感じ取っていただきたい。そして本書を片手に、実際に福島県内の各地を訪れていただき、その多彩な魅力を心ゆくまでご堪能いただければ、望外の喜びである。

福島大学行政政策学類長　髙橋 準

責任編集　阿部 浩一

なお、本書の刊行にあたっては、福島大学基金研究推進事業（学術出版助成、助成番号24FC001）、福島大学行政政策学類後援会及び福島大学行政政策学類同窓会阿武隈会からの助成を得た。記して感謝申し上げる。

第5部　福島を文化から探り、楽しむ

第1部

歴史から福島を探訪する

考古学からみた福島と東北の位置

菊地芳朗

はじめに

二〇二一年に青森県三内丸山遺跡などが「北海道・北東北の縄文遺跡群」としてユネスコ世界文化遺産に登録されたことで、日本にも世界的に貴重な遺跡が存在することを知った人も多いであろう。では、福島県にそのような遺跡はあるのか？　と尋ねられたら、答えに困る人や、「ない」と言ってしまう人も少なくないのではないだろうか。

結論から言うと、世界遺産に登録されるかどうかは別にして、福島県には日本史上重要な位置を占める遺跡が決して少なくない。例えば、国内の遺跡の中で重要なものを国が指定する「史跡」と「特別史跡」は、二〇二三年現在、福島県に五四か所ある。この数は、隣接する宮城県の三五か所や栃木県の三八か所とくらべて明らかに多く、東日本では神奈川県と北海道に次ぐ数である。意外に思われるかもしれないが、じつは福島県は重要遺跡の多いところなのである。

では、このような日本列島史における福島県の重要性とは、何によるものなのだろうか。そのことを知るためには、やや長い時間幅のなかでこの地域をみる必要があり、ここでは、考古学（遺跡）からみた福島県の特性をみてゆくことにしたい。なお、「福島県」は明治時代に成立した行政区分で、江戸時代以前にさかのぼらせてこの名を使うのは本来適当ではないが、煩雑さを避けるため、前近代のこの地域に対しても「福島」と呼ぶことにする。

1　福島の地理的特性

福島は、全都道府県の中で北海道と岩手県に次ぐ面積をもつ広い県である。県域の広がりをごく大雑把にいうと、東西に長い四角い形をしており、大きく、太平洋側の浜通りと中通り、そして日本海側の会津の三地域にわけられる（図1）。浜通りと中通りの「通り」とは、南北に連なる奥羽山脈と阿武隈高地、そして太平洋によって平地が南北に長い通路状の地形に区切られていることから名付けられたものである。この三地域は、夏暑く冬雪が多い会津や、夏が比較的涼しく冬乾燥する浜通りのように、一年を通じ気温や降水量がかなり違い、一つの県とは思えないほどである。

このような地理的特性を反映して、特に浜通りと中通りでは、南北の行き来が比較的盛んであり、そのことは、六号国道・JR常磐線・四号国道・東北新幹線など、現在の主要交通幹線が県内を南北に貫いて通っていることからもうかがうことができる。ただし、東西やナナメの往来が乏しかったかというと決してそうではなく、現在の四九号国道やJR

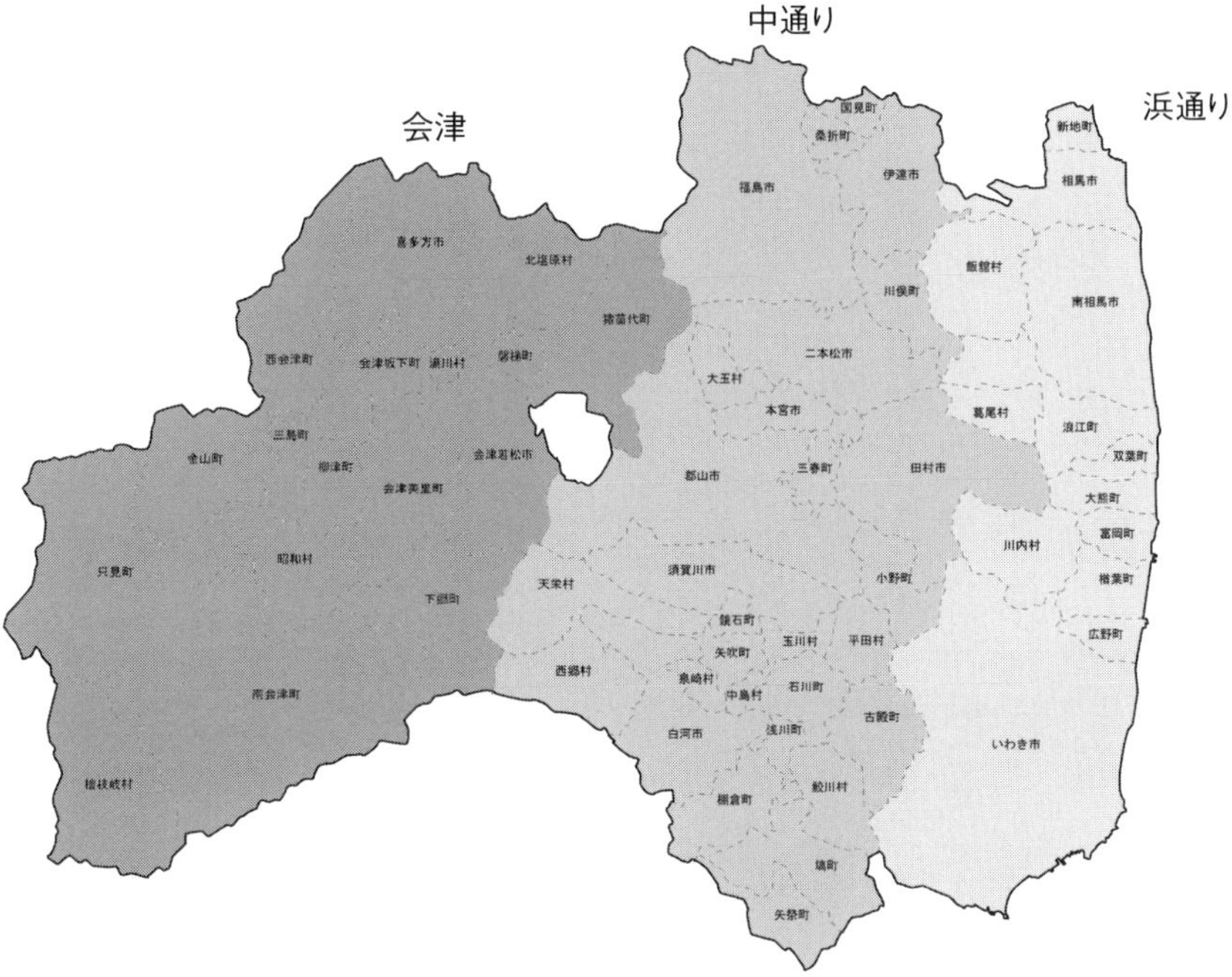

図1　福島県全体図

磐越西線・水郡線・只見線などが福島と東北・関東・北陸を結んでいるように、山間地や河川を使った交通も古くから盛んであった。

また、福島は、行政上では東北地方に位置し、その最も南にあって関東地方と接している。東北と関東とをわけるこの区分は、西暦七世紀中ごろに誕生した日本の古代律令国家において、陸奥国（おもに今の東北南部三県）と常陸国（今の茨城県）・下野国（今の栃木県）の境にほぼ一致しており、歴史的にも意味がある。古代国家成立後に陸奥国と下野国の境に設けられたのが、有名な白河関で、ここは陸奥国の出入口としての役割を担っていた（陸奥国と常陸国の境にも勿来関《なこそのせき》があった）。また、会津は北陸地方の新潟県（越後国）と接しており、その境も古代からおおよそ変わっていない。

このように福島は、東北・関東・北陸の接点に位置し、いにしえからこの三つの地方をつなぐ役割をもつ場所であった。このことは福島の歴史的な性格を大きく規定することになっており、県内の遺跡にはこれらの地域の特徴をあわせもつものや、関東あるいは北陸の影響を色濃く受けたものが多い。また、このような地理的特性を背景に、福島はしばしば歴史上の重要な舞台となっている。以下では、福島を代表する三つの遺跡を紹介し、この場所のもつ歴史的性格を考える手がかりとしよう。

2 福島の遺跡

法正尻《ほうしょうじり》遺跡

会津の猪苗代町と磐梯町にまたがり、会津のシンボルである磐梯山のふもとに営まれた縄文時代の村跡である（写真1）。磐越自動車道の建設に先立って、一九八八年と八九年に福島県教育委員会によって発掘調査が行われ、今から五五〇〇年前～四四〇〇年前の縄文時代中期に、大きく途切れることなく村が続いていたことが明らかになった。発掘調査されたのは高速道路部分のみで、村の範囲はさらにその数倍あり、総面積は東京ドーム約一・六個分（七万六〇〇〇㎡）と推定されている（図2）。東京ドーム約九個分という別格の広

写真1　磐梯山と法正尻遺跡（写真提供：福島県文化財センター白河館）

図2　法正尻遺跡全体図（上が北。本間宏・山元出・河西久子・武熊野の香「縄文中期法正尻集落の再検討」『福島県文化財センター白河館研究紀要』第20号　第1図を改変。図版提供：福島県文化財センター白河館）

さをもつ青森県三内丸山遺跡などをのぞくと、縄文時代の村としては非常に大規模であり、会津の拠点的な縄文村であったと考えてよいだろう。

ここからは多くの遺構（不動産）と遺物（動産）がみつかった。遺構として、竪穴住居跡一二九棟、土坑七五九基、土器埋設遺構二六基などがあり、遺物として、土器片約二六万点、石器類約三〇〇〇点、土製品と石製品約一七〇点などがある。土坑とは、木の実などが蓄えられた地下倉庫や成人の墓などであり、土器埋設遺構とは、死産で生まれた子供や幼いうちに亡くなった子供を土器に入れて葬った墓が多いと考えられる。また、土製品と石製品は、縄文人の精神生活を示す土偶や石棒などの非実用的性格をもった遺物が多くを占めている。未発掘部分にもこれらが多く眠っていると予想されることから、その総数は今の数倍になると推定され、このことからも法正尻遺跡が非常に大きな村であったことをうかがうことができる。ただし、これらは約一〇〇〇年間続いた村の累積の数であることも注意が必要である。

出土遺物の中で、法正尻遺跡の性格を最も特徴づけるのが、土器である（写真2）。やや専門的になるが、福島県を含む東北南部の縄文時代中期は、宮城県七ヶ浜町大木囲《だいぎがこい》貝塚出土土器をもとに設定された「大木式《だいぎ》土器」が分布する範囲の中にあるのだが、法正尻遺跡から出土した土器は、大木式土器を主体にしつつ、他地方の特徴をもつものが多数みられる。

出土した他地方の土器の中で最も目立つのは、北陸地方、特に新潟県に分布する馬高《うまたか》式土器である。馬高式土器とは、縄文土器の代表例として教科書などでしばしば取り上げられる「火焔《かえん》土器」と類似する特徴をもつ土器で、大ぶりな突起や渦巻文など、過度とも言

写真2　法正尻遺跡から出土した各地方の特徴をもつ土器（写真提供：福島県文化財センター白河館）

える装飾が施されている。また、関東地方に分布する阿玉《あたま》台《だい》式土器も多く出土している。さらに、法正尻遺跡では馬高式土器や阿玉台式土器の特徴をあわせもつ大木式土器など、複数の地方の特徴が混交する土器も多数みつかっている。

　法正尻遺跡では、土器のほかにも、新潟・富山の県境で産出するヒスイを用いた装身具（写真3）、山形県最上川流域で産出する頁岩《けつがん》を用いた石

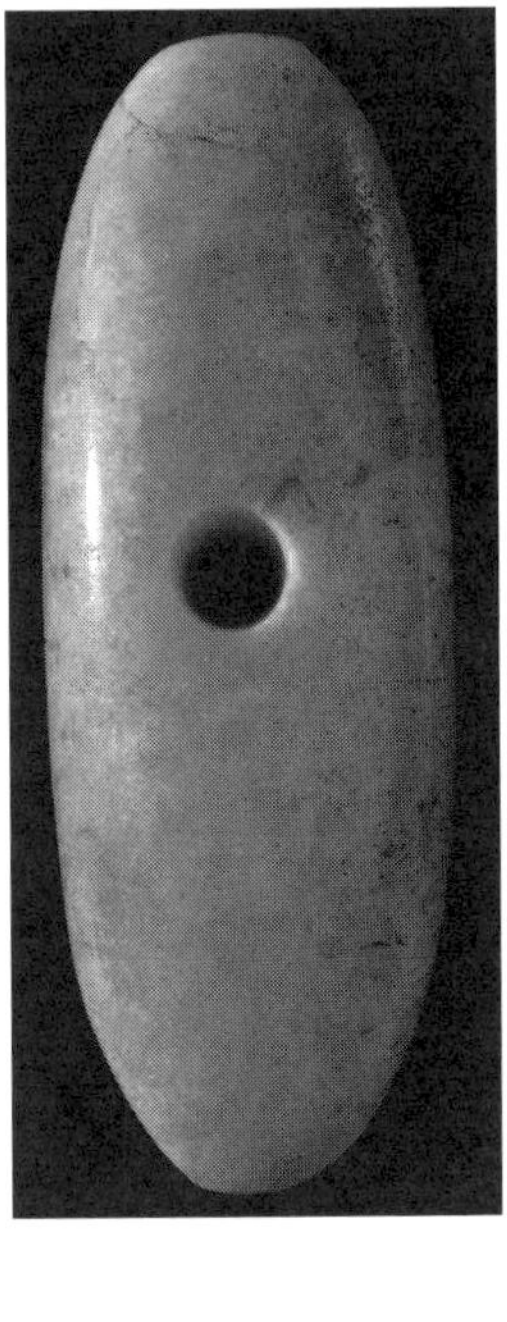

写真3　法正尻遺跡から出土したヒスイ製の大珠
（長さ8.4cm　写真提供：福島県文化財センター白河館）

器、栃木県那須地域で産出する黒曜石を用いた石器など、他地方で産出する材料をもとにつくられた道具が数多く出土している。

このように、法正尻遺跡を舞台として、三地方の多くの人々が行き交い、モノがやり取りされていた。このことこそが、この村が大規模でかつ長く続いた理由であったと考えることができるだろう。これらの成果を受けて、法正尻遺跡の出土品のうち残存状態の良好な土器、土製品、石器・石製品の合計八五五五点が、二〇〇九年に国の重要文化財に指定されている。

大安場《おおやすば》古墳

中通り中部の郡山市にある。市中心部の南東にある丘陵上に築かれ、四世紀後半につくられた全長八四mの前方後方墳である（写真4）。前方後方墳とは、日本最大の古墳として知られる伝仁徳陵（大仙）古墳などの前方後円墳と形が似ているが、遺体が埋められた中心部分が方形をしているもので、西暦三世紀半ば〜四世紀後半（古墳時代前期）の東日本に多く分布している。

大安場古墳は、前方後円墳も含めて中通り最大の規模をもち、前方後方墳としては東北第二位、東日本の中でも第一〇位となる大型の古墳である。しかし、長く存在が知られず、一九九一年に新たに確認された後、測量・発掘が行われ、その全貌が明らかになった。発掘によって後方部の中央で長さ約九mの

写真4　大安場古墳（筆者撮影）

長大な木棺がみつかり、棺内に遺体は残っていなかったものの、腕輪形石製品、刀剣、工具等の副葬品が納められていた（写真5）。

副葬品の中でも特に注目されたのが、腕輪形石製品である（写真6）。これは、きれいな緑色をした凝灰岩でできたブレスレットで、古墳時代前期の有力な古墳の副葬品としてしばしば認められる。しかし、腕輪形石製品の副葬は近畿地方中央部の古墳に集中し、近畿から離れるほど副葬例が少なくなり、東日本では数がごく限られる。大安場古墳の腕輪形石製品は、東北の古墳では初めての例で、現在でも唯一のものである。古墳の規模もふまえると、大安場古墳に葬られた人物は、四世紀中ごろの郡山地域を治めた首長であったと考えられる。

写真5　大安場古墳の棺と副葬品（筆者撮影）

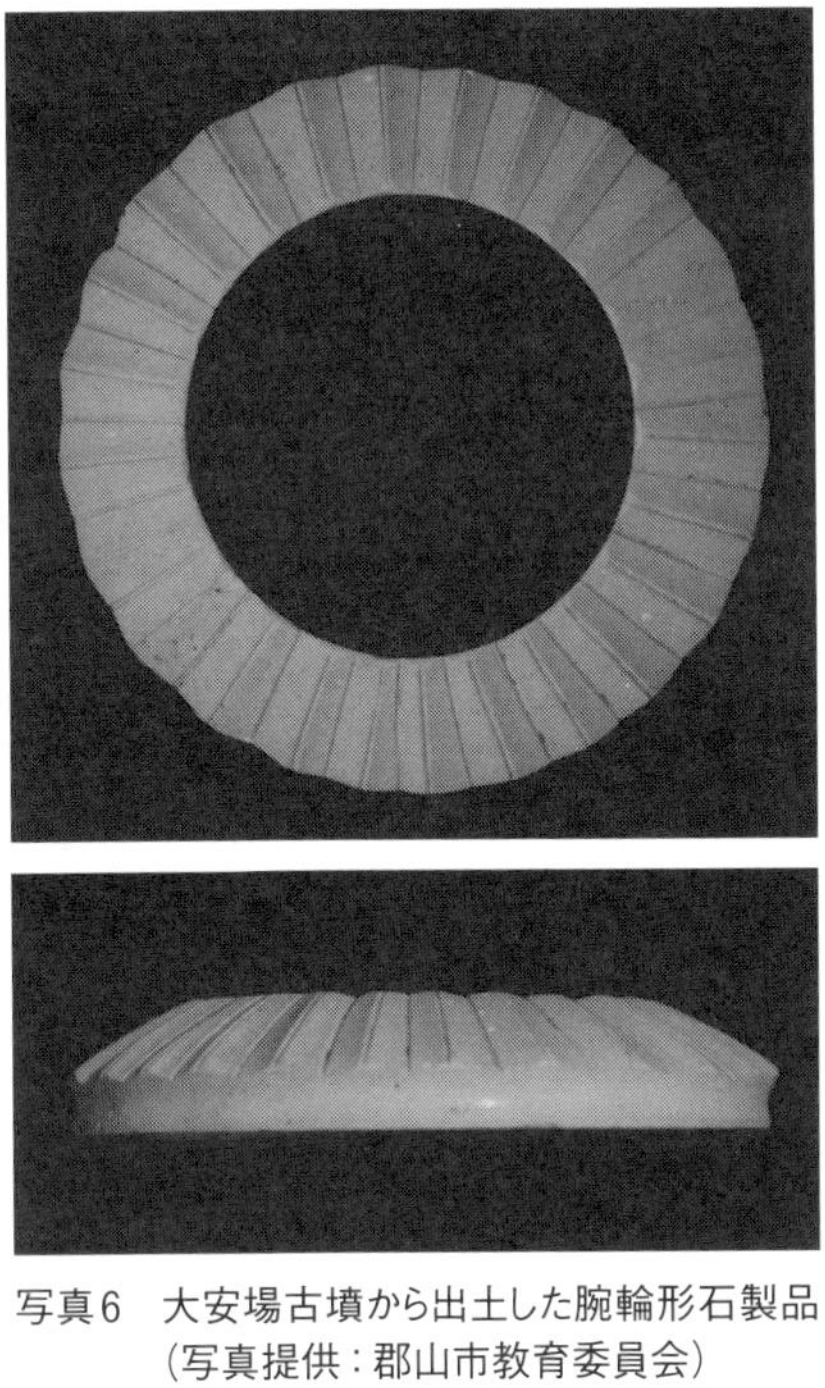

写真6　大安場古墳から出土した腕輪形石製品
（写真提供：郡山市教育委員会）

大安場古墳の確認と調査の前は、郡山地域に大型の古墳が知られておらず、四世紀のこの地域は社会のまとまりが弱く、強い権力をもった人物が現れるに至っていないと考えられることもあった。しかし現在では、郡山地域は四世紀の東北南部でも非常に有力な地域の一つであったと考えられるようになり、古墳時代の郡山地域の評価が一変することになった。これらの成果を受けて、大安場古墳は二〇〇〇年に国の史跡に、副葬品は二〇〇二年に福島県の重要文化財に、それぞれ指定され、現地は大安場史跡公園として整備され郡山市民の憩いの場になっている。

大安場古墳の発掘前後に研究者の関心を集めたのは、なぜこの場所にこれほど大規模で優れた副葬品をもつ古墳が築かれたのか、という点であった。その答えは必ずしも明確になっていないが、私は、古墳の立地・形・出土遺物が大きな鍵になると考えている。

大安場古墳は、郡山地域の中央部を望む丘陵上に築かれ、ここから中通りを南北に貫く阿武隈川や東北新幹線をみることができ、また、丘陵の眼前には現在の四九号国道が東西に通っている。つまり、大安場古墳は、東北の南北と東西を結ぶ重要な交通路が交差する場所につくられ、葬られた人物がそのような陸上・水上交通を握ることを権力の源泉としていたことを強くうかがわせる。また、中通りの南にある栃木県那須地域には、大安場古墳と同じ大型の前方後方墳が多く存在しており、ここからは大安場古墳と同じタイプの土器や腕輪形石製品も出土している。

これらのことをふまえると、大安場古墳に葬られた人物は、郡山地域の有力者というだけでなく、南の関東や北の仙台平野、東のいわきや西の会津・新潟などと活発な交易を行うとともに、政治的関係を取り結んでいたことをうかがわせる。大安場古墳は、四世紀の郡山地域が他地方と密接な関係をもっていたことを象徴的にしめすモニュメントとして、この地に築かれたのである。

阿津賀志山《あつかしやま》防塁跡

阿津賀志山（標高二八九・四m）は、中通り北部の伊達郡国見町にある。福島盆地の北の縁をかたちづくる山の一つで、周囲から目立つ円錐形の山容をもち、山頂から福島盆地を一望することができる。ここは、一一八九（文治五）年の源頼朝による奥州平泉攻め（奥州合戦）に際し、奥州藤原氏の平泉軍と源頼朝の鎌倉軍との間で大規模な合戦が行われた場所である。平泉軍は、阿津賀志山の中腹から南東方向の阿武隈川にかけて長さ約三㎞の長大な防塁を築き、鎌倉軍を迎え撃った。この防塁の多くが今も残り、国指定史跡となっている（写真7）。

この防塁跡に対し、史跡の範囲確認や整備のため、福島県教育委員会や国見町教育委員会による発掘調査が何度も行われており、一部に異なる場所もあるものの、二重の堀と三重の土塁からなる大規模かつ堅固な構造をもっていたことが判明した（写真8）。防塁の幅は広いところで約四〇m、土塁の頂部から堀底までの高さ（深さ）は最大で六m近くもある。これを築造するため、のべ二六万人の動員が必要という推定もあり、奥州藤原氏の力の大きさと、この戦いにかけた並々ならぬ決意をうかがうことができる。

ここに平泉軍の防塁がつくられたのは、奥州藤原氏の支配地域内であるとともに、山によって福島盆地が次第に狭まる地峡状となる場所で、鎌倉軍の本隊が平泉に向かうためにはどうしても阿津賀志山のふもとを通らざるをえず、防御と攻撃に最適の場所と平泉軍が

写真7　阿津賀志山と防塁跡（筆者撮影）

写真8　阿津賀志山合戦模型（写真提供：福島県立博物館）

判断したためと考えられる。このことは、現在のJR東北本線、四号国道、東北自動車道という東北を代表する交通幹線が、すべてこの山のふもとを通っていることからも、よくわかる。

阿津賀志山での激戦は三日間におよんだが、最終的に鎌倉軍が勝利し、よく知られているように、まもなく奥州藤原氏は滅亡した。重要なのは、平泉軍と鎌倉軍との戦いは他でも何か所かで行われたものの、それらはほとんど記録に残っていないことから比較的小規模なものと考えられており（平泉では目立った戦いは行われていない）、阿津賀志山の合戦が、鎌倉軍の勝利を事実上決定づけたということである。

奥州合戦の勝利によって源頼朝の覇権はゆるぎないものとなり、鎌倉幕府の実権が東北から九州まで全国におよぶことになった。東北地方においても、奥州藤原氏の領地が鎌倉幕府の御家人に分け与えられ、おもに関東から多くの御家人が東北の領地に移り住み、東北の政治支配体制が一変した。例えば、郡山市郊外にある磐梯熱海温泉は、奥州合戦後にこの地を与えられた伊東氏が、伊豆の熱海の名を取って温泉の名前としたものである。また、奥州合戦後に東北に移り住んだ関東武士の中には、伊達氏や相馬氏など、のちに戦国大名や近世大名となった家も少なくない。

このように、阿津賀志山の合戦は、その後長く続く武家政権の確立に重大な影響を与えるとともに、古代から続いてきた東北の政治的・社会的秩序を根本的に変える結果をもたらした。まさに「中世の関ヶ原」と言ってよい戦いであり、合戦後にできた政治や社会の枠組みは、その後の全国や東北のあり方を決定づけた。阿津賀志山防塁跡は、その戦いを今に伝える遺跡なのである。

3　福島の歴史的特性

これまで紹介してきた時代の異なる三つの遺跡の性格や特徴をふまえながら、福島のもつ歴史的特性をまとめてみよう。

一つ目は、東北、関東、北陸の三つの地方の接点に位置するという地理的条件を背景に、三地方による様々な交流がここで行われたという点である。紹介した法正尻遺跡が典型的な例であるが、三地方あるいは二地方のモノや、それらが混交したモノが出土する遺跡が県内に多数存在し、古来福島が三地方をはじめとする多くの人々が盛んに行き交う場所であったことを強く物語っている。なお、ここでいう交流とは、単に人の往来にとどまらず、社会的・経済的・政治的なあらゆるモノゴトのやり取り、場合によっては戦争をも含むものとする。これにより、北方（東北）、南方（関東）、西方（北陸）のさまざまな人・モノ・情報が福島に集まるとともに、それぞれの地方に広がることになり、福島のもつ地理的重要性はさらに高まることになったであろう。

二つ目は、東北地方の出入口としての役割を福島が担った点である。行政区分としての東北地方は明治時代以降のものだが、日本列島北部の一定のまとまりをもった地域という意味での「東北」はそれ以前から存在していた。例えば法正尻遺跡でみた縄文時代中期の大木式土器は、ほぼ現在の東北全域に分布しており、共通する文化や社会のまとまりが古くからここに存在していたことを示している（ただし、東北の中の地域差も決して小さくない）。

東北は、広大かつ多様な土地を背景に人的・物的資源が豊富で、他地域からはそれらの供給元として無視しがたい存在感をもつ場所であり、特に日本列島に政治的中心ができた古墳時代以降、その傾向が強くなった。奈良時代に宮城県北部（涌谷町黄金山産金遺跡）で多量の金が産出したことで、東大寺盧舎那大仏（奈良の大仏）を完成させることができ、それを喜んだ聖武天皇が年号を「天平感宝」に改めたという逸話は、東北のもつ位置を示す良い例である。

古代の東北には蝦夷《えみし》と呼ばれる人々がいて、時に大規模な反乱を起こしたことが記録されているが、蝦夷はおもに宮城県北部以北の人々に対する政府側からの呼び名で、福島には存在していなかった。このように政治的・社会的に小さくない違いがある福島と宮城が、古代に陸奥国として一つの行政単位にまとめられたのは、政情が不安定であった宮城以北を支えるため、人・モノ・情報が集まり政治的にも安定していた福島を宮城と一つの国にしておくことが必要と政府が判断したためと考えられる。その背景には、古くから存在していた「東北」という大きなまとまりが念頭におかれていたことも容易に想像できる。

このように福島は、東北地方の最も南にあって、東北と他地域を結ぶ役割を古くから担ってきた。大安場古墳が複数の地域との交易・交流関係を大きな要因として築造されたと考えられることはその一例であり、白河関や勿来関が福島の最南端に設けられたのも、古代における東北と福島の位置と役割を象徴的に示すものということができるだろう（写真9）。

三つ目は、これまでみてきたような福島の地理的位置を背景に、この地が一度ならず日本史上の重要な転換の舞台になったことである。阿津賀志山のふもとで行われた奥州合戦

写真9　白河関跡　ここが真の白河関ではないという説もある（筆者撮影）

最大の戦いがその一例であり、会津若松城で行われた明治戊辰戦争にともなう西軍（新政府方）と東軍（会津藩をはじめとする幕府方）の戦いも、戊辰戦争最大規模の激戦であった。

また、二〇一一年に発生した東日本大震災にともなう東京電力福島第一原子力発電所の爆発事故は、日本のみならず世界に大きな衝撃と影響を与えた出来事として、今後長く記録されることは間違いないだろう。本章の本題から外れるため詳しい説明は省略するが、福島に多数の原発が建設されたのは、決して偶然ではなく、福島の地理的位置と歴史的経緯から生まれたものなのである。

おわりに

福島県内にある遺跡とその特徴の紹介を通じ、福島のもつ地理的位置や歴史的特性を説明してきたが、冒頭に記した「福島に重要遺跡が多い」ことの理由を理解していただけただろうか？

福島には、札幌、東京、大阪、福岡などのような大都市が存在せず、金沢や京都などのような世界や全国から多くの人が集まる観光地もないため、都道府県の中では、〝地味〟というイメージが大きいのではないかと思う。しかし、福島の遺跡や歴史上の出来事に注目すると、多くの貴重な遺跡を抱えるとともに、日本史上のいくつかの重要な舞台となった場所があることを容易に知ることができる。これらが世界遺産に登録される可能性は高いとはいえず、教科書や一般書で取り上げられることも決して多くはないであろうが、日本史や東日本史を語るうえで、福島の遺跡や出来事は欠かすことのできない位置を占めるものが少なくない。その意味で、福島の歴史は〝知る人ぞ知る〟ものと言えるのかもしれない。

考古学を含む歴史学は、「昔のことを調べて喜ぶ道楽の学問」ではなく、過去に起きた出来事や事件の冷静な分析をつうじ、現在と未来の人々に対し、あるべき方向や考え方を示すためのものである。福島の遺跡や出来事は、決して派手さはないものの、考古学や歴史学に多くの情報や示唆を与えてくれる貴重な歴史資料である。そのような目立たぬ遺跡や出来事を地道に調査し、研究することから、教科書に載る事件や出来事だけではみえない歴史の側面や背景とともに、多角的な物事の捉え方を学ぶことができるのである。

〔参考文献〕

日下部善己ほか『伊達西部地区遺跡発掘調査報告』福島県教育委員会、一九八〇年
松本茂ほか『東北横断自動車道遺跡調査報告11 法正尻遺跡』福島県教育委員会、一九九一年
柳沼賢治『大安場古墳群―第6次発掘調査報告―』郡山市教育委員会、二〇〇五年

ふくしまの中世を探訪する

阿部浩一

はじめに——歴史的転換の舞台としてのふくしま

今日の福島県は、前近代には陸奥国の南端に位置し、幾度となく歴史的転換の舞台となってきた。中世東北史研究を長らく牽引してきた大石直正氏は、日本史には時代の大きな転換点において、新しく生まれた統一政権がその統一事業の最後の仕上げとして行った、三回の「奥州征伐」があったとする[1]。古代から中世の転換期における文治奥州合戦、中世から近世における奥羽仕置、そして近世から近代にかけての戊辰戦争のことである。鎌倉の源頼朝軍と平泉の藤原泰衡軍による文治奥州合戦の最大の激戦は阿津賀志山《あつかしやま》の戦い（伊達郡国見町）である。奥羽仕置は検地と大名の配置換え、ときに軍事的制圧をともなって豊臣体制化を推進するもので、会津黒川（会津若松市）に入った秀吉が、八丁目城（福島市松川町）に到着した浅野長政に対して令達したものであった[2]。そして戊辰戦争最大の激戦が会津若松城での戦いであったことはつとに知られている。このように、それぞれの時代の

（1）大石直正「三つの奥羽征伐—日本前近代史における東北の位置」東北学院大学史学科編『歴史のなかの東北』河出書房新社、一九九八年

（2）（天正十八年）八月十二日・八月十一日豊臣秀吉朱印状『浅野家文書』五九・六〇

転換点にあって、新たな統一政権の最後の総仕上げともいうべき三つの「奥州征伐」が、いずれも現在の福島県域と密接に関わっていたことが注目される。

本章では、筆者の専門分野である日本中世史を対象に、「ふくしまの中世」の中でも古代から中世へ、中世から近世へという時代の大きな二つの転換期に焦点をあて、福島大学から比較的近い史跡にも目を向けていく。わたしたちの身近な暮らしの傍らにも意外な「ふくしまの中世」がひっそりと佇んでいることを知ってもらい、大学で学ぶ歴史学に親しみを感じてもらえれば幸いである。

1　奥州合戦の舞台――阿津賀志山防塁と石那坂

奥州合戦の歴史的評価

日本史の教科書では、権力の分権化が始まる一一世紀後半の院政期を中世の始まりとするものや、最初の武家政権である鎌倉幕府の成立を中世の始まりとするものがある。鎌倉幕府の成立時期にも諸説あり、一一九二年説（頼朝の征夷大将軍任官）の一方で、一一八五年説（守護・地頭の設置）を採る教科書もある。いずれにせよ、鎌倉幕府成立と深く関わる治承・寿永の乱に始まる国内戦争の最後が、文治五年（一一八九）の奥州合戦であった。

なお、奥州合戦は、その詳細を伝える唯一の史料である鎌倉幕府の歴史書『吾妻鏡』が「奥州征伐」と記していることから、長らくそう呼ばれてきた。しかし「征伐」とは「罪ある者や反逆する者を攻め討つこと」（『日本国語大辞典』）であり、頼朝が奥州藤原氏を悪者と見た一方的表現であることから、中世東北史研究者の間で「文治五年奥州合戦」などの呼び方が提唱されている。本章でもこれに従い「奥州合戦」として叙述を進める。

川合康氏は、奥州合戦が源頼朝の祖である頼義の故事に基づく前九年合戦の再現という演出によって行われ、全国から動員された武士たちに追体験させるものであったことを指摘し、それによって正統的後継者としての鎌倉殿＝頼朝の権威の確立と御家人制の再編・明確化につなげていったと評価している。(3) そのような奥州合戦の中でも、鎌倉方と平泉の奥州藤原氏が全面衝突した最大の激戦が、福島盆地北側の阿津賀志山の戦いと、南側の石那坂の戦いであった。(4)

阿津賀志山の戦いと「二重堀」

『吾妻鏡』によれば、頼朝軍は八月七日に国見駅に到着した。一方、泰衡はかねてより国見宿と阿津賀志山の間に幅五丈（約一五メートル）の堀を構え、阿武隈川の流れを堰き止めて引き込んだという。そこには異母兄の西木戸国衡を大将軍とし、金剛秀綱ら二万騎の軍を派遣したと伝える。

宮城県と県境を接する国見町には、現在でも厚樫山（阿津賀志山）の中腹から約三キロメートルに及ぶ空堀と土塁の跡が残っている。これが国指定史跡阿津賀志山防塁で、国見町により発掘調査と史跡整備が進められている。現状で残っているのは部分的であり、遠矢崎地区など一部で一重の堀と土塁があるものの、多くが二重の堀と三重の土塁からなっており、一般に「二重（ふたえ）堀」と称されている。中でも国道四号北側地区と下二重堀地区はきわめて残りがよく、下二重堀地区は国見町の歴史まちづくり計画に基づき、二〇二

(3) 川合康『源平合戦の虚像を剥ぐ―治承・寿永内乱史研究』講談社、一九九六年

(4) 奥州合戦については、柳原敏昭「奥州合戦」同編『東北の中世史一　平泉の光芒』吉川弘文館、二〇一五年、伊藤喜良『伊達一族の中世』吉川弘文館、二〇二一年も参照のこと。

一年に「あつかし千年公園」として整備されている（写真1）。

阿津賀志山の麓には、現在でも東西から迫る山々の狭い間を、東北本線・東北自動車道・国道四号などが二重堀を分断するかたちで縦走している。中世の奥大道も同じくこのあたりを通っていたとみられ、交通を遮断する意味でも有効な防衛拠点となったに違いない。

ところが『吾妻鏡』によると、国見駅に到着した頼朝は、翌朝に泰衡の先陣を攻撃する意思を内々に伝え、畠山重忠は人夫八十人で土砂を運ばせて堀を塞いでしまった。翌八日、金剛秀綱は阿津賀志山の前に陣をとり、重忠らと矢合（開戦時に双方が矢を射込むこと）を始めたが、秀綱は大軍を防ぎきれず、大木戸に戻って国衡に敗北を報告した。十日朝に頼朝は阿津賀志山を越え、大木戸に攻め寄せた。前日夜から小山朝光らが案内者に連れられて国衡の背後にまわって奇襲をかけると、平泉方は総崩れとなったという。

写真1　阿津賀志山防塁（下二重堀地区）

石那坂の戦いと伊達氏

鎌倉方と平泉方の合戦は、同じ八日に石那坂でも繰り広げられた。『吾妻鏡』によれば、泰衡方の信夫佐藤庄司基治（義経従者の忠信・継信兄弟の父）が石那坂に陣を構え、堀や柵を築いて待ちかまえたところ、常陸入道念西の子の為宗ら四兄弟が襲撃し、激戦の末に為

写真2　石那坂付近（東北新幹線トンネル出口付近）

宗らは佐藤庄司ら一八名の首を獲って、阿津賀志山山上の経が岡にさらしたという。

　石那坂（石名坂）の地名は、福島盆地の南側の福島市平石、東北新幹線のトンネルの出口周辺にある（写真2）。『吾妻鏡』の記述に従えば、同じ八日に福島盆地の北側の阿津賀志山防塁と、南側の石那坂で合戦が行われていたことになる。そうすると、福島盆地に陣を構える鎌倉軍は前方の阿津賀志山と後方の石那坂で挟み撃ちにあったことになってしまう。石那坂は地形的に下りの傾斜地にあたることから、山を登った頂上から南側（現在の福島大学のあたり）で戦いがあったとする説もある。[5] さらに、基治らが鎌倉軍の到来前から予め堀や柵で防御を固めていたとするならば、衝突が起こったのは鎌倉軍が国見宿に入る七日以前となり、石那坂の戦いは、鎌倉軍が福島盆地に差し掛かった時の前哨戦であった可能性が考えられる。[6] このように『吾妻鏡』の記述はつじつまの合わない部分があり、必ずしも額面通りに受け取れないことを留意しておかなければならない。

　いずれにしても、それまで『吾妻鏡』に関連記事が出てこない、御家人としても名のある存在ではなかった念西一族の活躍が華々しくクローズアップされているのには、いささか唐突な印象を受ける。その背景として頼朝との関係が注目される。『吾妻鏡』によれば、伊達常陸入道念西（常陸介藤原時長）の娘の大進局は頼朝の男子を出産している。しかし、

（5）　小林清治「石那坂合戦の時と所」『すぎのめ』二四、二〇〇一年。なお、小林氏によれば、現在の「石名坂」は新たに設定された字名で、本来の「石那坂」はそれより西の、東北新幹線トンネルの北口の上から南にかけてのあたりに推測されるという。

（6）　注4伊藤著書

正室政子の嫉妬と怒りを恐れるあまり、出産も隠れて行われ、男子誕生が露見すると京都に避難し、そのため乳母の選定にも苦労したという（文治二年二月二十六日条、建久二年一月二十三日条、同三年四月十一日条）。この男子は貞暁といい、仁和寺で僧となり、のち高野山に入って没したという（建久三年六月二十八日条、寛喜三年三月九日条）。僧籍に入ることになったとはいえ、頼朝の男子を授かった女性の実家であれば、合戦での活躍は大いに取り上げられて然るべきであろう。念西一族は奥州合戦の功で陸奥国伊達郡に所領を拝領し、その子孫が伊達氏となっていくのである。

福島大学と奥大道

写真3　福島大学近隣の奥大道と想定される古道

ところで、阿津賀志山と石那坂が激戦の舞台となったのは、いずれも中世の幹道である奥大道が通っていたことと関係する。奥大道は古代の東山道を踏襲していたとみられるが、その一部は福島大学金谷川キャンパスのあたりを通っていたといわれている。小林清治氏は、松川から関谷（本来は「関屋」）を経て福島大学キャンパス西辺（キャンパス北西辺の字本山の東から山に入る道がある）から山道に入り、峰伝いに進んでから平地に下り、新幹線および在来線下り線にほぼ沿って北に進み、南福島駅の南から進路をやや東にとって国道旧四号線に合流し、郷野目を経て福島県庁裏（かつて中世までは阿武隈川に侵食されず現在よりも南東部が広かった）を腰浜、福島競馬場の中を進み、五十辺・本内からは旧四号線にほぼ沿って阿津賀志山へと進んだとされると推測する。[7] 小林氏も執筆する中学校副教材の『ふくしまの中世』では「福島大学北西の裏手から石名坂までの約一・五キロメートルの区間には、幅五メートル余りの道が続き、両側には溝の跡もみられます。東山道・奥大道の跡と推測されます。源義経や頼朝、あるいは西行・一遍など奥州に下った多くの人が、この道を通ったのです。」と記述されている（写真3）。

現在では一部で開発も進んだものの、往時をしのばせてくれる雰囲気のよい旧道が残っている。身近な中世の歴史に思いをはせる意味でも、機会があればぜひ散策してもらいたい。

(7) 注5小林論文、なお、注4伊藤著書も併せ参照されたい。

2　伊達氏攻防の地から奥羽仕置の起点へ——八丁目城と大森城

戦国時代の南奥羽の概観

ここで視点を変えて、今度は中世から近世への転換期に目を向け、戦国時代のふくしまの身近な歴史と史跡を探訪してみよう。その前に、戦国時代の南奥羽の概要を示しておく（図1・2）。

戦国時代の南奥羽を代表する伊達氏は、一六世紀初頭に稙宗が出て、前例のない陸奥守護への任官、梁川から桑折西山への移城、棟役日記や段銭帳作成による税制整備、塵芥集の制定などの施策を次々と打ち出し、多くの子女を周辺諸氏に入嗣・入嫁させて地盤を築

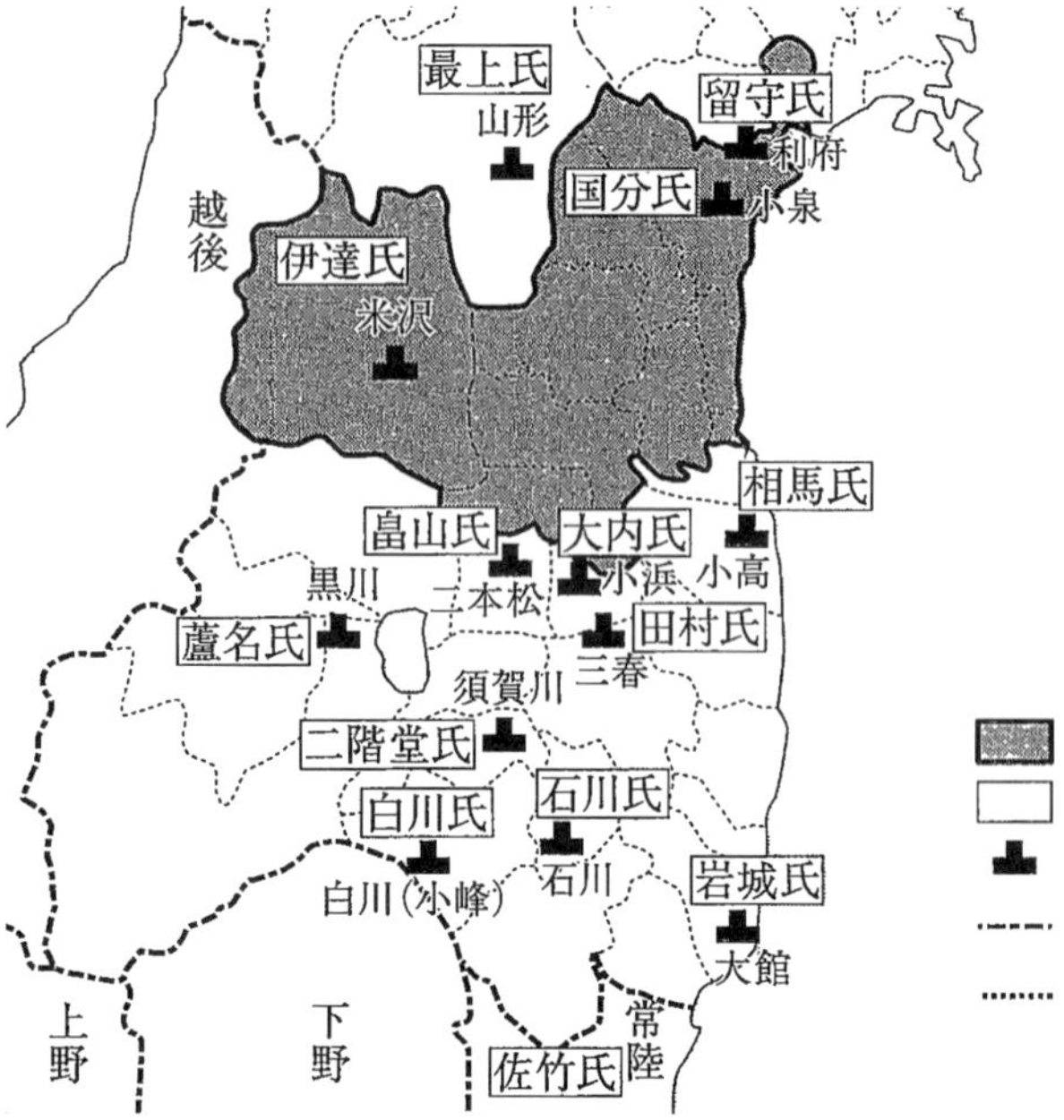

図1　戦国期南奥羽の勢力図(『伊達政宗―戦国から近世へ―』岩田書院、2020年より転載、一部改変)

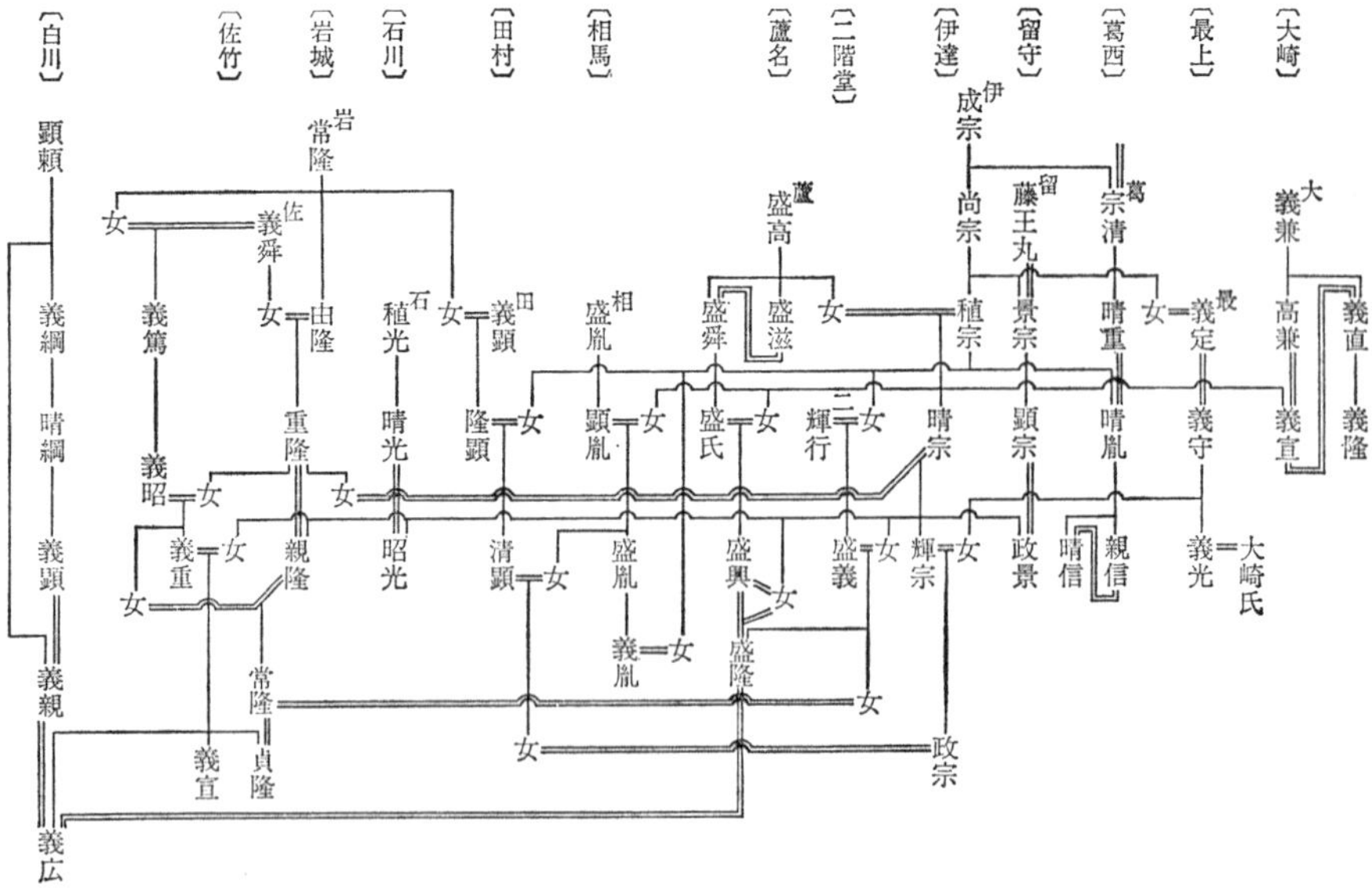

注：＝は婚姻または養子関係を示す．兄弟姉妹の序列は不同．

図2　戦国南奥羽諸家婚姻系図(『中世奥羽の世界』東京大学出版会、1978年より転載)

いた。しかし、子の晴宗との対立から七年に及ぶ天文の乱の末、稙宗は隠居し、晴宗は出羽国米沢（山形県米沢市）に本拠を移した(8)。その子輝宗は重臣中野宗時の排斥に成功すると、遠藤基信を側近に重用して当主主導の政治体制を確立し、諸氏との外交関係を主導するなど、子の政宗の南奥羽統一の基礎を形づくった(9)。

奥大道を軸とする中通りには、二本松に畠山氏、郡山に安積氏（伊東氏）、三春に田村氏、須賀川に二階堂氏、白川に結城白川氏などが領国支配を展開し、会津からは蘆名氏が、隣国常陸からは佐竹氏が勢力を拡張しつつあった。太平洋側の浜通りには中世以来の名族相馬氏、岩城氏が勢力を保持していた。

このように戦国時代の南奥羽は諸勢力の分立状況が容易に解消されず、その統一は戦国末の伊達政宗の登場を待つことになったことから、かつては後進地域であるとの評価がなされていた。しかし、近年は南奥羽の諸氏は領土争いを繰り広げるものの、中人が和睦を促すことで滅亡を回避する地域独自の慣習があったことが指摘され(10)、南奥羽惣無事体制ともいうべき独自の秩序回復・平和維持機能があったと評価されている(11)。

伊達氏と大森城・八丁目城

現在の福島市一帯を支配していたのは伊達氏であるが、その本拠は晴宗以降、隣国の米沢城に移ってしまう。その後、伊達氏の故地である福島盆地の要となったのが大森城（福島市）である（写真4）。大森城跡は南福島駅から西に約三キロメートルの距離にある、一五〇メートルほどの高さの小高い丘陵の先端部に築かれ、福島盆地を一望できる場所にある。公園が整備され、春には桜が咲き誇る名所にもなっている。

(8) 小林清治『戦国大名伊達氏の研究』高志書院、二〇〇八年、伊藤喜良『伊達稙宗—奥州王への夢—』高志書院、二〇二三年

(9) 阿部浩一「政宗登場までの戦国南奥羽史—輝宗期を中心として—」南奥羽戦国史研究会編『伊達政宗—戦国から近世へ』岩田書院、二〇二〇年

(10) 山田将之「中人制における『戦国ノ作法』」『戦国史研究』五七号、二〇〇九年

(11) 阿部浩一「戦国期南奥の政治秩序」東北史学会・福島大学史学会・公益財団法人史学会編『東北史を開く』東京大学出版会、二〇一五年

写真4　大森城跡

大森城の前史は定かでない部分があるが、江戸時代に編纂された伊達氏の正史である『伊達治家記録』によれば元亀元年（一五七〇）、晴宗の重臣で、家督を継いだ輝宗のもとでも権力をふるっていた中野宗時が排斥された「元亀の叛」の後、相馬に出奔した宗時は晴宗を頼って帰参を願い出たが、その宗時をかくまったのが、晴宗の弟・輝宗の叔父で大森城主の実元であった。同じく江戸時代に編纂された伊達氏正史である『伊達正統世次考』によれば、天文十一年（一五四二）に実元は越後守護上杉定実の養子として家督を継ぐことになっていたが、晴宗や中野宗時らが入嗣に反対し、稙宗との間で天文の乱が起こったと伝える。乱後、稙宗は隠居して丸森城に隠居し、晴宗は桑折から出羽米沢に本拠を移すが、同時期に実元が大森城に入ったとみられる。それまでの伊達家では、家督を相続する嫡子以外は他家に養子に出されるのを常としており、城主として取り立てられて領内に配された実元の処遇は異例でもあった。[12]それだけに、伊達氏の領国支配における大森城の重要性を見て取ることができよう。

その実元が天正二年（一五七四）に攻め落としたのが八丁目城（福島市）である（写真5）。八丁目城跡は松川駅から西に約三キロメートルの距離にあり、現在でも土塁や曲輪などが残っている。戦国期には城下町も形成されていた。[13]地理的には伊達氏と二本松畠山氏の領地が接する場であり、両氏が争奪戦を繰り広げていた。『伊達正統世次考』によれば、天文の乱の頃の城主は堀越能登であった。

(12) 佐藤貴浩「伊達領国の展開と伊達実元・成実父子」『戦国史研究』第六五号、二〇一三年

(13) 小林清治「戦国城下町の成立—宿地八軒から八丁目城下町へ—」『福大史学』七四・七五合併号、二〇〇三年

写真5　八丁目城跡

「伊達輝宗日記」によれば同年四月三日、伊達方から畠山方に寝返っていたとみられる八丁目城を、実元が「のっとり候」との報が輝宗にもたらされた。十日には輝宗の出兵を求める大森城からの使者が到来した。十八日には大森からの使者が「ひやう物」（兵粮か）を求めてきた。この動きは輝宗の指示ではなく、実元の単独行動だったようで、畠山氏が田村清顕の仲介で輝宗に和議を求めても、輝宗は全く相手にしなかった。結局は隠居の父晴宗が畠山氏との和議に応じ、城主堀越氏も追放され、おそらくは実元の管理下に入ったのであろう。のち実元は子の成実に大森城を譲ると、八丁目城に隠居している。

米沢街道と大森・八丁目

大森城と八丁目城が重視されたのは、米沢街道の存在と密接にかかわっていた[14]。米沢から板谷峠を越えて大森に至る道は「板屋通」と呼ばれ、十里の距離であったという（『伊達日記』『群書類従　合戦部　第二十一揖』）。板谷峠は今日でも日本屈指の急勾配を抱える鉄道の難所であるが、当時はそれ以上で、特に冬場の積雪は交通路を遮断させた。天正七年に田村清顕の娘である愛姫が政宗のもとに嫁いだ際には、板谷峠が雪深かったため、小坂峠から湯原・新宿通を経て米沢に輿入れしている（『伊達治家記録』）。そして八丁目は米沢

（14）　阿部浩一「街道・町と商人」高橋充編『東北の中世史五　東北近世の胎動』吉川弘文館、二〇一六年

街道と相馬街道の分岐点という、交通の要衝でもあった。

米沢に本拠を移した伊達氏にとって、福島盆地一帯の支配と二本松・郡山方面への南進ルートの拠点として、大森城も八丁目城も重要な役割を果たしていた。そして冒頭で述べたように、天正十八年の奥羽仕置は、会津黒川の豊臣秀吉から、八丁目城に入った浅野長吉（長政）[15]に命じられた。そこでは検地、伊達など諸大名への妻子の差出など、仕置原則の実施が指令された。浅野長吉は総奉行として、伊達政宗とともに北上して大崎旧領・葛西旧領などを接収し、奥羽に対する豊臣体制化が強行されていくことになった。[16]そのスタートが八丁目城であったことは、奥羽における歴史的転換の舞台としてのふくしまのもつ意味を象徴的に示しているといってよいだろう。

（15）浅野長吉（長政）については戸谷穂高『東国の政治秩序と豊臣政権』吉川弘文館、二〇二三年を参照されたい。

（16）奥羽仕置については、小林清治『奥羽仕置と豊臣政権』吉川弘文館、二〇〇三年、同『奥羽仕置の構造』吉川弘文館、二〇〇三年、高橋充「奥羽仕置」注14同編著を参照されたい。

おわりに

本章では歴史的転換の舞台としてのふくしまという視点から、筆者の専門でもある中世に焦点をあて、その開幕としての奥州合戦、終焉としての戦国社会と奥羽仕置にかかわって、特に筆者の勤務する福島大学にとっても身近な史跡から、ふくしまの中世を探訪してみた。

今回は取り上げられなかったものの、ふくしまには南北朝期の霊山、室町時代の梁川城、戦国時代の桑折西山城、白川城、向羽黒山城といった魅力ある中世の史跡が豊富にある。この機会にぜひ足を運び、ふくしまの中世を体感してもらいたい。大学で学ぶ歴史学としての日本中世史と身近な史跡・文化財の橋渡し役となれば望外の喜びである。

●写真1～5は筆者撮影

〔参考文献〕

阿部浩一「戦国期南奥の政治秩序」東北史学会・福島大学史学会・公益財団法人史学会編『東北史を開く』東京大学出版会、二〇一五年
阿部浩一「街道・町と商人」高橋充編『東北の中世史五　東北近世の胎動』吉川弘文館、二〇一六年
阿部浩一「政宗登場までの戦国南奥羽史―輝宗期を中心として―」南奥羽戦国史研究会編『伊達政宗　戦国から近世へ』岩田書院、二〇二〇年
伊藤喜良『伊達一族の中世』吉川弘文館、二〇二一年
伊藤喜良『伊達稙宗―奥州王への夢―』高志書院、二〇二三年
大石直正「二つの奥羽征伐―日本前近代史における東北の位置」東北学院大学史学科編『歴史のなかの東北』河出書房新社、一九九八年
川合康『源平合戦の虚像を剥ぐ―治承・寿永内乱史研究』講談社、一九九六年
小林清治・大石直正編『中世奥羽の世界』東京大学出版会、一九七八年
小林清治「石那坂合戦の時と所」『すぎのめ』二四、二〇〇一年
小林清治「戦国城下町の成立―宿地八軒から八丁目城下町へ―」『福大史学』七四・七五合併号、二〇〇三年
小林清治『奥羽仕置と豊臣政権』吉川弘文館、二〇〇三年
小林清治『奥羽仕置の構造』吉川弘文館、二〇〇三年
小林清治「南と北の戦国争乱」大石直正・小林清治編『陸奥国の戦国社会』高志書院、二〇〇四年（のち小林清治著作集二『戦国期南奥羽の地域と大名・郡主』岩田書院、二〇一八年）
小林清治『戦国大名伊達氏の研究』高志書院、二〇〇八年
佐藤貴浩「伊達領国の展開と伊達実元・成実父子」『戦国史研究』第六五号、二〇一三年
高橋充「奥羽仕置」同編『東北の中世史五　東北近世の胎動』吉川弘文館、二〇一六年
戸谷穂高『東国の政治秩序と豊臣政権』吉川弘文館、二〇二三年
南奥羽戦国史研究会編『伊達政宗　戦国から近世へ』岩田書院、二〇二〇年

柳原敏昭「奥州合戦」同編『東北の中世史一　平泉の光芒』吉川弘文館、二〇一五年
山田将之「中人制における『戦国ノ作法』」『戦国史研究』五七号、二〇〇九年

小野組の残照

荒木田　岳

はじめに

幕末に福島町に通い、生糸商売で知り合った関西系商人たちが、廃藩置県後、小野組（京都を本拠とする豪商、のちに東京に転籍）に結集した。この章では、福島における彼らの出会いから、小野組閉店後の活動を通じて、幕末維新期の福島近辺の様子を描いてみたい。

1　福島・文久年間

生糸の町、福島

今から一六〇年ほど前、幕末、文久年間のことである。福島町（陸奥国信夫郡、現福島市）には、毎年多くの生糸商人が集まっていた。東北地方は生糸の国内最大の生産地であり、かつ、その約三分の二が福島町で市にかかったからである。

当時の福島町の人口は定かではないが、さしあたり六〇〇〇人ほどと考えて大きな誤りはないであろう。(1) 都市の人口ランキングでいえば全国一〇〇〇位に遠く及ばない、この東北地方の小都市に国内最大の生糸市が立ったのは、集散地としての地の利もさることながら、小藩が分立し、権力の規制が及びにくかったからにちがいない。

もともと生糸は、京都の西陣織や丹後ちりめんなどの原料として関西方面に運ばれていたが、横浜の開港以降は貿易産品となり、輸出品の首位を占めるようになった。開港以降、生糸だけでなく茶や繰綿など日用品も含め急激な価格上昇が起こり、すでに国産品の統制も始まってはいたが、統制の効果はあまりなかったようである。

京都では、一八六三年九月から一〇月ころ（文久三年八月から九月）にかけて、横浜から外国商人に生糸を売っていた糸屋が打ち壊され三条大橋の制札場に首をさらされる事件が起こっていた。物価高騰による生活苦や、それによる幕府への信用低下、さらには攘夷派の煽動なども相まって、とくに江戸や京都では治安の悪化が進行していた。(2)

他方で、今も昔もインフレーションの進行は生産地にとっては吉報でもあって、江戸や京都での社会不安をよそに、文久年間の福島では生糸市場が活況を呈していた。

三商人の往来

古河市兵衛《ふるかわいちべえ》（一八三二～一九〇三年）は京都・岡崎村の生まれで、一八歳のとき、伯父（小野家《おのや》盛岡分家（＝井筒屋）支配人）を頼って盛岡に行き、その紹介で鴻池に勤めた。また、「安政四年の十月に福島へ上つて初めて太郎左衛門といふ人に会つた」という。古河太郎

(1) 陸軍参謀局編『共武政表 巻三』陸軍文庫、一八七五年、一六丁にある「六〇一三」から類推した。

(2) 京都市歴史資料館編『若山要助日記 下』京都市歴史資料館、一九九八年、二〇五～二〇七頁など。

写真1　古河市兵衛（国立国会図書館デジタル「近代日本人の肖像」）

写真2　佐野理八（『教育福島』第106号、福島県教育委員会、1985年、53頁）

左衛門もまた京都・小野家糸店に仕え、生糸の買入をしていた。市兵衛が養子になったのはその翌年であり、その後は父とともに福島に通った。父の中気発病後は小野家の生糸買付主任となり単身で出向いた。福島では、山口屋という糸問屋を定宿にしたといわれる(3)。

佐野理八《さのりはち》（一八四四〜一九一五年）が初めて福島の地を踏んだのは先述のさらし首事件の数ヶ月後、伝記では「文久三年の十一月、時に翁（佐野のこと――引用者注）は二十三歳なりし」と伝えられている。佐野は近江国神崎《かんざき》郡の出身であり、近江商人・外村《とのむら》与左衛門に奉公し（外村家京都支店）、やはり生糸の買い入れのために福島を訪れたのだという(4)。

瀬川安五郎《せがわやすごろう》（一八三五〜一九一一年）は、近江商人「油屋」四代目の長男として盛岡で生まれた。陸前・陸中（現岩手県、宮城県域）の繭を買い付けて福島に出荷し、この

(3)　茂野吉之助編『古河市兵衛翁伝』五日会、一九二六年、一二〜三〇頁。

(4)　菊地一帝『佐野理八伝』福島民友新聞社、一九一七年、一三〜一五頁。

写真3　瀬川安五郎（写真提供：盛岡市先人記念館）

ころ（一八六二年）には、独力で八万両の商いをしていたと伝えられている（八万両は過大のように思うが）[5]。

福島での瀬川安五郎

この瀬川であるが、伝記によれば幕末には福島町に居を構えていたといい、幕末維新の動乱期には三人の中で最も積極的に動いたとみられる。東北地方の養蚕地帯は戊辰戦争の戦場となり、生糸の生産販売どころではなかった。その意味で、ただでさえ稀少な生糸であったが、当時、これを扱うリスクは大きく、多くの商人は手出しをためらった。

この時期に、瀬川は「この戦争は長くは続かぬものと思い…蚕糸を大量に買い集め、戦火の及ばないところに預けてお」き、明治改元直後、これを横浜に送って大利を得た。さらに、その金で羅紗《らしゃ》、呉絽《ごろ》（毛織物）、西洋雑貨を大量に買い入れ、それもたちまち売り切ったという。舶来品の買い入れには、鴻池に勤めた従兄弟の入れ知恵もあったらしい[6]。また、福島では小藩に武器を納めたともいうが、それを裏付ける史料については未見である。ともあれ、こうして瀬川は、冒険商人として頭角を現していった。

福島では、瀬川は「売り」、佐野と古河は「買い」の関係であったが、この三人がのちに小野家改め「小野組」で顔を合わせることになる。

（5）　山田勲『鉱山開発の先駆者　瀬川安五郎』国書刊行会、一九八八年、五～二一頁。

（6）　前掲山田勲『鉱山開発の先駆者　瀬川安五郎』二五～二七頁。

2 小野組への結集

小野組成立の背景

小野組が全国に支店をもつ総合商社のようになった背景には廃藩置県があった。もちろん、旧藩御用商人の整理・淘汰が底流にはあったのだが、事態はもう少しややこしい。

廃藩置県と府県統合によって、名実ともに集権化を達成した明治政府は、税の東京集中を計画した。一八七二（明治五）年、干支《えと》でいえば壬申《じんしん》の年である。ただし、年貢米を集めて東京へ運ぶのは大変なので、「地租」として、お金の形で集めて、それを大蔵省に為替《かわせ》送金しようと考えた。その送金を三井組、小野組、島田組（江戸時代以来の御為替三組）に依頼しようというのが当初の計画であった。

すでに府県の財布を預かる指定金融機関として「府県為替方」が存在していたが、府県統合後、府県ごとに担当の「組」を指定し直し、そこに地租送金を委任しようと考えたのである。ところが、現場では地租収納のための「壬申地券」の発行が予定どおり進まず、やむなく従来どおり年貢米での収納を実施せざるをえなくなった。

悪いことは重なるもので、その年（一八七二年）の秋、肝心の年貢が集まってこないという問題が発生した。もっとも、「従来どおり」とはいえ、旧体制に戻れないように府県の統合が行われていたし、他面で地租への転換方針の下、新しい年貢収納体制も準備されていなかったので、起こるべくして起こった年貢未収ではあった。国税の大蔵省集中は、財政集権化の試金石であったが、明治政府はその出発点で躓《つまず》いたのである。

この難局を打開するために、急場しのぎで、御為替三組に送金に加え全国の年貢収納も委任するという苦肉の策があみ出された。税の収納から換金・上納までを民間委託した、といえばわかりやすいかもしれない。すなわち、各地で米を収納し、府県で使った金額を差し引いて、期限までに大蔵省に（お金の形で）納める仕事を御為替三組が引き受けることになった。三組にはすでに米穀取扱の実績もあったため、これが可能だったのである。[7]

小野組の急成長

小野組は、三井組や島田組をしのいで、全国四〇ほどの府県でこの為替方を引き受けた。東北地方では、宮城県と水沢県（現在の宮城県北部および岩手県南部）を三井組が担当したほかは、すべての県で小野組が為替方を務めた。[8]こうして全国に支店を設ける必要が出てきたために、小野組では各地の豪商や名だたる商人を傘下に組み込むことになった。

佐野と瀬川が小野組に入店したのもこのとき（一八七二年）である。小野組福島店は東北地方の支店を束ねる役割を果たし、その総支配人として招かれたのが佐野理八であった。瀬川は秋田店を任された。生糸商売を通じて彼らの手腕を見抜いた古河市兵衛は、今や小野組の重役として、支店設立に際し、二人に入店を促したのである。

府県為替方を務めるメリットは、無利子で府県の遊金を運用できることであった。つまり、集めた年貢米を米価の高い地域で換金し差益を稼ぎ、大蔵省に納めるまでの時間、ほかの目的に流用すること（いわゆる、公金の私的流用）が公認されていたのである。これには、基立金《もとだてきん》という形で戊辰戦争の際に官軍の戦費を負担したことや、神戸の外国人銃撃事件の

（7）荒木田岳「府県為替方の役割とその前史（下）」『行政社会論集』第三五巻第四号、二〇二三年。

（8）「院省使府県ト国立銀行及諸組トノ為替一覧表」早稲田大学所蔵大隈重信文書 イ14 A3541。

賠償外貨を小野組が工面したことへの見返りの意味もあったはずである。

小野組ではこの遊金を利用して、諸藩から接収した鉱山の稼行、製糸工場の建設、米穀取引、貿易、資金貸付などを行った。フランスのリヨンに支店を出す計画もあったらしい。佐野理八は、小野組の資金力を背景に、戊辰戦争で落城した二本松城の跡地に製糸工場を建て、旧二本松藩の士族らとともに生糸生産を始めた。この点は後述する。

瀬川安五郎は、秋田支店にて旧南部藩の持山であった院内、荒川を中心に鉱山開発を行い、併行して石油の掘削に先鞭をつけた（秋田県公文書館所蔵秋田県庁文書）。一八七四年の生糸価格暴落に際しては為替方として湯沢町の生糸を買い支えた。

商人であった彼らが、半ば小野組の任務としてではあるが、鉱山業や製糸業などの生産活動に移行した。そして、背景には、小野組の手にした潤沢な資金（遊金）があった。

小野組閉店とその後

しかし、府県為替方への年貢米収納の委任は、一方で米価を高騰させ、他方で国庫への納金を滞らせるなど多方面で不興を買い、わずか二年で見直されることになった。幕引きは、一八七四年、突然の担保金引き上げによって、これに応じられなかった小野組と島田組を閉店させる形で実施された[9]。これにはいろいろな説明がなされているが、地租改正の目処も立ったので、府県為替方への年貢収納委任を廃止し、小野・島田両組を切った、というあたりが実情であったろう。

福島県の為替方は、その後、県北一の富豪・吉野周太郎の起こした吉野組を経て、一八七七年設立の福島第六国立銀行へと引き継がれる。小野組は閉店したが、阿部紀《あべき》を頭取と

(9) 前掲荒木田岳「府県為替方の役割とその前史（下）」、とくに「十」の項を参照。

写真4　福島第六国立銀行五円紙幣（『福島の進路』第42号、財団法人福島経済研究所、1986年、40頁）

した第六国立銀行においても、支配人や有力な株主として旧小野組関係者が残った。

たしかに、阿部紀や吉野周太郎、草野喜右衛門《きえもん》、沼崎文右衛門《ふみえもん》など、福島第六国立銀行には福島の富豪らが株主として名を連ねていた。しかし、銀行経営の主導権は、やはり大株主であった旧小野組関係者、そして丸善＝福沢諭吉グループに握られていた。そもそも、人口六〇〇〇の福島町に、全国で六番目の国立銀行が作られた背景には、大蔵卿・大隈重信から事前に国立銀行条例改正（設置要件緩和）に関するインサイダー情報を得た福沢が、旧三河吉田藩士らを中心とした丸善（丸屋商社）の社員に声をかけ、簿記伝習のために大蔵省に関係者を送り込んで開業に備えた事実があった。

第六国立銀行の支配人は、旧小野組山形店長・村井定《さだ》吉《きち》が務め、銀行の実務は丸善から派遣された旧吉田藩士らが担った。副頭取であった杉本正徳（旧吉田藩士、元福島県職員）はその司令塔である。福島本店からは生糸の、三春支店からは茶も含めて荷為替を組み、横浜に送り輸出するというのが彼らのビジネス・モデルで、これを仲立ちする横浜正金銀行の初代頭取には、彼らのボスともいうべき中村道太《みちた》（やはり旧吉田藩士、丸善社長格）が据わった。それを決めたのも大隈＝福沢ラインである。福島の生糸利権は、それほどまでに重視されたのである。(10)

（10）荒木田岳「福島第六国立銀行と三河・丸屋人脈」『行政社会論集』第三五巻第一・二号、二〇二二年。

3　二本松製糸と佐野理八

生糸をめぐる情勢

一八五二年にプロヴァンス地方に発生した粒子病原体蚕病《ペブリーン》はフランス全土に広がり、一八六〇年代にはイタリア全土へと拡大していた。こうした条件下で、期せずして幕末には高値を誇った日本生糸であったが、蚕種紙《たねがみ》を一〇年以上も輸出しつづけ（これ自体は国際貢献である）、そのために、一方で国内では繭の質が低下し、他方でヨーロッパの養蚕が回復のきざしをみせるようになった。また、外国からは日本生糸の粗製濫造に対する批判も出るなどして、明治初期には生糸の価格が低落した[11]。

生産地の荷主は、販売価格が生産価格（仕入価格＋輸送費等）を割り込めば直ちに赤字になるが、横浜の売込商人の利益は販売額（単価×売込量）に比例するため、相場の下落は販売量の増加でカバーできる。こうして、荷主と売込商の利害の相反によって、生産地では生糸商売が大きなリスクを抱えるようになっていた[12]。

佐野理八は、このような状況下でも販売価格を維持できるよう、二つの対策を行った。一つは、製糸工場を作り品質を安定させることであり、もう一つは、生糸に商標を付けてブランド化し、価格を維持させることであった。

（11）　阪田安雄『明治日米貿易事始』東京堂出版、一九九六年、六八～二〇四頁。

（12）　横浜開港資料館編『横浜商人とその時代』有隣堂、一九九四年、二六～二七頁。

写真5　二本松製糸会社（二本松歴史館所蔵）

佐野の先駆的経営

人件費の高いアメリカでは、一九世紀後半に絹織物工業の急激な技術革新が起こり、やがて主産地の地位をヨーロッパから奪うことになるが、原料の生糸は輸入に頼っていた。工場で扱う生糸には、何よりも品質の安定が求められる。従来のように、それぞれの家で採取された、色も粘気も弾力も強度も異なる糸は、工業化には不向きであった。佐野は一八七三（明治六）年、二本松城趾に「当時、国内最大の民間企業」といわれる二本松製糸場を建設し、「優等糸《エキストラ》」を生産したが、それは、こうした織物工業化のニーズに対応するものでもあった。(13)

また、製糸工場での生産安定以前に、農家の家内工業として生産される生糸も買い集め、ともに販売する必要があった。そこで用いられたのが商標である。一八七五年、佐野は二本松糸、掛田糸の「上品」にのみ「娘印」の商標を付け横浜に出荷して信用をえたという。

このように、佐野は、全国に先駆けて株式会社方式で製糸工場を建設し、生糸商標を付して商品を販売し、さらに生糸の直輸出（山田脩が渡米）を行った。また、戊辰戦争で壊滅的な打撃を受けた旧二本松藩士を経営陣に加え、士族授産を率先して実践した。

これらは、佐野の着想もさることながら、多くは総合商社化していた小野組から引き継いだものではなかったか。佐野が小野組閉店後に事業を継続できたのも、二本松製糸が継続営業を認められたためであって、これ自体が小野組の残したものにほかならなかった。

(13)　志間泰治編『亜米利加で大うけの佐野製糸』金山を語る会、一九九八年、氏家麻夫『最初に株式会社を創った人たち』日本労働研究機構、一九九三年。

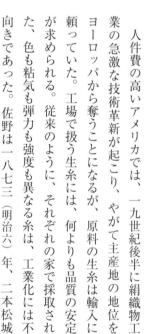

4 民権運動の高揚がもたらしたもの

佐野・村井と民権運動

福島はじめ全国に国立銀行の設置の進んだ一八七七（明治一〇）年は、西南戦争の年でもあった。戦時体制に各地の国立銀行での紙幣発行も相まって、国内ではインフレーションが発生した。それによる農村の好況は、豪農民権といわれるような、地方の「政治化」を招いた。「西の土佐、東の福島」と称されるような民権運動高揚の背景には、それを支える潤沢な資金があった（もっとも、一八八一年には原料繭暴騰と米国市場の停滞で二本松製糸が苦境に陥るので、単純な話ではないのだが、ここでは詳細を省く）。

一八七九年に佐野は、部下の村井定吉（先述）らと「福島毎日新聞」に出資し、その幹部となった。[14] 村井は民会（これも全国に先駆けて設置）時代の福島県議でもあり、民権家としても知られたが、福島事件に先立って、彼らがこの地で反政府的な自由党系新聞を発行していた点も記憶されてよい。のちに平民宰相と呼ばれる原敬は、一八八一年九月、「海内周遊」の際に福島で佐野、村井、そして河野広中らと会っている。当時、郵便報知新聞記者であった原は「余の福島県官に望む處は自ら進んで取るの人民に向て干渉の政策を施すを止め、交通の便を開ひて一県相和するの実を得せしむるに在るなり」と記した。[15] 佐野、村井らが福島県管内鉄道会社発起人集会を開いたのはこの直前で、三島県令赴任と会津三方道路の提起、それに引き続く福島事件は、その翌年の出来事である。

（14） 佐藤民寶「福島県新聞史」『新聞研究』第三六号、日本新聞協会、一九五四年、三九～四二頁。

（15） 田中朝吉編集代表『原敬全集 上巻』原敬全集刊行会、一九二九年、一七三～一七四頁。

写真6　会津三方道路敷設時に使用したロード・ローラー（惣座峠麓の福取集落＝当時は福島県、現在は新潟県阿賀町）

国権の席巻

三島通庸県令の赴任と民権運動の弾圧はよく知られているが、それに先だって、財政政策の大転換が行われたのも上記の事情が察知されていたためであろう。

明治天皇の東北巡幸に随行していた大蔵卿・大隈重信は、福島の宿で明治一四年政変の急報を受ける。その後、大隈は政府を追われ、福沢関係者もまた政府内から一掃された。大隈に代わって財政を担当した松方正義は、自身の名で知られるデフレ政策を断行した。

デフレ下の福島は、生産物の価格が暴落し、火が消えたようになってしまった。横浜正金銀行から中村道太頭取が追われ、こことの取引をあてにしていた福島第六国立銀行も急激に業績を悪化させた。福島町では、かつてのブームが去り、試練の時代を迎えた[16]。

紙幣の分散発行をやめ、中央銀行で通貨を管理する方針も打ち出され、国権が各地を席巻していく。旧藩勢力と結びついた富豪が退場し、政府と結びついた政商が台頭してくる。

不況とともに民権運動も退潮を迎え、閉塞状況のなかで、ときに実力行使をともなった。福島事件はその一例である。激化事件を民権運動からの「逸脱」「限界」と捉える見方には再考のきざしもあるが、ここではその論点に立ち入ることができない[17]。

（16）荒木田岳「松方財政期の福島第六国立銀行」『行政社会論集』第三七巻第一号、二〇二四年。

（17）金井隆典「激化事件にみる『殺身成仁』の論理と実践」『大和大学研究紀要』第五巻、二〇一九年。

5　草倉銅山と古河市兵衛

小野組稼行鉱山のその後

古河市兵衛は、言わずと知れた古河財閥（古河鉱業、古河電工、富士電機、富士通、日本軽金属、日本農薬など、グループ企業多数）の創始者で、のちに足尾銅山の経営により「鉱山王」と呼ばれるようになった人物である。

戊辰戦争後、東北地方の主要な鉱山は政府に接収され、その後、豪商や政府の顕官に払い下げられた。結果からみれば鉱山接収が戊辰戦争の動機とさえ思われるが、それはともかく、東北地方の鉱山の多く（阿仁《あに》、院内、荒川、尾去沢《おさりざわ》、釜石、幸生《さちう》、上手岡《かみておか》など）を小野組が稼行することになった[18]。それゆえ、小野組閉店は、鉱山再分配の意味合いを帯びた。

(18) 渡辺万次郎『鉱山史話 東北編』ラテイス、一九六九年、九五～一一四頁。前掲茂野吉之助編『古河市兵衛翁伝』五三頁。

草倉銅山

小野組閉店後、越後国蒲原郡にあった草倉銅山（旧会津藩領で当時は若松県、明治九年に三県合併で福島県になる）は、地元津川の山林王・平田治八郎（次八郎とも）に預けられた。これを小野組に債権をもつ福島県の相馬家が払下げを受ける形で、古河が経営を担当した。古河は、渋沢栄一のはからいで第一国立銀行から融資を受け平田から草倉を買い取り（末広がりを願って明治八年八月八日に契約）、平田から資金を借りながら稼行したわけである[19]。

たまたま現地には地金が残されており、純益九〇〇〇円弱を得て順調に開業できたという

(19) 神田竹雄『古河市兵衛による草倉・足尾両銅山経営操業の研究』神田竹雄、一九九九年。

写真7　角神精錬所（柏崎市立図書館所蔵小竹コレクション絵葉書より）

のは、できすぎた話である。古河は、草倉の上がりを足尾銅山につぎ込み、一八八四年、ついに「運・鈍・根」で一山当てた。その足尾に小野組時代の部下が再結集している点も見逃せない[20]。

平田は、草倉を売った資金で若松町（現会津若松市）に第三十一国立銀行を創立した。彼の行った製紙会社経営や漆器輸出については、紙幅が尽きて紹介できない。

おわりに

幕末維新期、福島はいろいろな意味で「ブームの中心地」であり、それゆえ多くの人々が福島に集まった。「関西資本の導入は東北鉱山の宿命であった」といわれるように、稼行には外部の資金を必要とした[21]。それは鉱山だけでなく、生糸商売も製糸工業も、おそらくは武器商売もまた同様であったろう。しかし、ブームが冷めるにつれ、彼らは一人、また一人と去って行った。

小野組秋田支店長となった瀬川は、それ以降福島には戻らなかった。のちに秋田第四十八国立銀行の取締役となって、かつて小野組が稼行した荒川鉱山（現大仙市）、瀬川製糸場（現湯沢市）の経営で知られるようになる。一八八一（明治一四）年の明治天皇東北巡幸の際には瀬川邸が秋田行在所になり、盛岡には一八八五年に建てられた旧瀬川安五郎邸が現

（20）前掲茂野吉之助編『古河市兵衛翁伝』一六七頁には「小野組一党を以て固めた陣容」とある。

（21）前掲渡辺万次郎『鉱山史話　東北編』六九頁。

在も残る。古河についてはすでに述べた。

国権が世を覆うようになると、そこと結びついた政商が台頭してくる。古河はその典型にみえ、他方、民権家・佐野や村井の実践（先述）は、それに対する一つの抵抗のようにもみえる。しかし、当の佐野は、ちょうどそのころ（一八八六年）、宮城県の金山《かねやま》村（一八九七年町制施行、現丸森町）に製糸工場を移し、福島県を去ってしまう。旧二本松藩士や株主との軋轢が原因とも、工場用水の欠乏が原因ともいう。その後、佐野シルクは内外で数々の賞を受けた。ニューヨーク市場の一九一二年日本生糸格付表では、最優等格《Special Grand Extra》のわずか四例の一つとして佐野シルクが挙げられている。[22]

現在、福島には生糸とは別の「ブーム」が到来しているやに見受けられるが、今回のブームは、この地に何をもたらしているであろうか。そして、このブームが去ったあとに、はたして何が残せるのであろうか。小野組の残照を眺めつつ考えるのは、そのことである。

（22）石井寛治『日本蚕糸業分析』東京大学出版会、一九七二年。

〔参考文献〕

氏家麻夫『最初に株式会社を創った人たち』日本労働研究機構、一九九三年
神田竹雄『古河市兵衛による草倉・足尾両銅山経営操業の研究』神田竹雄、一九九九年
茂野吉之助編『古河市兵衛翁伝』五日会、一九二六年
志間泰治編『亜米利加で大うけの佐野製糸』金山を語る会、一九九八年
福島県立博物館編『福島の金融史』福島県立博物館、一九九四年
宮本又次『小野組の研究』大原新生社、一九七〇年
山田勲『鉱山開発の先駆者 瀬川安五郎』国書刊行会、一九八八年

郡山の近代を歩く

徳竹　剛

はじめに

二〇二〇（令和二）年の国勢調査の時点で、福島県内でもっとも人口が多かったのはいわき市（三三二万二九三二人）で、それに次ぐのが郡山市（三二万七六九二人）、第三位が福島市（二八万二六九三人）である。ちなみに東北地方で見ると仙台市（一〇九万六七〇四人）が第一位で、いわき市・郡山市がこれに続き、第四位は秋田市（三〇万七六七二人）である。

現在は東北有数の都市となった郡山市であるが、歴史をさかのぼってみると、近代の始め、明治維新の頃は会津若松や二本松、福島のような旧城下町ではなく、奥州街道沿いの宿場町の一つに過ぎなかった。宿場町として、農村とは異なる町場的な様相は持っていたが、二本松藩による統治上は郡奉行―代官の支配に属する村方であり、「町」呼称を特別に許されている「村」だったのである。そのため江戸時代後期に郡山上町・下町と名乗っていた郡山は、明治維新後は再び郡山村となる。

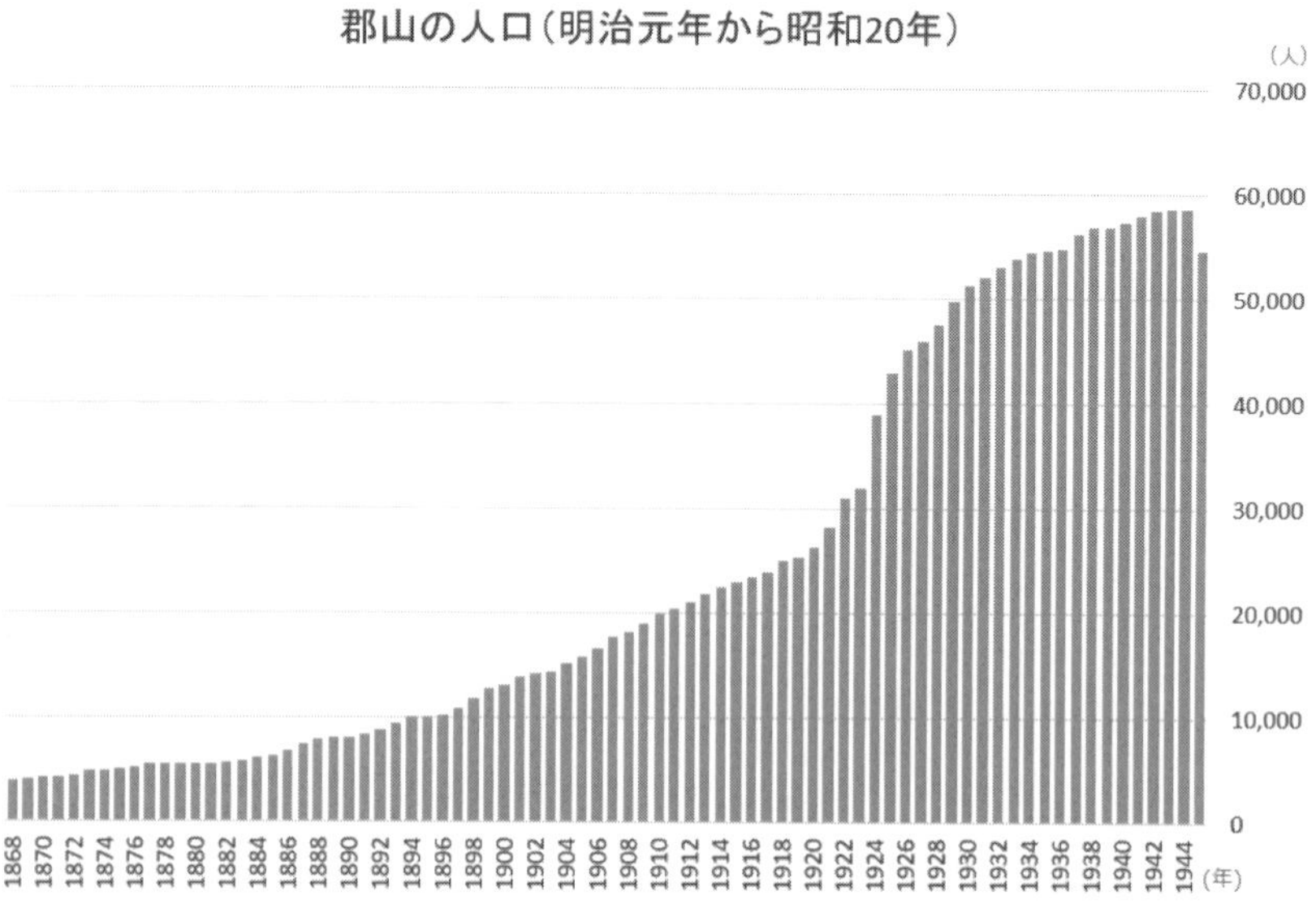

図1　『郡山市史』第9巻掲載データより作成

郡山の人口が増え始めたのは一八八〇年代後半からであり、とりわけ市制を施行した一九二四（大正一三）年九月を挟む一九二〇年代の人口の伸びが目覚ましい（図１）。一九二四年に小原田村と合併し、翌年には桑野村と合併したという事情もあるが、その後も一九三三（昭和八）年頃まで増え続けた。福島市を追い抜くのは一九二五（大正一四）年のことである。

本章では、現在も郡山に残る歴史の痕跡をたどりながら、郡山の近代の歩みを紹介していくこととしたい。

1　宿場町郡山

現在、東京から青森までを結んでいる一般道は国道四号線である。この道路は江戸時代の奥州街道に重なるものであり、バイパス化等によって各所で旧来の奥州街道とは異なる部分があるものの、奥州街道に沿い、場所によってはなぞりながら形成されている。郡山の市街地を南北に貫く「昭和通り」は、二〇一六（平成二八）年まで国道四号線であったが、現在は市街地を回避する形で西部にバイパスが整備されて、それが国道四号線となっている。さらに旧国道四号線となった「昭和通り」も、一九四五（昭和二〇）年七月に空襲被害を軽減するための強制疎開によって建物が除去されて作られた火除地が、戦後の戦災復興で道路になったものである。江戸時代の奥州街道は「昭和通り」の東側、かつて「中央通り」と呼ばれ、現在は「なかまち夢通り」の名がついている通りである。自動車よりも歩行者を優先するような道の造りとなっており、緩やかに蛇行しながら市街地を南北に貫く。江戸時代後期には、この道の両側を中心に、郡山上町・下町が展開していた（図2）。なお、本章掲載の地図四点は、いずれも郡山市図書館デジタルアーカイブで閲覧することができる。[1] 細部の確認や全体の俯瞰などはこちらを活用いただきたい。

図2の中心からやや右上に「稲荷八幡」とあるのが見えるが、これは現在の安積国造神社である。この「稲荷八幡」の鳥居から下方、すなわち東に向かってまっすぐ延びる道が参道であり、「下町」と書いてあるところにぶつかる。この「下町」と書いてある左右に

（1）　https://adeac.jp/koriyama-lib/top/

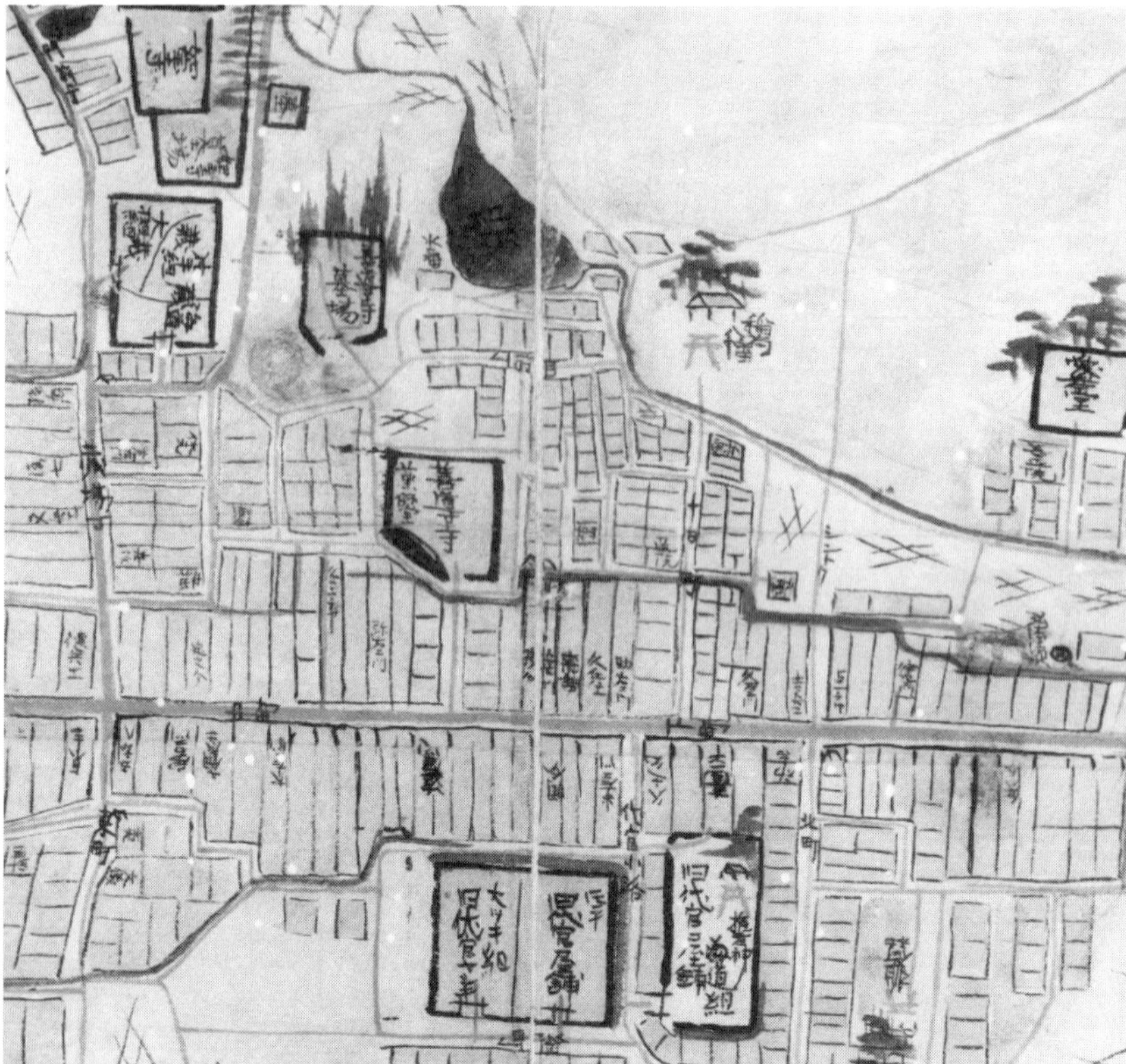

図2　岩代国安積郡郡山町方曲直図絵（部分）1761年。図の右方が北である。（郡山市図書館デジタルアーカイブより）

写真1　なかまち夢通りから安積国造神社を望む（筆者撮影）

延びる道路が奥州街道である。この接続部分には現在も安積国造神社の鳥居（写真1）があって、「なかまち夢通り」から安積国造神社までまっすぐに見通すことができる。この鳥居は、「なかまち夢通り」がかつての奥州街道であることを示してくれているのである。ただ、この参道は先に述べた旧国道四号線、「昭和通り」によって分断されていて、参道よりも昭和通りが優先道路となっている。信号や横断歩道もなく、歩道橋を渡らないと神社にはたどり着かない。江戸時代から現代に至るまでの郡山の市街地の変化も感じ取れる場所になっている。

2　近代の始まり

安積国造神社の参道入り口から「なかまち夢通り」を南へ進むと、うすい百貨店と秋田銀行郡山支店、郡山ビューホテルの交差点に出る。この交差点は図2では判然としないが、一九〇九（明治四二）年の地図（図3）には存在していて、「正製銀行」のある交差点がそれである。この交差点から西に行くと「安積郡役所」（写真2）、東に向かうと「郡山町役場」、その先には「停車場」がある。これが明治になって新たに設定された郡山のメインストリートであることは一目瞭然であろう。

この停車場から安積郡役所に至る道は、日本鉄道会社によって郡山駅が設けられた一八八七（明治二〇）年に新たに作られたものであって、「郡役所通り」と呼ばれた。現在は「フロンティア通り」と名づけられ、「なかまち夢通り」と同様に歩行者を意識した道路となっ

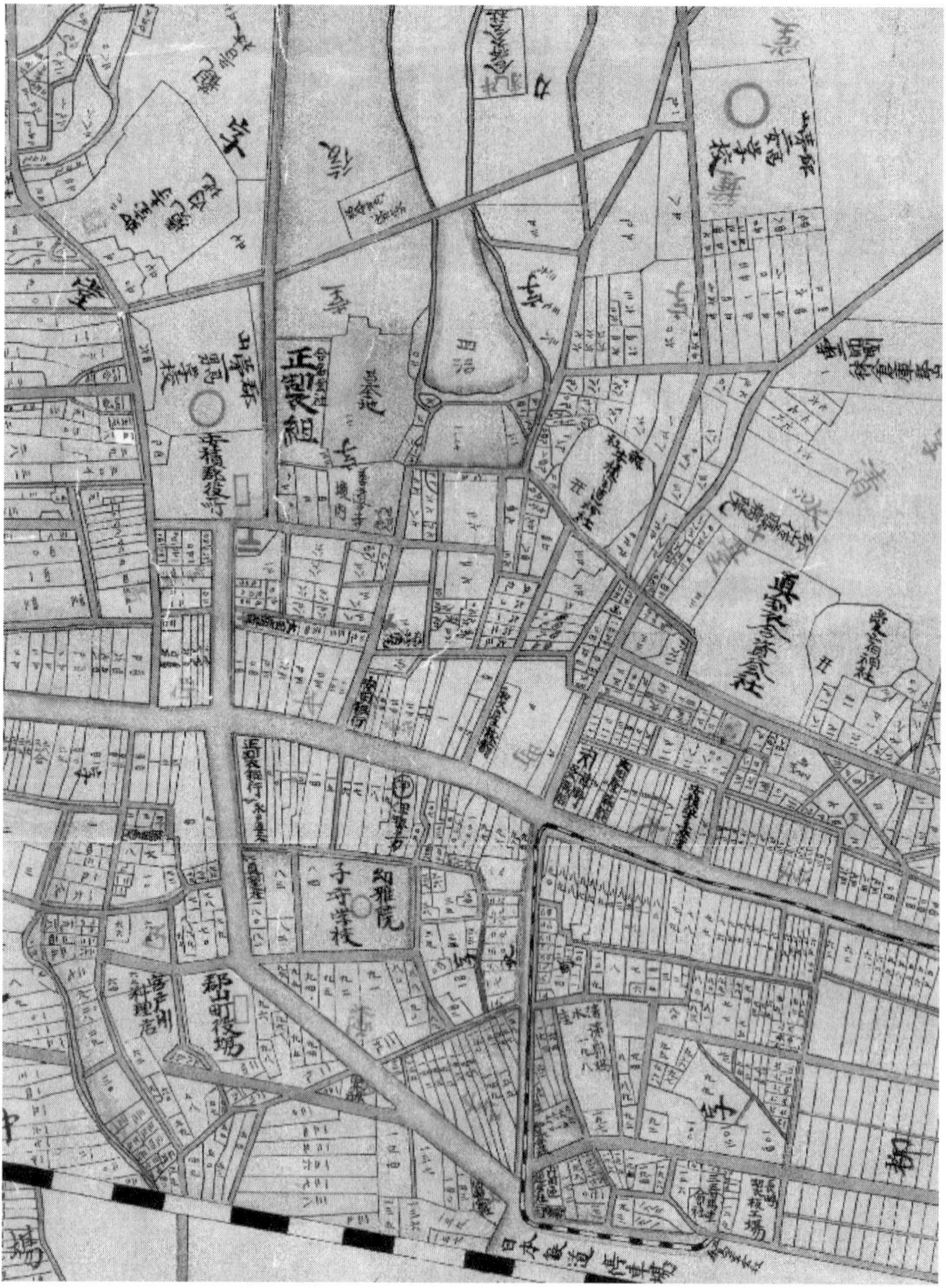

図3　郡山市街界全図（部分）1909年。図の右方が北である。正製銀行のある奥州街道と郡役所通りの交差点は、図の中心の左にある。（郡山市図書館デジタルアーカイブより）

写真2　安積郡役所　（郡山市図書館デジタルアーカイブより）

ている。この郡役所通りと江戸時代以来の奥州街道を中心に、近代の郡山の町が広がっていった。

この交差点を西へ向かうと、図3では安積郡役所がある。この場所は図2では「大槻組蔵」「片平組蔵」「海道蔵」と書いてある場所である。江戸時代、安積郡は大槻組・片平組・郡山組（海道組）に分けられて二本松藩による統治を受けていた。その組ごとの年貢米を納めていた場所がここである。図3を見ると、この蔵場は安積郡役所と「郡山第一高男学校」（郡山第一高等小学校のこと）の所在地となっており、明治維新を経て、かつての蔵場は近代的な施設の建設地となった。

「郡山第一高男学校」とあるのは、現在の金透小学校である。金透小学校は、一八七三（明治六）年四月に「盛隆舎」という名前でスタートした教育機関で、翌年一一月に「郡山小学校」と改称した。一八七六（明治九）年六月に擬洋風建築の新校舎が落成して、木戸孝允によって「金透学校」と命名されたのが現在の名の由来である。当時の校舎を復元したものが金透記念館として小学校地内に残されており、事前予約すれば見学もできる。郡山の近代の始まりを象徴するような場所である。

図3の「安積郡役所」、「郡山第一高男学校」から通りを挟んで北側には「合名会社正製

組」がある。正製組は一八八〇（明治一三）年に郡山の有力商人である永戸直之介らが始めた製糸会社で、八一年に同地に工場を建設して生糸生産に力を注いだ。先に奥州街道と郡役所通りの交差点に「正製銀行」があるのを見たが、これは製糸会社正製組が創立した銀行である。

正製組創立の翌年には真製社という製糸会社が、同じく郡山の有力商人である橋本清左衛門らによって立ち上げられた。図3の中央から右に目を移したところにある「真製合資会社」がそれである。両社とも、海外に輸出するために優良で均質な生糸の生産に取り組んだ。この、正製組のグループと真製社のグループが手を結んで、一八九八（明治三一）年に立ち上げられたのが郡山絹糸紡績株式会社である。

郡山絹糸紡績株式会社は、紡績業を主としながら、水力発電所を建設して発電事業を兼業した。紡績部門は一九一五（大正四）年に長野県から進出した片倉組岩代製糸所に売却し、一九一六（大正五）年に郡山電気株式会社となる。同社は周辺の電力会社を買収し、その経営規模を大きくしながら郡山に豊富な電力を安く供給することとなり、郡山の工業都市化をもたらした。この養蚕・製糸業を出発点として資本を貯えた郡山絹糸紡績株式会社が、郡山を成長させる原動力のひとつとなったのである。

3　麓山通りの歴史遺産

さて、話を少し前に戻し、再び郡役所通りからスタートしよう。郡役所通りを西に進み、郡役所に突き当たったところで南に折れて進んで、すぐに西へ折れると、現在「麓山通り」と呼ばれている道に入る。「郡山第一高男学校」や「如法寺」の南側の通りである。郡役所からこの麓山通りを六〇〇メートルほど進むと、麓山公園と呼ばれる公園にたどり着く。

麓山公園の中にある弁天池周辺は、一八二四（文政七）年に郡山が町を名乗ることを許されたことを記念して整備された公園で、「共楽園」と名づけられた。この共楽園では、一八八二（明治一五）年の安積疏水の通水式の前夜に岩倉具視らを招いて宴会が催され、安積疏水を記念した「麓山の滝」も作られた。その後、この滝は埋もれてしまったが、一九九一（平成三）年に復元され、現在はそれを見ることができる。

写真3　郡山公会堂（筆者撮影）

この麓山公園の南西には一九八一（昭和五六）年に建設された郡山市中央図書館があり、その西隣には、歴史情報博物館が建設中である（二〇二三年一〇月現在）。さらに西隣には一九五八（昭和三三）年に建設された旧図書館で、現在は郡山市歴史資料館となっている建物がある。同館は郡山市域の古文書等を収集・整理・公開することで、市の歴史研究を支え、数多くの研究者が収蔵資料を用いて郡山の歴史を解明してきた。二階には展示室もあって郡山の歴史を通観できる場となってきたが、これは建設中の歴史情報博物館に機能移転することとなっており、新施設が郡山の歴史を知るプラットホームになる予定である。

この歴史資料館の西には、一九二四（大正一三）年の市制施行を記念して建てられた郡山公会堂がある（写真3）。すでに通り過ぎてしまったが、麓山公園の角の一つ前の交差点を北に曲がると福島県郡山合同庁舎がある。これは一九三〇（昭和五）年に建設された郡山の旧市庁舎である。いずれも成長著しい一九二〇年代の郡山を象徴する建物である。

なお、麓山通りの近代建築については郡山駅前大通商店街振興組合によるウェブサイト「郡山まちなか文化遺産ＷＥＢ ＧＵＩＤＥ」に、「麓山通りの洋風建築」というページがある。(2) 関心のある方は参照されたい。

(2) http://www.koriyama-bunkaisan.jp/story/story10.html

4 大槻原開墾と安積開拓・疏水事業

郡山公会堂から麓山通りに戻り、再度西へ七〇〇メートルほど進むと「こおりやま文学の森」にたどり着く。ここでは久米正雄や宮本百合子など、郡山にゆかりのある文学者が紹介されている。その先にあるのが開成山公園で、明治初年にこの公園の周辺で行われた大槻原開墾事業が、郡山の近代にとって重要な意味を持つことになる。

大槻原開墾事業とは、一八七三（明治六）年に始まった福島県庁による事業である。県庁は二本松藩の武士たちにこの事業への参加を呼びかけた他、郡山の商人たちにも参加を求めた。二本松藩の武士たちに参加を呼びかけたのは、明治維新と廃藩置県によって二本松藩がなくなり藩士たちが職を失うことになったからであり、この事業が士族授産政策の一環でもあったことを示している。また福島県庁は、大槻原を開墾して桑畑を開発し、二本松には製糸工場を建設しようとしていた。士族授産と養蚕製糸業の振興をはかる政策であった。

郡山の商人に参加を求めたのは、彼らの財力への期待がその一つの理由である。開墾事業は、着手してから収穫を得るまで数年を要する事業である。その数年間の開墾事業への出資に耐え、収穫が上がるようになって小作料で出資分を取り戻すまで持ちこたえられる財力が必要なのである。

県庁の事業であるから、開墾地の整備に県庁から資金が提供されたり融資があったりするのであるが、県庁としては、その融資先が、途中で倒産したり事業を放棄したりするようなことのない人々でなければならなかった。福島県庁は、郡山の商人たちのリーダーで、すでに半官半民の金融機関である生産会社（のち物産方と改称）の頭取として県庁にも知られていた阿部茂兵衛に協力を求めた。阿部茂兵衛は県庁の意を汲み、郡山の有力商人を説得し、二五名で開成社を結社することになった。

福島県庁はこの開墾事業を重視しており、一八七四（明治七）年に県内を十五区に分けてそれぞれに区会所を設置した際にも、第一〇区である安積郡の区会所は、この大槻原の開墾事務所内に置いた。江戸時代には、安積郡を取り締まる代官所は郡山の宿場町に置かれていたのだから、郡山からすれば不満であったろうし、場合によっては不便もあったのではないかと思われる。しかし県庁は、開墾事業を担当する県官中條政恒を区長に任命し、安積郡内の行政も担当させた。この区会所が、一八七九（明治一二）年に制度改正で安積郡役所となり、八二年には郡山の代官所跡に移転し、八六年に先に述べた場所、金透小学校の東隣に新築・開庁となった。

大槻原開墾事業は、一八七六（明治九）年に開拓新村桑野村を成立させるほどの成果を挙げ、それは当時の明治政府の中心人物であった大久保利通の目に止まることとなった。大久保は、士族授産のモデル事業を安積郡で実施することを計画し、安積開拓・疏水事業として実現することになる。

国営事業としての安積開拓で移住した士族は五〇〇戸で、入植地は安積郡だけではなく、安達・岩瀬・西白河郡にも入植した。安積疏水の水路は一三〇キロメートルに及び、新旧の耕作地に豊富な水をもたらした。そして前述したとおり、郡山絹糸紡績会社が一八九九（明治三二）年に疏水を利用した沼上発電所を建設し、水力は電気に変換され、郡山の工業都市化を強く後押しするのである。

少し時代は下るが、一九三四（昭和九）年の図4を見ると、現在開成山公園となっている場所のほぼ全てが開成沼と五十鈴湖で占められていることが分かる。東側の開成沼は、阿部茂兵衛の提案によって築造されることとなった溜め池で、昭和二〇年代の中頃に埋め立てられた。五十鈴湖は明治初期には「上ノ池」と呼ばれていたもので、一九〇四（明治三七）年には五十鈴湖のまわりに開成山競馬場が設けられた。この競馬場は一九五六（昭和三一）年まで存続した。

図4　郡山市街全図（部分）1934年。図の上方が北である。右端に、先に触れた麓山公園や公会堂、1930年に建てられた旧市役所がある。（郡山市図書館デジタルアーカイブより）

この五十鈴湖の西側には開成山大神宮と開成館がある。開成山大神宮は、大槻原開墾地に設けられた遙拝所で、一八七五（明治八）年に社殿が作られ、翌年一月に開成山大神宮となった。この時、伊勢神宮から祭神の分霊を受けたため、「東北のお伊勢さま」と称している。五十鈴湖という名前も、伊勢神宮の前を流れる五十鈴川に由来する。

開成館は大槻原開墾の事務所として建てられたもので、初代の開成館は一八七三（明治六）年に現在の開成山公園の南西の角に建てられた。翌年に図4の場所に移っている。一八七四（明治七）年に建てられた二代目開成館は擬洋風建築で、区会所および開拓事務所として使われた。一八七六（明治九）年の天皇の東北巡幸の際に行在所（宿泊所）としても使われている。一八七九（明治一二）年に区会所は郡役所となり、八二年に郡役所が郡山に移った後は開拓事務所の役割が残ることとなった。翌年には開拓事務所もなくなり、一八八四（明治一七）年から八六年までは福島県立開成山農学校の校舎として用いられた。一八九四（明治二七）年から一九二五（大正一四）年までは桑野村の役場として利用された。

現在の開成館は、大槻原開墾や安積開拓・疏水事業の展示施設となっており、開成館の他に、安積開拓官舎、安積開拓入植者住宅が復元されている。開成館のウェブサイトにも安積開拓に関する情報が豊富に掲載されている(3)。

図4の左下、開成山公園の西南の角から一〇分ほど歩いたところにあるのが「県立安積中学校」、現在の福島県立安積高等学校である。安積高校は、一八八四（明治一七）年に福島中学校として現在の福島市内に開校し、八九年に現在の場所に移転した。移転当時の校名は「福島県尋常中学校」で、一九〇一（明治三四）年に「福島県立安積中学校」となり、戦後の学制改革で一九四八（昭和二三）年に「福島県立安積高等学校」となる。同校の敷

（3） https://www.bunka-manabi.or.jp/kaiseikan/

地内には、旧福島県尋常中学校の建物が修復されて現存しており、安積歴史博物館として利用されている。

おわりに

郡山の近代を、奥州街道を起点にして、郡役所通り、麓山通り、開成山公園、そして安積高校までたどってきた。最後に紹介するのは、一九二九（昭和四）年に郡山商工会議所が作成した郡山名所案内図絵の鳥瞰図である（図5）。

これは郡山を北東方向から眺めたもので、阿武隈川の河畔から開成山大神宮や安積中学校まで、ひと続きの町となっていることが分かる。奥州街道に沿って宿場町が展開し、一八八七（明治二〇）年に郡役所通りができたことで新たなメインストリートが成立したが、それから四〇年ほど経た後には、その存在を埋もれさせるほど、町は東西に広がっていったのである。

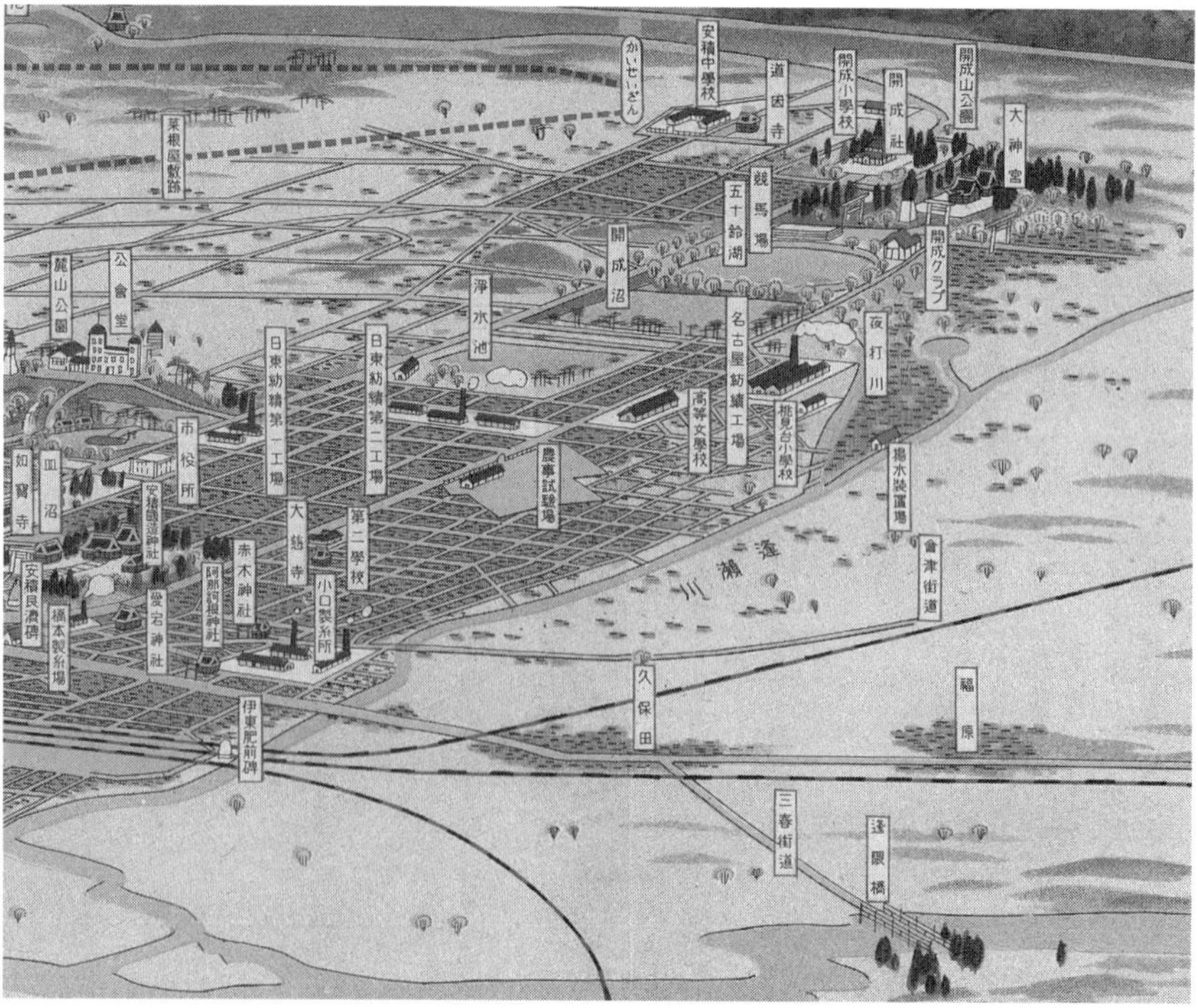

公会堂のある麓山公園の北側には日東紡績工場が立地し、その西側に浄水池・開成沼・五十鈴湖があり、それを挟んで開成山大神宮や安積中学校がある旧桑野村が広がる。町の北側を流れる逢瀬川沿いには、名古屋紡績工場や小口製糸所が並び、線路を渡って郡山駅の東側に来ると、東洋ソーダ会社・山口酒醸場・日本化学工場がみえる。町の南側には鉄道省の工場や片倉製糸紡績岩代製糸所、煙草の専売局もある。郡山の旧宿場町を取り囲むような形で立ち並ぶこれらの工場が、多くの労働者需要を生み、本章冒頭に掲げたような人口の急激な増加が郡山にもたらされたのである。

〔参考文献〕

『郡山市史』第九巻資料（中）、郡山市、一九七〇年

山崎義人『郡山経済百年史』郡山商工会議所、一九七五年

田中正能編『ふるさとの想い出写真集明治大正昭和郡山』国書刊行会、一九八〇年

郡山市史編さん委員会編『郡山の歴史』郡山市、二〇一四年

東北大学日本史研究室編『東北史講義』【近世・近現代篇】ちくま新書、二〇二三年

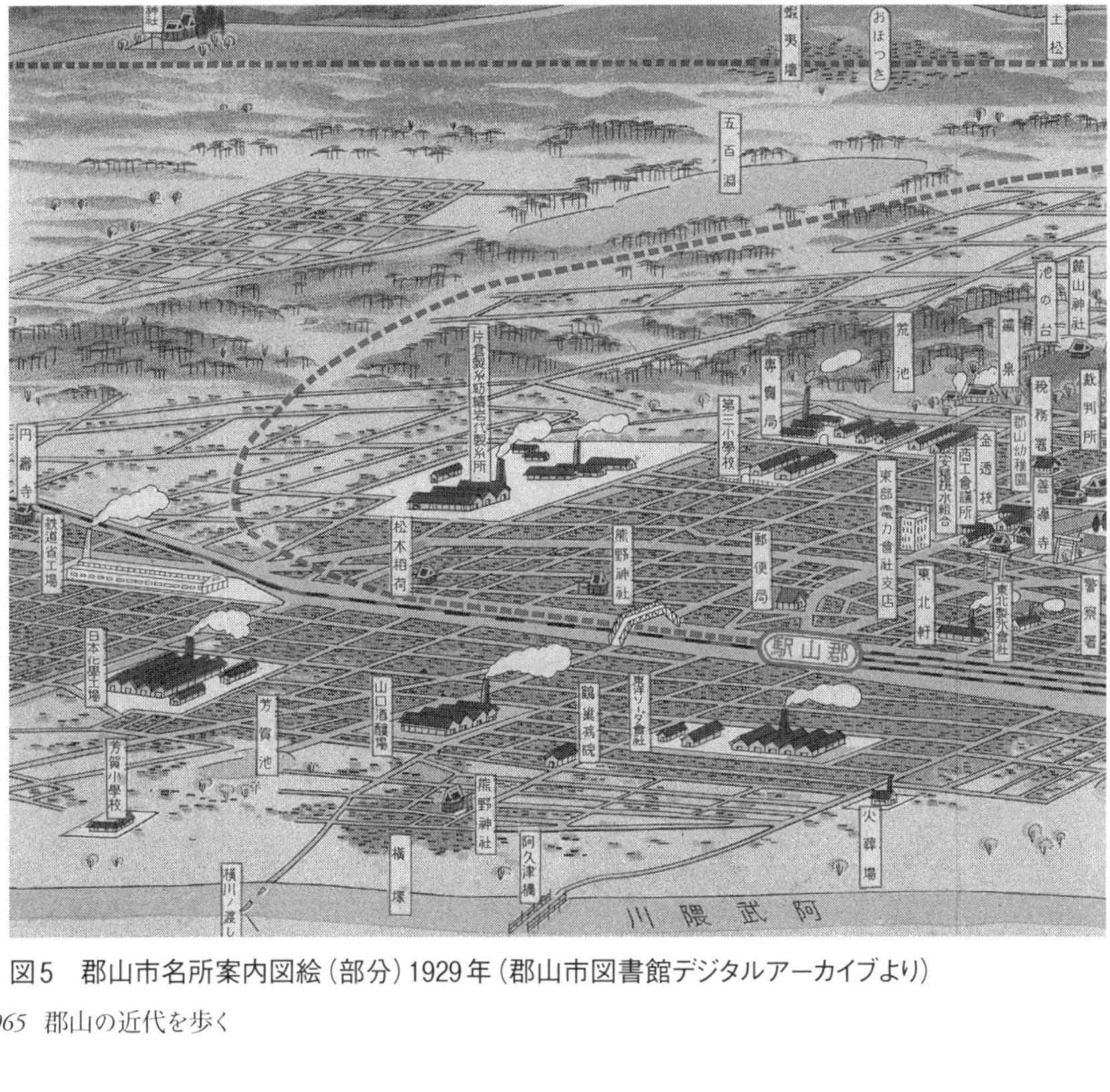

図5　郡山市名所案内図絵（部分）1929年（郡山市図書館デジタルアーカイブより）

二本松市——歴史と文化のまちづくり——

功刀俊洋

はじめに——地域振興の現状

一九八九（平成元）年に福島大学に赴任して以来、私は東北地方の戦後政治史について調べてきた。資料調査のために各地の都市を訪問してきたが、この三五年間の駅前商店街の衰退は凄まじいものがある。例えば、青森市の駅前再開発ビルは、二〇〇一年に開業したが、商業施設としては二〇一六年に経営破綻した。民間商業資本が進出を辞退した案件を、行政が主導して商業的成功を目指すことは極めて困難だった。それを教訓にしたのだろうか、酒田市の駅前では、大きなスーパーマーケットが撤退して、その空き地が長い間放置されていた。ようやく二〇二〇（令和二）年に交流拠点施設がオープンしたが、商業施設としては再建されず、公立図書館、広場、駐車場に生まれ変わった。果たして、それで交流拠点として駅前の賑わいを取り戻せるのであろうか。近年、山形市の中心市街地や福島市の駅前にあった百貨店も閉店した。その跡地利用はどうなっていくのか。

加えて、福島県や宮城県の東部はこの一二年間に震度五以上の大きな地震を三回経験し、旧家の土蔵の被害だけでなく、本堂にブルーシートをかぶせたままの寺院も見かける。耐震基準不足が原因で閉店した商業施設もあり、グループ補助金制度の継続がなければ、再建できなかったホテル・旅館や中小企業も少なくない。

他方で、同じ時期には国土交通省（観光庁）の地域政策に対応して、県や国の補助金を獲得しながら、歴史と文化を資源にした観光都市づくりが開始され、歴史的建造物や街並みの保存と修景、さらに伝統的景観を再生した市街地再開発が各地で進んできた。

戦後昭和の地域振興政策は、第一次産業と地場産業の振興、企業誘致とそのための産業基盤と交通体系の整備、広域生活圏の整備、公共事業による文化スポーツ公園施設の整備という段階を経てきた。しかし、二一世紀になってそのいずれでも地域発展の展望を見失い、辿り着いたものが観光だったのではないか。地域政策としての観光は、比較優位の観光資源の有無や大都市圏からのアクセスの利便性という点で、地方都市間には既存の大きな格差がある。コロナ禍前の二〇一九年までの全国的なインバウンド観光ブームの際にも、東北地方の中小都市には外国人観光客はほとんどやってこなかった。

福島県内でも、一九九〇年代以降、多くの中小都市で歴史と文化のまちづくり、観光資源の再開発が取り組まれてきた。列記すれば、会津若松市では鶴ヶ城のリニューアルに加えて、七日町通りの大正レトロ建築や野口英世通りの商店街を歴史的風致形成建造物群に指定して、保存と修景が進められてきた。喜多方市は、昭和期から土蔵とラーメンの町として有名である。白河市は、東日本大震災で崩落した小峰城の石垣の再建とともに、奥州街道沿いの商店や寺院、戊辰戦争の戦跡を文化財として指定して、住民グループと市役所職員が、観光客のまち歩きのガイド役を担当している。こちらもラーメンが美味しい。須賀川市では、震災後の政府の地方創生政策にいち早く対応して、松尾芭蕉、ウルトラマン、マラソンにちなんだ記念施設を整備し、関連したイベントを開催してきた。相馬市では、震災前から和風デザインによる武道館の建設や小学校の改築を進めてきた。震災後は、市街地すべての公共施設を城下町風の黒瓦屋根と白壁の土蔵造りで改築・再建している。

これらの中小都市は（相馬市を除いて）、平成の大合併で周辺の過疎町村を編入した合併都市であり、周辺部の小学校の統廃合が一気に進行して、若者の定着が困難で人口減少が深刻な都市群でもある。観光まちづくり政策が、施設整備で終わることなく、歴史と文化による住民と訪問者との交流の場、住民の誇りと活力を確認する場をつくっていくことになるのか、今後のなりゆきが注目される。

私はゼミナールの学生たちと、震災前から宮城県の白石市の「片倉小十郎祭り」や村田町の「蔵の町と陶器市」から始めて、震災後は相馬市海岸部やいわき市の小名浜地区の復興まちづくりをテーマにして、まち歩きを毎年実施してきた。ここでは、福島県内の都市のなかでも、歴史と文化のまちづくりにようやく着手した二本松市を案内しよう。二本松市は、第二次安倍内閣の地方創生政策に対応して、二〇一六年に観光コンシェルジュを招聘し、観光都市をめざしている。

1 観光のまちづくり

二本松市の観光スポット

コロナ禍前、二〇一八年の県内諸都市の観光客入込数を調べると、二本松市は、いわき市(八〇八万)、福島市(六〇四万)、郡山市(四一一万)につづいて、県内四位の三七五万であった。意外なことに、昭和期からの観光都市である会津若松市や喜多方市より観光客が多い。しかし、観光スポットまで調べてみると、国道四号線の上りと下りの両側に店舗がある「道の駅安達」の入込数が一七三万、四六パーセントを占めていた。観光客というより、トイレ休憩や自販機で飲み物を購入するためだけの、中通り(奥州街道)通過中のドライバーの立ち寄り客も多かっただろう。観光客の実際をつかむなら宿泊客数で判断すべきだ。二本松市の同年の観光スポットの入込数は、霞ヶ城公園三六万、岳温泉二八万、提灯祭り一九万、安達太良山登山と高原スキー場一四万、菊人形展八万だった。

それでも、二本松市は上記の県内中小都市の中で、観光地としての歴史と実績を確保してきた。二本松市は、中世には奥州探題の畠山氏の居城があり、近世には丹羽氏一〇万石の城下町として栄え、奥州街道の要衝だった。そして、戦後昭和期から上記のスポットのように観光資源に恵まれて、行楽シーズンには観光客を集めてきた。

二本松市は、市制施行直後の一九五七年、観光施設として新興宗教団体「三五教(あなないきょう)」の天文台の誘致を承認し、この教団は一九五八年霞ヶ城の本丸跡地に天守閣風の天文台を建設した。ところが、この施設建設をめぐって市内の仏教会、青年団、労働組合が反対した。また施設の利用方法をめぐって、市民の公開利用施設・観光施設をめざした市長と、飽くまで宗教施設として建設した教団が対立し続けた（『二本松市史第二巻近代現代』二〇〇二年、五五六頁）。やむなく、市側は霞ヶ城公園の中腹に城郭風の観光会館を一九六五年に建設し、土産物の物品販売施設と菊人形展の第二会場として利用してきた。そして、この施設は老朽化したために二〇一〇年に閉館している。それに代わって、二〇〇二年には、丹羽氏の菩提寺である大隣寺の向かい側に「隊士館」観光センターが建設され、食堂と物品販売を担当して現在に至っている。コロナ禍のなかでも、土曜日や日曜日には、この施設に関東地方から大型バスでやってきた団体客が出入りしていた。おそらく、東京の旅行会社の福島県観光コースの立ち寄り所になっているのだろう。

提灯祭り

二本松市の提灯祭りは、毎年一〇月上旬に三日間実施され、秋田の竿灯祭り、尾張津島の天王祭りと並ぶ日本の三大提灯祭りを自称している。同じ二本松藩領だった本宮市や福島市松川町でも提灯祭りが開催されている。ところが、丹羽氏の先任地だった白河市の町内を歩いてみると、立派な屋台を納めた倉庫があり、その総鎮守である鹿島神宮の提灯祭りは、こちらも新潟の弥彦神社、尾張一色の諏訪神社と並ぶ日本の三大提灯祭りを自称している。白河市では二三の町内が神輿を載せた屋台を備えており、その規模は二本松よりはるかに大きい。

観光課・観光協会のＨＰや、『二本松市史第八巻民俗編』（一九八六年）および『二本松市史第九巻自然・文化・人物編』（一九八九年）によれば、二本松の提灯祭りは駅前の二本松神社の秋の例大祭行事であり、その「お囃子」が一九八七年に、つづいて祭り全体が二〇一〇年に県の重要無形民俗文化財に指定されている。由来は、二本松に入部した丹羽光重が、丹羽氏の氏神八幡社と領民の鎮守熊野社を合祀し、一六六一（寛文元）年に二本松神社を「御両社」として創建したことと言われる（ところが、神社の鳥居前の掲示板には、畠山氏が一五世紀の中頃に、居城があった白旗ヶ峰に両社を合祀したと書いてある。丹羽光重が入部後に行ったのは、御両社を二本松総鎮守にしたこととしている）。そして、竹田・根崎地区の住民がこの神社に神輿渡御を奉納したことから祭りが始まり、当時からすでに、神輿の屋台が太鼓と笛の「お囃子」を奏でて町内を押し渡る内容だったそうである。そして、夜間に提灯を飾り付けるようになったのは明治維新以降で、今日のように初日の宵祭りの冒頭に亀谷ロータリーに全七町内の屋台が集合する形式となったのは一九七三年からだそうである。豊かな時代と観光ブームを迎えて、神事と町内の親睦のための祭りが、観光客にも対応した行事へと変化したのではないか。

祭りの担い手は、旧町家の若宮、松岡、本町、亀谷、竹田、根崎地区と、旧武家地の郭内地区の合計七つの町内の氏子会であり、そこに実行委員会として若連が組織されている。そしてお囃子保存会の指導のもとに、若連が九月中旬から連日夜間にお囃子の練習を始めて、祭り当日を迎える。高校の教員の話によれば、福島市内の高校に通っている二本松市街地の高校生は、この練習に熱が入ってくると自主休校になってしまうそうである。

二本松の提灯祭りの特徴は、祇園祭りの「神迎え」、宵祭りの様式がしっかり伝承されていること、そして、屋台を引き回す若連の勇壮さ、お囃子を奏でる若連や小若の一心不乱な所作、担い手たちの熱量だろう。見物客の見どころは、宵祭り冒頭の火入れである。東北の秋の夕暮れは早く、夕闇が迫った亀谷坂下のロータリーに屋台が勢ぞろいすると、神社から頂いてきた火が提灯に次々に灯される。その明かりが道路の上空いっぱいにあふれる。屋台の上では若連や小若たちが太鼓、笛、鉦を奏で始め、そのお囃子の激しい調子に見物客は心を躍らされるにちがいない。

近年、町内を歩くと「若連募集」のポスターが目立つ。二本松の町内でさえ、少子化による伝統行事の担い手不足は深刻のようである。屋台の上でお囃子を奏でているのは男子だけである。かつては、女子が屋台に近づくことさえ禁じられていたそうである。神事や伝統行事も、時代と社会の変化に対応していくことになるだろう。

菊人形

二本松では、藩政時代から菊づくりが盛んで、また、昭和戦前から神社の参道に菊人形を飾ることも行われてきたと言われる。現在のような霞ヶ城公園内での菊人形展は、一九五五年から愛好家団体によって開催されるようになったそうである。その後、一九八〇年に愛好家団体が二本松菊栄会という法人となり、菊人形展と菊の品評会を主催するようになった。この菊人形展は、大阪の枚方市で開催される京阪電鉄主催のもの、福井の武生市(越前市)で開催される商工会議所主催のものと並ぶ日本の三大菊人形展を自称している。ところが、枚方市の菊人形展は、菊師や菊の栽培家の高齢化と後継者不足のため二〇〇五年に中止となり、二〇一〇年には、京阪電鉄開業百周年を記念した一回限りのイベントとして復活したそうである。ここでも伝統行事に共通の問題を抱えている。二本松の場合、市の補助によって女性の菊師三人と菊花愛好会の四〇人の栽培家が行事を支えているが、後継者不足は深刻であり、市観光課は地方創生政策の一環として二〇一六年「菊のまち二本松ブランディングプロジェクト」を開始して、菊づくり教室など人材育成事業に尽力している。

菊人形展のテーマは、「竹取物語」や「源氏物語」などの古典とともに、ＮＨＫの大河ドラマにちなんだものが採用されている。二〇一四年の第六〇回は戦国時代の畠山氏と伊達氏の抗争、二〇一八年の第六四回は戊辰戦争一五〇年記念の二本松少年隊がテーマであった。コロナ禍の二年間は菊花展に行事を縮小し、二〇二二年の第六六回は源頼朝の側近の安達盛長、二〇二三年の第六七回は徳川家康とその家来たちの菊人形が展示された。菊人形の顔を見れば、女性の顔は二〇一三年の大河ドラマ「八重の桜」の主役だった綾瀬はるかさんそっくりである。男性の顔は二〇〇五年の「義経」に主演した滝沢秀明さんそっくりである。

同時に開催される福島県と二本松市の菊花品評会では、「千輪咲き」の鉢がすごい、見事である。花の下をのぞき込むと、一本の細い茎からたくさんの枝が分かれ、千の花をつけるまでの菊づくりは神業としか言いようがない。アメリカ人の文化人類学者ルースベネディクトは、『菊と刀』のなかで日本人を「菊づくりに秘術を尽くす国民」と述べている。一つの苗を鉢に植えて、枝分かれを繰り返させ、花のつぼみ一つ一つに針金の輪をはめ込んで花が咲くべき位置と形を整えていく。その徹底した手入れに、彼女は日本人の技の心を見出して驚嘆したのだろう。

2　歴史と文化のまちづくり

城下町と寺院

城下町ならば、おそらくどこでも同じだろうが、二本松のまちを歩くと霞ヶ城の周辺に寺院が多い。寺院は有事の際には、家臣団の出撃拠点だった。観光連盟の「まち歩きマップ」には二〇か所の寺院が掲載されている。その多くが、しだれ桜の名所でもある。山門を訪れて、教育委員会が立てた由緒や縁起の立て札を読むと、中世後期に畠山氏の勧請で建立された、あるいは高僧の発願で建立された古寺と、加藤氏や丹羽氏など近世になって大名の入部に随伴して旧領地から移動してきた寺院があったことがわかる。称念寺が畠山氏の菩提寺、香泉寺は畠山義国が建立、顕法寺が加藤明利の墓所、大隣寺が丹羽氏の菩提寺である。蓮華寺では、山門を入ってすぐ右に沢山の小さい墓石が一か所に集められている。檀家と寺院との縁が切れて、無縁仏となってしまった墓かと邪推しながら、掲示板を読むと、戊辰戦争の際に、落城して、長州の部隊に追

写真1　大隣寺

撃されて県北まで敗走した下級武士たちの墓だという。そう言えば、白河市の南部の円明寺にも、初代白河藩主丹羽長重の墓の近くに戊辰戦争の白河口の戦いで戦死した二本松藩士の墓がある。霞ヶ城本丸裏の搦め手から坂道を下っていくと龍泉寺がある。ここでは、戦前に住職が障害児施設を運営していたと立て札に書かれており、それが戦後の福島県の障害児教育の母体になったそうである。

しかし、ほとんどの寺院では、由来・縁起だけで、それ以上のことはわからない。寺院の歴史や文化財と武家や町人の信仰の有様が、訪問者や観光客にもわかりやすく説明されていると嬉しいのだが。いや、寺院は文化財や観光資源である前に宗教と埋葬の施設だから、行政の関与は消極的であるべきかもしれない。むしろ、観光地化していない寺院を訪れて、紅葉を静かにながめて心を休めるには最適地である。

酒蔵と和菓子屋と古民家

二本松駅を降りて、二本松神社の手前の街道を右へ左へと歩くと、シャッター商店街のなかで旧城下町らしさを保持して営業しているのは、和菓子屋と酒蔵である。市内には一〇軒前後の地元の和菓子屋があり、幕末期創業の老舗では本練り羊羹とあんこ玉が自慢である。羊羹は奥州街道を往復した諸藩の侍たちの土産として重宝されたという。いつからかは不明だが、仙台駄菓子の「しおがま」も羊羹のとなりで売られている。

また、市内には五つの日本酒の醸造会社があり、大震災以降、度々全日本の日本酒鑑評会で金賞を受賞している。空き家になっていた古民家や蔵を歴史的建築として再生利用した店舗もようやく登場している。大手門跡から霞ヶ城に向かう久保丁坂の途中にできた古民家カフェは、かつて一九二〇年代に町長を務めた人物が、迎賓館として建設した和洋折衷の建築物を修復したものである。女性経営者が、軽食とコーヒーとチーズケーキでもてなしてくれる。竹田地区の蔵のレストランは、安永年間創業の味噌醤油醸造会社の土蔵を改装したものである。そこでは、郷土料理の「ざくざく」が定番メニューである。新潟の「のっぺ汁」や会津の「こづゆ」に相当する具沢山の汁物である。

写真2　大手門前の和菓子屋

写真3　酒造会社と杉玉

写真4　味噌醤油醸造会社

霞ヶ城と文化財行政

文化財や史跡の指定は、各々その時代の歴史的背景を伴い、国策や地方行政の課題にも対応していた。霞ヶ城跡は明治初期に払い下げられて民有地となり、製糸工場として利用されてきた。しかし、関東大震災の影響で、製糸業と金融業が苦境に陥り一九二五年には工場が閉鎖され、さらに一九二九年には工場が火災で焼失してしまった（『二本松市史第二巻　近代現代』二〇〇二年、二七九頁）。そこで町民の公園整備の要望をも反映して、一九三二年町が跡地を買収して公園とした。公園整備は上水道布設や県立安達中学（現在の安達高校）の誘致とともに、二本松町の近代都市づくりのための施設整備の一環だった。公園東入口の戒石銘碑は、一八世紀の中頃に藩士の戒めとして設置されたものだが、一九三五年に国の史跡に指定されている。一九二九年から始まった世界経済恐慌の後、一九三二年から政府によって農村の経済復興をめざす農村救済・自力更生運動が展開されていた。そして、一九三四年東北地方は大凶作に襲われて、「娘の身売り」が全国ニュースになった年であった（『東北都市事典』二〇〇四年、三六三頁）。地方公務員と住民に「勤倹」と「奉仕」が極めて厳しく求められていたにちがいない。

写真5　少年隊群像

二本松の歴史上、最大の事件は戊辰戦争の敗戦と少年隊の悲劇である。少年隊の史跡を探すと、一九一七年には、戦死した少年隊員に対する戊辰戦争五〇回忌の法要が大隣寺で旧藩士たちの手によって実施されて、供養塔が立てられていた。その二三年後、城山の左斜面奥、搦め手門の手前の小さな広場には、一九四〇年に少年隊顕彰碑が紀元二六〇〇年記念事業として建設されていた。碑文の「忠勇」「義烈」は、戊辰戦争期の藩と主君に対する忠義から、昭和の皇統に対する忠義へと変化して復活したのだろうか。前年一九三九年には、東北地方からも満蒙開拓青少年義勇軍が大陸に渡っていた。翌年一九四一年には、海軍が特別年少兵制度を開始して、少年志願兵の獲得に地方行政と学校を動員していった。時代は少年隊を供養の対象から顕彰の対象へと変化させ、悲劇を繰り返した。

城跡の公園は、戦後になって一九四八年に県立自然公園に指定され、一九五三年には本丸入口下の石垣が修復された。それを記念して、同年本丸下には「奥州探題畠山氏居城二本松城跡」という石碑が建てられた。さらに一九五七年には都市計画公園整備法の指定を受け、県によって樹木や植栽の管理と整備がおこなわれるようになった。現在七〇年をかけて手入れされた松や欅や楓の巨木は立派である。春は辛夷、木蓮、桜、躑躅、藤、夏は紫陽花、睡蓮、石楠花、冬は椿、一年を通じて城山に花が絶えない。県内各都市の文化財や史跡を見ると、高度経済成長期に再建整備されたものが多い。一九六八年の明治維新一〇〇年記念事業がその大きな契機だった。会津若松市の鶴ヶ城跡は、本丸御殿跡は戦後長らく競輪場だった。それが一九六五年に天守閣を備えた優美な城郭公園に再建された。

しかし、二本松市の場合、城跡保存復元・文化財保護の動向が具体化し、歴史と文化のまちづくりへと広がったのは、ようやく高度経済成長期が終わってからである。

上記のように、観光施設をめざし天文台問題をめぐって宗教団体と対立し続けた二本松市は、一九七二年に本丸天守台跡地の天文台を宗教団体から買収し、暫定的に郷土資料館として活用した。やがて市は、一九七八年市立博物館を久保丁坂に開館し、天文台の郷土

写真6　二本松城箕輪門

資料館としての役割を終了させた。そして霞ヶ城の箕輪門（大手門）を再建したのは一九八二年である。おそらく、国庫補助金の配分の順番がようやく二本松市にまわってきたことと、成長から安定の時代を迎えて、日本再発見、日本旅行ブーム、文化財保護の機運が大きくなってきたことに対応したものと思われる。つづく、一九八〇年代には、環境庁の補助で「新奥の細道」（東北自然歩道）の一部として、霞ヶ城の南麓の観音丘陵遊歩道（桜の並木道）が整備された。あわせて、遊歩道を北から南へと辿れば、幸田露伴、中山義秀、東野辺薫、土井晩翠の文学碑や歌碑に巡り合える。さらに、一九九〇年には、霞ヶ城公園は「日本さくらの会」によって「さくらの名所百選」に選ばれた。

一九八七年、宗教団体から買収した本丸の天文台は撤去され、一九九一～九五年には、ようやく本丸天守台跡の石垣の発掘と復元工事が実施されて、城跡の文化財が観光資源として整備された。そして、一九九六年には、ＪＲ駅前と箕輪門の入口前に戊辰戦争の悲劇を象徴する二本松少年隊の群像が建てられた。群像建設の意図を示す碑文はないが、廃城および敗戦地観光のシンボルとして、先行地の会津の白虎隊を模倣したものだろうか。

長期にわたる霞ヶ城跡整備の結果、二〇〇七年には、石垣を中心に公園が二本松城跡として国の史跡に指定され、同年、公園内の洗心亭（茶室）が県指定文化財となった。東日本大震災で、白河市の小峰城の石垣が総崩れになってしまったのに対して、霞ヶ城の石垣と天守台はその後の二度の大地震にも耐えて崩壊しなかった。

まち歩きの帰りに駅前に戻ると、同じ二〇〇七年に市民文化センターが開館し、戦後日本画壇の重鎮だった大山忠作の記念美術館が併設された。常設展示では、城内のはす池を悠然と泳ぐ鯉を描いた絵が、見学者の心を慰める。

おわりに――街並みの再生と城報館の創設

写真7　古民家カフェ

城下町らしい街並みとしては、この三〇年間で亀谷坂上の家具・仏具店街が、次々と閉店してしまった。営業をしている「欅と桐の家具展示館」でその木工技術を見学できる。駅前の本町通り（本陣が置かれた宿場町）もシャッター商店街になってしまった。それに対して、城の東側の竹田・根崎地区では、大震災後に国土交通省の補助による土地区画整理事業とまちづくり振興会議による商店街の再開発事業が進められ、道路を拡幅し、沿道の街並みの景観を黒瓦屋根と白壁の土蔵造りに一新した。二〇一五年には、都市計画学会の都市景観大賞を受賞している。一連の店舗は、城下町の町家風にリニューアルされ、米屋、酒屋、和菓子屋、蕎麦屋、魚屋、本屋、呉服屋そして古美術店などが営業を継続し、再開している。

そして、二〇二二年には、二本松市は上記の博物館を廃止して、箕輪門（大手門）手前の藩校敬学館の跡地南側、家老丹羽図書の屋敷跡に「城報館」を開館した。歴史資料館と観光情報センターの複合施設である。入口をはいると、一階は、全方位のプロジェクションマッピングの映像で、二本松市の歴史と自然が紹介され、畠山氏の入部から戊辰戦争までを中心に、ジオラマ模型や動画や資料の展示で歴史が解説されている。旧来の博物館と比較すると、視覚と聴覚に訴えた内容は非常にわかりやすい。二階は、軽食やコーヒーや土産物の販売と観光案内の施設となっている。このような、観光交流商業施設と博物館の合体施設の建設は、第一次安倍内閣時の法律改正で、文化・スポーツ行政が教育委員会の所掌から市長直属の地域振興部局に移管できるようになったこと、二〇二二年に博物館法が改正されたことが契機で可能になった。社会教育に目的が限定された施設が、広義のまちづくり施設に転換したのである。開館以来、館内の企画展示室では、鎌倉時代の領主安達盛長（源頼朝の側近）や二本松出身の中世史研究者朝河貫一、二本松少年隊の資料展示会が開催されている。城報館が観光交流と歴史学習の拠点となっていくことを期待したい。

●写真1～7は筆者撮影

column

金谷川地区の信仰・和算・武術
——地域の視座から歴史を探究する——

阿部浩一

福島大学行政政策学類の博物館実習では、事前・事後指導の一環として「エコミュージアム」の理念に基づき、特定の地域を博物館に見立て、現地で保全した資料を紹介する「地域まるごと博物館」活動に取り組んでいる。東日本大震災の被災地で歴史資料を保全する活動を機に、県北の国見町や伊達市梁川で実践に取り組んできた。ここでは福島大学のある金谷川地区での記録調査活動の成果をもとに、身近な地域の歴史・文化を紹介したい。

なお、金谷川の地名は、明治時代に金沢・関谷・浅川の三村が合併した際に一字ずつを採って誕生し、昭和三〇年に松川町と合併するまで存続した。地名としては、福島大学の所在地（金谷川一番地）として残るほか、JR金谷川駅や金谷川小学校などにその名が残る。

写真1　2021年に改修された船橋観音堂と石仏・石碑（筆者撮影）

船橋観音堂と観音信仰の広まり

旧浅川村には、江戸時代中頃に建立されたと伝える船橋観音堂がある。長らく地域住民の信仰の拠り所として絵馬や棟札などが奉納され、境内には多くの石仏や石碑などが立っている。中でも番外三体を含む三十六体の線刻石仏は、当地での観音信仰の流行を伝えている。

観音菩薩は救済を求める人々に応じて三十三の姿に

変化してあらわれることから、多くの信仰を集め、江戸時代には三十三観音霊場と巡礼路が整備された。全国的には西国三十三観音、坂東三十三観音、秩父三十四観音が有名だが、身近な地域でも観音巡りができるよう、地方版の三十三観音霊場が各地に登場した。船橋観音堂は、信夫新西国三十三観音霊場の十六番「常光院　浅川舟橋」にあたり、巡礼者たちは「いしやま（石山）のしひ（慈悲）のまつかせ（松風）わたるらん　かゝみ（鏡）かふちののり（法）のふなはし（舟橋）」というゆかりの御詠歌と参詣者名簿を記した札を奉納した。

地域住民も境内を一回りすれば巡礼と同じご利益が得られるよう、線刻三十三観音石仏を奉納したのであろう。明治二十二年（一八八九）四月十七日と記された西国三十三観音と西国・坂東・秩父百観音を祀る石碑から、同じ頃に奉納されたと推察される。石仏には四十名以上の住民の名が刻まれているが、その約半数が女性であり、観音信仰と女性の強い結びつきも見えてくる。

写真２　尾形貞蔵寿蔵碑（筆者撮影）

「学問のむら」金谷川で花開いた和算

船橋観音堂には、明治二（一八六九）年に尾形貞蔵が奉納した算額も伝わる。明治時代に西洋から数学が導入される以前、江戸時代には関孝和に代表される和算が流行し、問題や解法を書いて寺社に奉納する算額が全国各地でつくられた。現在の福島県は全国有数の算額の所在地でもある。金谷川には和算家會田安明の創始した最上流宗統派が二本松を経て伝来し、丹治重治（四伝、金沢）、尾形貞蔵（五伝、浅川）、長澤忠兵衛（六伝、古浅川）の三名の和算家が輩出した。それぞれの業績を讃えて建立された寿蔵碑には、多くの門人たちが名を連ねている。尾形貞蔵の門人である金谷川村の菊地枡吉は、和算だけでなく画才にも優れ、「雪渓」の号をもち、算額や奉納絵馬の作画に才能を発揮した（線刻石仏の下絵を描いた可能性もある）。枡吉は剣術の道場を開いていた長南信武の寿蔵碑にも門人として登場し、「文武両道」を絵に描いたような才智あふれる人物であった。そして枡吉は尾形貞蔵らと同様に金谷川小学校の前身となる小学校でも教壇に立ち、地域の子どもたちの教育に当たったことも忘れてはならない。

福島大学が現在のキャンパスに統合移転したのは一九七九年、所在地名称を「金谷川」としたのは二〇〇〇年のことである。今でこそ金谷川は福島大学のある「学問のまち」であるが、一五〇年以上遡ると、金谷川村は三人の和算家のもとで多くの門人たちが学びあう「学問のむら」だったのである。

地域に貢献する歴史学の役割

金谷川の事例では、近隣住民との偶然の出会いと地域を活性化させようとする情熱が大学教育と結びつくことで、地域の隠れた歴史や文化を魅力的な姿で浮き彫りにすることができた。身近な地域の歴史を探る素材は歴史学の主たる対象である古文書ばかりでなく、石碑・石仏、古写真、古建築、祭礼道具、信仰、民具、生活習慣、言い伝えなど、有形無形のものが沢山眠っている。過疎化・高齢化の波や相次ぐ自然災害などで滅失の危機にさらされている地域の歴史資料の再発見や保全・継承を支援し、地域住民とともに取り組む活動は、歴史学の社会的役割として、今後もますます重要な意味を持つであろう。

〔参考文献〕
阿部浩一監修・船橋観音堂と金谷川の和算継承会発行『船橋観音堂と線刻三十三観音石仏』民報印刷、二〇二二年
阿部浩一監修・船橋観音堂と金谷川の和算継承会発行『金谷川の和算の昔と今とこれから』民報印刷、二〇二一年
阿部浩一「金谷川地区に伝わる歴史資料―柔術の真之神道流と剣術の三上流関連資料の紹介―」『行政社会論集』第三五巻第一・二号、二〇二二年
金谷川小創立百周年記念誌委員会編『金谷川のあゆみ』一九七五年

column

イザベラ・バードの見た会津の山々

荒木田 岳

会津路はすべて山の中である――と言ったかどうか。

どういうわけか、イザベラは東北・北海道へと旅するにあたって、日光から会津西街道、越後街道を経て新潟に向かった。もとより白河の関を越えてみちのくの旅を…などという、芭蕉的な固定観念は持ち合わせていなかったであろうし、どこを旅しようと本人の自由ではある。しかし、「それにしても」という道を選んでいるのはどうしたことであろう。

写真1　大内宿の家並み（筆者撮影）

日光から五十里《いかり》を通り、山王峠を越えて田島に。さらに大内宿を経て会津西街道を外れ、高田へ。その後、坂下《ばんげ》を経て車《くるま》峠を越え津川（ここも当時は福島県）まで行き、そこから新潟へと川舟で下るルートをたどった。現存する路線でいえば、会津西街道が国道一二一号線（西側）、鉄路でいえば野岩《やがん》鉄道、会津鉄道であり、越後街道は国道四九号線（北側）、鉄路では磐越西線（北側）に相当し、今でも彼女の歩いた道とはそれほど遠くないところを走ることができる。丘の上からの眺めは素晴らしく、とりわけ、新緑のころや秋などは格別である。またとない観光コースであるのは間違いない。二一世紀のドライブならば。

不思議なことに、彼女は会津盆地をかすめただけで迂回し、この地域の中心であった若松の町（昭和に入るころまで福島県の首位都市、現会津若松市）

もまた間近で通り過ぎている。その理由もわからないが、結果として彼女の会津路は山ばかりのルートになった。よほど山道が好きだったのだろうか？

書き残されたものから推測すれば、「早く日本海を見たい」という動機がそうさせたように読めるが、完訳本の脚注には、一八七〇（明治三）年夏に、英国の外交官が坂下から新潟については同じルートで旅したとある。苦しい山越えの経験ののちに、またしても、新潟から十三峠を越えて米沢に向かったのも、イザベラが「懲りない人」だったからではなく、先行の外交官がこの道を通っていたため、安全を期してそうしたのであろう。

たしかに、健康回復のための療養に日本にやってきて、前人未踏の地を探検するとも思えない。だから『日本奥地紀行《Unbeaten Tracks in Japan》』というタイトルに惑わされ、無鉄砲な一行を想像してはいけない。綿密な計画を立てたにもかかわらず、望まずして、「イザベラ・バード探検隊」になってしまったのである。

もっとも、先人が同じルートを旅したからといって、気分は楽になっても、行程が楽になるわけではない。早晩「安楽な生活は日光で終わってしまった！」と感嘆符を付けて後悔することになった。とくに越後街道には往生したらしい。

> 昨日［七月一日］の旅はこれまでで最も厳しいものの一つだった。一〇時間もの大変な旅だったのに、わずか一五マイル［二四キロ］進んだだけだった。（中略）この道は近代的なものの考え方をまったく無視し、山を、憶測で言うのも怖いぐらいの急勾配で、真っすぐに上ったり下ったりしている。（中略）こんなひどい道はこれまでなかった。よくも道などと言えるものである！（越後街道・車峠＝現西会津町）

万事、こんな調子である。おそらくイザベラ自身も、先人がなぜこの道を選んだのか、何度も、そして心底、首をかしげたにちがいない。一応付記すれば、阿賀川を掘削して塩川まで舟運を延伸させる計画は江戸時代初期

写真２　束松峠から雲海越しに磐梯山を望む（筆者撮影）

からあったのだが、ほぼ成功していなかったのである。また、好んで急勾配の悪路を作っているわけでもなくて、当時も現在も、西会津町の山間部は地すべりの常襲地帯であり、安定的に街道を維持できず、そこしか通れないような場所を道にしていたのである。

会津での山越えの苦痛は、よほど彼女の心証を害したとみえ、この地の人々についても「かつて一緒に暮したことのある数種の野蛮人と比較すると、非常に見劣りがする」と辛辣をきわめている。裸同然の「品のない」人々、「底なしの汚さ」、マラリア熱の流行など、現地人として読めば反論の一つもしたくなるが、ただただ苦しい津川までの馬上の旅と、うっとりするような津川からの船旅とで、描写に地獄と天国ほどの開きがあるのをみれば、「彼女もしんどかったんだね」と同情しておくのが理解ある読者かもしれない。

イザベラがこの地を旅したのは一八七八（明治一一）年六月二六日から一週間足らず、土木県令で知られる三島通庸《みちつね》が、会津三方道路を県会に提案する三年半ほど前のことである。それら三街道のうち、二つをほぼ踏破した勘定になるが、期せずして三方道路整備前の街道の様子が記録として残されたわけである。

磐梯山が噴火し、山体崩壊を引き起こしたのはその一〇年後である。彼女は、束松峠（現会津坂下町側）から大噴火前の磐梯山、そして残雪の飯豊山を遠望し、それらの容姿を激賞している。きびしい山道を歩んだ、せめてもの「ご褒美」であったに相違ない。

〔参考文献〕

イザベラ・バード著・金坂清則訳『完訳　日本奥地紀行Ⅰ』（平凡社、二〇一二年）

column

本宮の水害碑

徳竹　剛

二〇一九（令和元）年一〇月の台風第一九号は東日本に甚大な被害をもたらした。福島県内では須賀川市、郡山市、本宮市、伊達市等で阿武隈川水系の川が堤防を越水したり決壊を生じさせたりして、人的被害は死者三〇名に及んだ（「台風第一九号等の概要」令和元年台風第一九号等による災害からの避難に関するワーキンググループ資料、内閣府[1]）。

そのうち本宮市では、市の中心市街地が広範囲にわたって浸水し、七名が命を落とした。浸水した地域には本宮市立歴史民俗資料館があり、収蔵資料に水濡れ等が発生したため、ふくしま歴史資料保存ネットワークおよび福島大学の教員・学生も被災文化財の救出に加わった。筆者が本コラムを書くことに思い至ったのも、この時の経験があってのことである。

その後、福島県庁では災害対応について検証する委員会が立ち上げられ、二〇二〇（令和二）年九月に『令和元年台風第一九号等に関する災害対応検証報告書』が作成された[2]。その中では「災害から身を守る「災害文化」を醸成して今後も継続して水害による死者をゼロにすることを目指す社会を構築する必要がある」と指摘されている。有史以来、その地域で繰り返されてきた災害経験と、その中で得た教訓を「災害文化」として未来に伝えていくことが重要である。

こうした「災害文化」という発想の形成には、二〇一一（平成二三）年の東日本大震災後に注目された津波石碑が大きな後押しとなった。津波石碑は明治あるいは昭和の三陸津波において津波が到達した地点に石碑を築き、将来への戒めにしたというものであり、「てんでんこ」という言葉とともに三陸地方での「災害文化」が広く注目された。国土地理院では、津波石碑をはじめとする「自然災害伝承碑」の主題図を提供しており、それを見ると全国各地、至る所に伝承碑があることが分かる。(3) 本宮市のものとしては、二〇二三年九月二八日現在で五件の伝承碑が登録されており、そのうちの三点が、一八九〇（明治二三）年八月に発生した水害についてのものである。明治二三年水害の概要については後掲の『本宮町史』等を参照していただくとし、本コラムでは、この三点の水害碑を紹介し、本宮における「災害文化」の醸成の一助としたい。

一つ目は本宮市の中心市街地、本宮字南町裡地内の小さな神社に所在する「大洪水実測標」である。建立者は小沼佐助という人物で、地表から五センチ前後の高さの台の上に、高さ一九四センチの石柱が乗っており、正面に「大洪水実測標」、右側面に「明治二十三年八月七日ノ出水ハ此標頂マテ達ス」と刻まれている。隣に立てば、大人の背丈を優に超える出水であったことが体感できるものとなっている。

二つ目は、この実測標から阿武隈川を東に渡ったところ、高木字舟場地内の日吉神社境内にある「洪水紀念碑」である（図1）。碑文の大意は以下の通りである。

明治二三年八月、阿武隈川の水面が通常より一〇メートル以上も高くなり、未曾有の洪水となった。長雨が続き人々は家具を運び出し老人や幼な児を逃がすなどしていたが、七日の夜明けに洪水となった。逃げ遅れた者は屋根の上に登って助けを求めた。巡査の根元嘉一郎と大和田次郎、村長の登梛次郎左衛門は筏を作り、防火夫を指揮して救助にあたり、七〇名の命を救った。水害後、山田県知事は租税の減免を求め、有志者はお金を集めて困窮者に与えた。これがなければ人々の不幸は如何ほどのものとなったか。高田常右衛門と有志者は寄付を集めて石碑を作り、このことを後世に伝えようとした。

三つ目も阿武隈川の東側、高木字久保地内の民家の庭先に立つ「阿武隈川洪水碑」である（図2）。その大意は以下の通り。

明治二三年八月、阿武隈川が溢れ数十里にわたる水害となった。夏から秋の変わり目に長雨が続き、いくつも

（右側面）

発起人
金拾■……………■地■之吉
[高]田常右エ門
日和田村
石工村田卯之次郎

洪水紀年碑

明治廿三年八月阿武隈川暴漲高於常水三丈五尺実為未曽有之暴漲矣先是霖雨連日人人恐其暴漲搬家具移老幼為之與七日払暁大水果至騰躍奔放衝床浸簷其不及出避者上屋叫号求救巡査根元嘉一郎与同僚大和田次郎村長登梛次郎左衛門縛材為筏指揮防火夫尽死力以救在屋上者七十人水既治山田福島県知事上陳減租有志諸人皆醵金賑済於是人人始蘇若無此二事則人民之不幸果為如何高田常右衛門与有志諸人議捐資欲紀其実刻石以伝不朽来請余文余嘉其挙不辞而叙

明治廿四年十月小田行蔵撰石田学篆并書

（左側面）

建立世話人
[根本]庄作　菊地兵作
増子治郎八
増子善三郎
渡辺弥四郎
川名忠兵エ
川名重太
根本弥吾太

（背面　※実際は21行×3段で記されているが32行×2段で記す）

寄附人名
金貳拾銭 ■[鶴]覚定
仝 [遠]藤忠作
仝 増子由松
仝 根本藤作
金拾五銭 菅野■作
仝 根本市[左]エ門
仝 坂上清蔵
仝 根本藤吉
仝 ■■仙吉
金拾銭 加藤半右エ門
仝 斎藤佐源治
仝 ■野健介
仝 根本與次右エ門
仝 菊地鶴吉
仝 遠藤又兵エ
仝 菊地兵太郎
仝 根本伊吉
仝 根本熊次郎
仝 根本善七
仝 大谷元道
仝 根本松次郎
仝 加藤佐吉
仝 武田由松
仝 根本磯八
仝 助川モト
仝 増子五郎兵エ
仝 坂上清次郎
仝 矢内長三郎
仝 髙橋茂助
仝 菅野由松
仝 渡辺円蔵

仝 宇野才助
仝 根本ハル
仝 行藤庄次郎
仝 菊地今朝吉
仝 川名重太郎
仝 菊地伊右エ門
仝 川名卯吉
仝 川名藤太郎
仝 川名作次郎
仝 川名善七
仝 根本市右エ門
仝 大沢清吉
仝 根本亀之介
仝 渡辺直蔵
仝 髙田米松
仝 穂積佐藤右エ門
仝 菅野常五郎
金八銭 渡辺吉次郎
仝 田畑喜作
仝 菊地喜七
仝 増子幸太
仝 根本萬吉
仝 根本[梅]吉
仝 佐藤助次郎
金五銭 根岸助治
仝 増子栄吉
仝 川名喜四郎
仝 菊地喜介
仝 渡辺治作
仝 大野■松
仝拾銭 菊池[大利]作

図1　洪水紀念碑　風化によって剥落した箇所があるため正面の碑文は『本宮町史』第10巻より転載した。左右側面と背面は、剥落により判読不能な文字は■や…とし、部分的に剥落しており残る字形等から類推した文字には[　]を付した。異体字は常用漢字に置き換えた。

阿武隈川洪水碑

帝国大学講師従六位南摩綱紀篆額
明治二十三年八月阿武隈川暴溢水害及延袤数十里矣夏秋之交霪雨連綿
諸川遍満堤防壊決亦不知幾処是月六日阿武隈川頓倍水量急流奔激非復
尋常洪水之比也而我安達郡和木澤村高木在郡巽位経塚山擁東阿武隈川
繞西地勢自南而来北漸低川道亦歴安積田村数郡来以西隔本宮架以三橋
曰永世曰通仙曰万石中間一帯水田曰高木江東北端川流東折十余町謂之
山王河原而復北是日三橋皆墜両岸亦没翌暁積水大至江東以西激流氾濫
漂屋蹶樹戸戸扶老携幼急遽避之河壖或低地居民不遑逃倉皇上屋哀号求
救便村長登梛氏与警吏駆使防火夫狂奔以援皆得僅免矣及暮水勢較減八
日天明川流復故是水増于平昔凡三丈五尺余亦可謂曠古之変矣今其所害
人家十有一田圃四十三町六畝余歩以山王河原為最江東辻次之泥沙填塞
其深者至四五尺蕩不見一草既而我福島県知事山田信道巡視具事以聞於
此侍従東園基愛奉　旨臨視深恤其状特賜金若干又田租圃税蠲緩有差自
二年以至十五年入額歳減四百数十金有志者亦済以七十金於是乎村民荷
　皇恩之優渥皆感泣無已併其恵助以得蘇矣今茲村人日向直左衛門君与
数氏謀欲建碑記其概以伝于後昆焉頃者介篠田造酒太郎状其事以徴余文
造酒大宇都宮人而在職于本宮小学余門人也余遂不得辞叙其所聞云
明治二十五年七月　　宇都宮圓山信庸撰文若松大橋知伸書

（背面）
明治二十六年九月七日
日向直左衛門建之
日向直治
白旗　日向仙蔵
大江　日向仙治
本宮　小松四郎治
仝　伊豆兵右衛門
本宮石工　高橋浅吉

図2　阿武隈川洪水碑　『本宮町の石造物』に碑文が掲載されているが、わずかながら誤読と思われる文字があるため、改めて全文を掲載する。異体字は常用漢字に置き換えた。

の堤防が決壊した。六日に阿武隈川の水量が急に増して流れが激しくなり、本宮との間に架かる永世橋・通仙橋・万石橋は墜ちて両岸は没した。七日の夜明けには氾濫し、逃げ切れなかった人々は慌てて屋根に登って救助を求めた。村長の登梛氏と警察官は防火夫を駆使して救助にあたり彼らを助けた。被害家屋は一一、耕作地は四三町六畝余、山王河原は一メートル半もの泥に埋まって一本の草も見えない有様となった。福島県知事山田信道は巡視を行い、侍従東園基愛は天皇の命によって臨検して若干の特賜金を与えるとともに租税の減免を行い、有志者も七〇金をもって救済に充てた。村民は手厚い皇恩に涙を流した。村人日向直左衛門他数人は、概要を後年に伝えようと石碑を建てた。

題字を書いたのは元会津藩士で日新館、昌平黌で学んだ後、東京帝国大学教授、高等師範学校教授などを歴任した南摩綱紀（羽峰）である。文章を作成した圓山信庸は、元宇都宮藩士で静倹塾舎を開き儒学を教授した人物である（田代一九二八）。圓山に撰文を依頼した篠田造酒太郎は、一八八六（明治一九）年発行の『教育報知』第三七号に「岩代国安達郡本宮駅現況」という小文を寄せており、また一八九二（明治二五）年の栃木県の小学校図書審査委員の中に「訓導」として名が見られる（日向野一九九〇）ことから、本宮小学校に勤めた後、栃木県で教師をしていたと考えられる。書を書いた若松の大橋知伸は、仏師・彫刻を本業としながら書画・篆刻・俳句にも秀でる多彩な人物として知られる（山ノ内一九八一）。

一八九〇（明治二三）年の水害は、当時の人々にとって未曽有のものであり、その恐ろしい経験と救済への感謝が、後世へのメッセージとして石碑に刻まれている。その後、治水工事が行われたが、自然災害はそれを上回るエネルギーで繰り返し流域地域を襲った（『広報もとみや』平成二八年七月号）。石に刻むことをもって伝えようとした建立者の思いを、今一度真摯に受け止めたい。

〔謝辞〕本稿に関わる調査で日向一雄氏・石塚勝太氏にご協力いただきました。感謝いたします。

〔注〕

（1）https://www.bousai.go.jp/fusuigai/typhoonworking/index.html
（2）https://www.pref.fukushima.lg.jp/sec/16025b/r01-taifu19kensyo.html
（3）https://www.gsi.go.jp/bousaichiri/denshouhi.html

〔参考文献〕

『本宮町史』第三巻通史編Ⅲ近現代、本宮町、二〇〇一年
『本宮町史』第一〇巻自然・建設編、本宮町、一九九三年

『図説　本宮の歴史』本宮町、二〇〇三年
『本宮町の石造物　史跡・名勝の記念碑・顕彰碑など』本宮町歴史文化サークル、二〇〇〇年
勝田多加志「南摩綱紀―明治維新にたおれた人々の鎮魂に努めた人」小桧山六郎・間島勲編『幕末・会津藩士銘々伝（下）』新人物往来社、二〇〇四年
田代善吉『宇都宮市史』下野史談会、一九二八年
日向野徳久「教科書審査事件―国定教科書への道―」『白鴎女子短大論集』一四（二）、一九九〇年
山ノ内岑生「佛師大橋知伸の系譜と作品」『会津文化財』創刊号、一九八一年
「水害　地域が地域を守る」『広報もとみや』平成二八年七月号

第2部

身近な地域から法を知り、世界を展望する

日本国憲法の土壌としての福島県——

金井光生

はじめに

「福島」が日本の立憲主義と日本国憲法を生み出した土壌のひとつである——と聞くと、驚かれる方もいるかもしれない。

だが、「憲法的なるもの」をめぐって、福島には歴史的に深い縁がある。

戊辰戦争以後の近代以降の大事件だけに限ってみても、明治期自由民権運動に関わる福島事件（一八八二年）、アジア太平洋戦争末期における戦争国策によるウラン採鉱強制、郡山空襲（一九四五年）、戦後最大の冤罪事件とも言われる松川事件（一九四九年）、三・一一原発震災（二〇一一年）などが思い浮かぶ。

本章では、日本の立憲主義と日本国憲法の成立に関わりをもつ福島県にゆかりのある人物を五人取り上げて、〈日本立憲史における福島〉という観点から紹介してみたい。

1　河野広中〔陸奥国田村郡三春（現・田村郡三春町）生：一八四九―一九二三年〕

西の板垣退助と並ぶ自由民権（民権的ナショナリズム）運動の代表的人物であり、帝国議会開設後は有力な政治家として活躍した[1]。

一八四九（嘉永二）年七月七日、三春藩の郷士の子として生まれる。儒学者川前紫溪（亀角）の塾に学び、尊王攘夷論者となる。明治維新後、ジョン・スチュワート・ミルの『On Liberty』（一八五九年）の中村正直（敬宇）訳『自由之理』を購入して馬上で読み、思想上の革命が生じて自由民権運動へと目覚めたという。その後、磐前県やその後の福島県で官職を歴任し、板垣との連携を強め、愛国社大会にも参加した。石陽社や三師社を結成して自由民権運動の拠点とし、土佐の植木枝盛らにも面会する。一八八一年には福島県会議員となり議長に選任される。板垣らが結成した自由党の結成に参加して、自由党福島部（事務所を「無名館」と命名）を創立した。一八八二年、「福島自由新聞」を創刊。

反自由党の三島通庸が福島県令に着任したため、河野が議長を務める県会と対立していく。特に強権的な会津三方道路工事事業の実施をめぐって紛糾し、三島が反対派を弾圧・検挙したため、紛争は激化。喜多方事件や無名館襲撃事件へと発展し、河野らが兇徒《きょうと》聚《しゅう》衆罪《しゅうざい》容疑で逮捕されるという「福島事件」が起きた。一八八三年に河野は軽禁獄七年の判決を受けて収容されたが、一八八九年、大日本帝国憲法発布に伴う大赦令により出獄。一八九〇年、第一回衆議院議員総選挙に福島県第三区から出馬して当選し（以後連続一四

（1）中山義助編『河野磐州伝（上下）』河野磐州伝刊行会、一九二三年、長井純市『河野広中』吉川弘文館、二〇〇九年など

写真1　河野広中（近代日本人の肖像）

回当選した）、立憲自由党の結成に参加した。日清・日露戦争の間、一八九八年に憲政本党へと所属を変更し、一九〇三年には、第一九議会で第一一代衆議院議長に選ばれたが、勅語奉答文が問題となり、衆議院解散により六日で辞職に追い込まれる。一九〇五年に、河野はポーツマス条約に反対して日比谷焼討事件を煽動したとして兇徒聚衆罪容疑で再び逮捕されたが、翌年、無罪判決が下された。第一次世界大戦勃発後、一九一五年には第二次大隈重信内閣で第二六代農商務大臣に就任する。大隈内閣総辞職後も、普通選挙運動や憲政擁護大会などで精力的に政治活動を継続した。一九二三（大正一二）年、関東大震災を経た一二月二九日、その七四年の生涯を終えた。

三春町の歴史民俗資料館自由民権記念会館の近くと、福島市の福島県庁敷地内の県議会庁舎前に、河野の銅像が建立されている。

2　矢部喜好（福島県耶麻郡木幡村生（現・喜多方市）：一八八四―一九三五年）

反戦平和のプロテスタント牧師であり、「日本最初の良心的兵役拒否者」と呼ばれる。(2)

（2）　田村貞一『矢部喜好伝』湖光社、一九三七年、鈴木範久編『最初の良心的兵役拒否』教文館、一九九六年、福屋嘉平『なんじ、殺すなかれ』驢馬出版、二〇〇八年など。なお、田村の著作にある若干の誤りは、鈴木の著作により訂正されている

写真2　矢部喜好（写真提供：日本キリスト教団大津教会）

一八八四（明治一七）年七月四日に生まれる。一八九八年に会津中学校に入学し、在学中に、東京の末世福音教会（セブンスデー・アドベンティスト）の伝道学校で学ぶ。伝道生活を送りながら、日清戦争後は戦争反対を主張し、一九〇四年に日露戦争が始まると補充兵として召集されるも、宗教上の理由から兵役拒否したため、禁固二か月の有罪判決を受け、若松監獄に収監。釈放後、仙台の第二九連隊に看護兵として入隊した。一九〇六年にアメリカに留学し、一九〇七年に猩紅熱《しょうこうねつ》で入院中に、同じ病気で大津伝道中に客死した青年宣教師モンロー・クリセリウスの話を同胞教会の宣教師から聞き、同胞教会に転じる。オッターベイン大学やシカゴ大学を経て、一九一五年に帰国し、日本基督同胞教会伝道師として滋賀県大津市へと転居し、膳所同胞教会を設立し、大津同胞教会を兼牧しつつ、牧師として琵琶湖畔で活動する。その他、マニラに日本人教会を設立したり、一九二七年には賀川豊彦、杉山元治郎らと日本農村伝道団を結成したりした。一九三五（昭和一〇）年八月二六日、その五一年の生涯を終えた。

○矢部喜好「極東平和のために」（『同胞』二五九号、一九三一年一〇月一日）

東亜の空に不安の暗雲が突如として現はれ、すばらしい速度で拡大せられつつあるは日頃［キリスト教の説く」神の国の出現を祈るものの胸を傷むる重大事である。／…永遠の平和を獲得するための戦争などといふ事は痴人の夢、見よ満州に於ける明治二十七八年、三十七八年の両戦役［日清・日露戦争］はいづれも恒久的平和を極東に与へるのだと約束したではないか？　憎悪・残忍・殺伐の種子をまいて平和・喜楽・慈愛の実を得るは木によつて魚を求むるよりも六か［難］しい。…／干戈によつて国際間の正邪・曲直を決せんとするは断じて不可、神の子である人のとるべき方法ではない。〝凡て剣をとる者は剣にて亡ぶべし〟(3)。

3　三淵忠彦〔岡山県岡山市生（本籍・福島県会津若松市）：一八八〇―一九五〇年〕

戦前の大審院判事であり、戦後の初代最高裁判所長官を務めた(4)。

一八八〇（明治一三）年三月三日、会津藩士三淵（旧姓萱野）隆衡の子として岡山市で生まれる。隆衡の兄は、戊辰戦争で敗れた際に切腹させられた会津藩家老萱野権兵衛であった。忠彦は、東京帝国大学法科大学に進むも相次ぐ肉親の死により学業を中断させられ、京都帝国大学法科大学に再入学し、一九〇五年に卒業する。民法や信託法を専門とした。司法官試補を経て、一九〇七年に東京地方裁判所判事に任官したのを皮切りに、同部長、大審院判事、東京控訴院上席部長を歴任したのち、一九二五年に三井信託法律顧問に転身した。その間、各種政府委員や慶應義塾大学などの講師も兼ねている。

一九四七年八月に、片山哲内閣の指名（司法大臣鈴木義男による強い推挙があったという）、昭和天皇の任命により、日本国憲法下の新設の最高裁判所の初代長官に就任した（一九五

（3）　鈴木編・前掲書、一七三頁。旧字旧かな遣いは現代語に改めた。［　］内は引用者による補注（以下、同じ）

（4）　特集「三淵前長官をしのぶ」『法曹』一二九、一九六一年、三淵乾太郎「父、三淵忠彦を語る（一―三）」『判例時報』三三九―三四一、一九六三年、牧原出「『部分社会』と『象牙の塔』――三淵忠彦と田中耕太郎」飯尾潤ほか編著『政治を生きる』中央公論新社、二〇一二年など。なお、息子乾太郎（裁判官）の再婚相手は、女性初の弁護士・裁判官で、家裁・地裁の所長も務めた三淵（武藤）嘉子である。嘉子は戦時中、福島県に一時疎開していたという

写真3　三淵忠彦（写真提供：三淵邸 甘柑荘）

〇年三月退官）。新最高裁の出発に際して、「国家の存立は、裁判の公正に対する国民の信頼にかかっているのであります」と最初の「最高裁判所長官訓示」で述べている。[5] 在職中には、福島県で平事件や松川事件（一九四九年）などの重大事件が生じている。退官直後には、田中耕太郎（第二代最高裁長官）の手引きでキリスト教カトリックの洗礼を受けている。一九五〇（昭和二五）年七月一四日、その七〇年の生涯を終えた。

〇三淵忠彦「挨拶」（一九四七年八月四日）

　裁判所は国民の権利を擁護し、防衛し、正義と、衡平とを実現するところであって、封建時代のように、圧制政府の手先になって、国民を弾圧し、迫害するところではない。ことに民主的憲法の下にあっては、裁判所は、真実に国民の裁判所になりきらねばならぬ。…／殊にこれからの最高裁判所は、従来の事件を取り扱う外に、国会、政府の法律、命令、処分が憲法に違反した場合には、断固としてその憲法違反たることを宣言して、所謂憲法の番人たる役目を尽くさねばなりませぬ。これは我が国空前の制度であって、私共はその運用の為に十全の注意を払い、重大な責務の遂行に努めねばなりませぬ。[6]

（5）「最高裁判所長官訓示」『裁判所時報』一、一九四八年一月一日、一頁

（6）三淵忠彦（若林高子ほか編）『世間と人間（復刻版）』鉄筆、二〇二三年、一九四、一九五頁

4　鈴木安蔵〔福島県相馬郡小高町（現・南相馬市）生：一九〇四―八三年〕

戦前からの憲法研究者であり、日本国憲法の成立に間接的な影響を与えた。[7]

一九〇四（明治三七）年三月三日、プロテスタント信者の子として生まれる。幼少期には、小高教会に通い杉山元治郎牧師から教えを受ける。相馬中学校、第二高等学校（仙台）へと進み、弁論部等で活躍しつつ、新カント派哲学や西田幾多郎の哲学（西田哲学）にのめり込む。また、労働運動・社会主義運動に目を開かれる。一九二四年に京都帝国大学文学部哲学科に入学したのち、京都帝国大学社会科学研究会（京大社研）に入会しマルクス主義を研究するようになる。河上肇らの影響も受けて、一九二五年に経済学部に移る。一九二六年、マルキシズム研究を理由に、治安維持法（一九二五年制定）違反第一号として、京都学連事件（日本学生社会科学連合会事件）で逮捕された。禁錮二年の有罪判決を受け、大学を自主退学する。この体験から、憲法学・政治学の研究へと向かったが、『第二無産者新聞』における活動により、再び治安維持法違反で逮捕された。一九二七年には栗原俊子と結婚している。獄中で、妻の差し入れを介して、憲法学文献を読破したという。なお、安蔵の弁護には、当時弁護士をしていた鈴木義男も関わっていた可能性がある。

出所後は定収入のない中、マルクス主義の立場から憲法の歴史研究等に打ち込んだ。一九三三年には、吉野作造から直接指導を受けたりもして、最初の主著『憲法の歴史的研究』（大畑書店）を刊行したが、その唯物史観的階級闘争論などが問題視され、発行と同時に即

（7）　星野安三郎ほか編『日本憲法科学の曙光』勁草書房、一九八七年、柴田哲雄『フクシマ・抵抗者たちの近現代史』彩流社、二〇一八年など

写真4　鈴木安蔵（南相馬市公式ウェブサイトから引用）

日発売禁止処分を受けた。一九三七年には、衆議院憲政史編纂会委員となった。ファシズム批判を含む安蔵の思想は、天皇制・軍部ファシズムの中で幾多の受難を経たのち、一時期「大東亜共栄圏」構想に傾き、大政翼賛会を支持するに至る。

戦後、猛省し、いち早く大日本帝国憲法の根本的改正を主張し、高野岩三郎の提唱で発足した民間の「憲法研究会」の主力メンバーとして活躍し、『憲法草案要綱』を取りまとめた。戦後しばらくは大学教員の職を固辞していたが、のちに静岡大学、愛知大学、立正大学の教壇に立ち、「憲法改悪阻止各界連絡会議」などで活躍した。一九八三（昭和五八）年八月七日、その七九年の生涯を終えた。一九八四年三月一八日、「解放運動無名戦士墓」（東京・青山霊園）に合葬されている。

日本国憲法施行六〇年を記念して、鈴木安蔵を描いた映画『日本の青空』（大澤豊監督、インディーズ、二〇〇七年）が制作された。

憲法研究会『憲法草案要綱』

民間憲法草案『憲法草案要綱』の内容は、国民主権、儀礼的天皇制、平等、表現の自由、生存権、労働権など、その後の日本国憲法の内容を先取りするような進歩的なものであった。一九四五年一二月二六日に完成後、即日幣原内閣とGHQに届けられ、二八日に新聞各紙で報道された。GHQのマイロ・ラウエル民政局法規課長は、『憲法草案要綱』を精査して好意的なコメントをし、そのコメントはコートニー・ホイットニー民政局局長を通じて、参謀長に提出されたという。

「『憲法草案要綱』とGHQの起草した『日本国憲法草案』を対比すれば、『憲法草案要綱』が『日本国憲法草案』の〝手本〟となったと言うことができます…。／かくして、鈴木先生は、日本国憲法の間接的起草者と言うことができます[8]」と言われる。

安蔵の「憲法科学」

安蔵による「鈴木憲法学」の意義は、マルクス主義に基づいて憲法現象の科学的な発展法則を明らかにすることで「社会科学としての憲法学」（憲法科学）を樹立しようとしたことにある。そのために、基礎理論を重視し、憲法の歴史研究や外国との比較研究の必要性を説いたことも重要である。

特に明治期自由民権運動関連の資料の発掘や研究は重要であり、代表的な民権家であった旧土佐藩士の植木枝盛（一八五七―九二年）とその私擬憲法「東洋大日本国国憲按」（一八八一年）に関する研究は特筆に値する。

「大東亜共栄圏」構想に傾斜した一時期を除けば、生涯を通じて、マルクス主義の立場から、ファシズム的権力への批判を行い続け、戦後は日本国憲法の不十分さを認めつつ、その民主主義の擁護と普及に努めた[9]。

（8）金子勝『日本国憲法と鈴木安蔵――日本国憲法の間接的起草者の肖像』八朔社、二〇二二年、六〇頁

（9）柴田哲雄「鈴木安蔵」『愛知学院大学教養部紀要』六五―一、二〇一七年など参照

○鈴木安蔵『明治憲法と新憲法』（一九四七年）

日本の不幸は、あらゆる点において、国民個々の自覚、教養、人権尊重、協同体的友愛の欠如、すなわち古典的なデモクラシーの未発達を、一つの主因とする。／さらにまた、かかる民主主義革命の未完成のために残存している全国的な半封建的・寄生的土地所有・搾取に加ふるに、これらを基礎とし補足物としての後進資本主義的軍国主義的生産・搾取様式の支配が、つねに日本の国家活動、国家における国民生活を、専制的警察政治国家的な、侵略主義的なそして無権利と特権、飢餓と奢侈、民卑と官尊、女卑と男尊、他民族蔑視と自民族優越（神州、八紘一宇）との差別、はなはだしい奇形的な非文明的国家、非文化的国民生活たらしめてきたことも争ひえない。／当面のわれらの切実な希求は、かかる精神、ならびに物質両面における根本欠陥の除去・克服である。それがためには、歴史的にいはゆる民主主義革命が完全に遂行せられることが必要である。それはすでに開始されたが、もちろんいまだ発足したのみである。(10)

(10) 鈴木安蔵『明治憲法と新憲法』世界書院、一九四七年、一一九頁

5 鈴木義男〔福島県西白河郡白河町（現・白河市）生：一八九四―一九六三年〕

戦前から公法学者、人権派弁護士として活躍したのち、戦後は日本国憲法の制定に貢献しその後の日本政治を担った政治家。「ギダン」さんと呼ばれていたらしい。

一八九四（明治二七）年一月一七日、キリスト教プロテスタント系メソジスト派の牧師の子として生まれる。一九〇七年に白河小学校を卒業して、東北学院（仙台）の普通科に進学し、第二代院長デヴィッド・B・シュネーダーの薫陶を受ける。一九一二年に東北学

院普通科を卒業し、第二高等学校に進学し弁論部などで活躍した。一九一五年に第二高等学校を卒業し、東京帝国大学法科大学に入学し、特に吉野作造に師事した。宮城県出身の吉野とは公私にわたり交流があり、吉野の民本主義から、社会民主主義への信念を固めた。一九一八年に鉄本常盤と結婚。一九一九年に東京帝国大学を卒業し、法学部助手に採用され、美濃部達吉や牧野英一らの指導も受けた。一九二四年に欧米留学から帰国後、東北帝国大学法文学部教授に任命される。以降、行政法学論や社会法論等を担当する。しかし、普通学校での現役将校による軍事教育の実施への批判[11]をはじめ、立憲主義に基づく反権力的・反体制的な姿勢が問われ、「スイカのように外観は青くても中味は赤い」などと評され、新聞報道等で「赤化教授」として知られることになった。最終的に、講義用に作成した『政治学講義案』をめぐる著作権騒動の濡れ衣などがもとで、一九三〇年に東北帝国大学を辞職した。その後、弁護士となり、法政大学教授を兼務しながら、河上肇、美濃部亮吉、宇野弘蔵、宮本百合子ら数々の治安維持法事件のほか、帝人事件や女優・志賀暁子の堕胎事件などの弁護を務めた。

写真5　鈴木義男（近代日本人の肖像）

　戦後、政治家に転身。一九四五年の日本社会党の結党に参加し、一時期は鈴木安蔵らの憲法研究会にも参加した。一九四六年に日本社会党議員として、日本国憲法の「憲法制定議会」となった第九〇回帝国議会において、衆議院議員・衆議院帝国憲法改正小委員会（芦

（11）　金井光生「〔翻刻〕鈴木義男『所謂軍事教育案批判』（一九二四年）ほか」『行政社会論集』三一―一、二〇一九年

田均委員長）メンバーとなり、日本国憲法の実質的審議に加わった。一九四六年以来一九六〇年まで福島県選出の衆議院議員を七期務める。その間、一九四七年には片山哲内閣の司法大臣に、一九四八年には芦田均内閣の法務総裁に就任する。東北学院第六代理事長、専修大学第七代学長、同大学第二代理事長なども歴任し、一九六〇年には民主社会党の結党に参加した。一九六三（昭和三八）年八月二五日、その六九年の生涯を終えた。

かつての恩師シュネーダーは、義男について、「日本の若い『ウイルソン』となるであろう」[12]と評したことがある。

日本国憲法審議

日本国憲法案を審議する衆議院帝国憲法改正小委員会（いわゆる「芦田小委員会」）で活発な発言を行い、原案に対する重要な加筆修正を提案した。特に重要なのは、原案には存在しなかった事項の追加であり、主なものだけでも、（一）憲法九条への「平和」目的文言の挿入、（二）憲法二五条一項の「生存権」規定の明記、（三）憲法一七条の「国家賠償請求権」、憲法四〇条の「刑事補償請求権」の新設などが挙げられる。のちに日本国憲法が「平和憲法」として知られるようになる所以は鈴木義男の提言にあると言っても過言ではない。

さらに、司法権の独立と最高裁判所長官の地位の向上にも貢献したが、一九四七年五月三日に設置された最高裁判所の初代長官に三淵忠彦を推挙したのも、当時司法大臣であった義男であった。[13]

（12）　D・B・シュネーダー（池田哲郎訳）「日本の『ウイルソン』」鈴木義男伝記刊行会編『鈴木義男』鈴木義男伝記刊行会、一九六四年、二六八頁。「ウイルソン」とは、第二八代アメリカ合衆国大統領のウッドロウ・ウィルソンのこと

（13）　鈴木義男「最高裁判所創設エピソード」『法曹』八、一九四九年、同「『三淵前会長を語る』補遺」『法曹』一八、一九五〇年など。なお、五鬼上堅磐「最高裁判所の成立前後」『法の支配』一八、一九六九年も参照

義男の「キリスト教的社会民主主義」

義男は生涯を通して、幼少期から培ったキリスト教プロテスタンティズムに基づく社会民主主義者だった。マルクス主義に理解を示しつつも、そのラディカルさを拒絶して、終生マルクス主義者とはならなかった。以上の思想は、特に労働者や社会的弱者にまなざしを向けさせることになり、ワイマール憲法に感銘を受けて、社会権規定のない明治憲法下において、社会権・社会法の確立に向けて進展することになる。とりわけ、戦前戦後を通して、生存権を単に動物的な生存の次元に留めずに、人間に値する「文化的生存」の次元のために「人格的生存権」を唱え続けたのは、義男の重要な功績である。[14]

義男の思想は、天皇制・軍部ファシズム期の前後も一貫している。この意味で、「大正デモクラシーと戦後民主主義をつないだ人物として捉えることができるのではないか」[15]と評価されている。

(14) 金井光生「鈴木義男の『立憲平和主義的生存権』思想の覚書」『行政社会論集』三三―二・三、二〇二一年参照

(15) 仁昌寺正一『平和憲法をつくった男 鈴木義男』筑摩書房、二〇二三年、三三二頁

○鈴木義男「私の記憶に存する憲法改正の際の修正点」(一九五八年)

とにかくそういう意味においては、私は憲法を相当自由なる立場において作つた、どうもハッタリをかける人は、銃剣を突きつけられて、やむを得ずこしらえた憲法であるなどということを、民衆を煽動するために言うのは御自由でありますけれども、少しうそが強過ぎると私は思つておる。…少数の特権階級は非常な失望を感ずるけれども、これは止むを得ないことで、大部分の国民大衆は歓呼かつさいして、天皇を権力から離し、戦争を放棄し、軍隊をやめるということは、当時非常な歓呼かつさいをもつてこれを迎えたものだということを、よく御記憶を願いたいのでありますす。…/それから当時、[憲法案を] 再検討をせよ、修正したいところがあつたら申し出

よといったけれども、いやよくできている、修正をするようなところはない。どこへ行って聞いてもそういう御意見であったのです。(16)

おわりに

自然の恵みによる名湯も名酒も農作物も魚介類も豊富な「うつくしま福島」。ここは、紛れもなく、日本の立憲主義と憲法の土壌のひとつでもある。もしその土壌が汚されるようなことがあるならば、市民のthoughtfulな力で浄化しなければならない。いわば、わが国の立憲主義の聖地巡礼として、ぜひ福島にお越しいただきたい。

〔参考文献〕
金井光生『フクシマで〝日本国憲法〈前文〉〟を読む――家族で語ろう憲法のこと』公人の友社、二〇一四年
古関彰一『日本国憲法の誕生〔増補改訂版〕』岩波書店、二〇一七年
阪本尚文編『知の梁山泊――草創期福島大学経済学部の研究』八朔社、二〇二二年
福島県総務部文書広報課編『福島百年の先覚者』福島県、一九六九年

(16) 鈴木義男「第二十四回国会参議院内閣委員会会議録第三十八号 私の記憶に存する憲法改正の際の修正点――参議院内閣委員会に於ける鈴木義男氏の公述速記」憲法調査会事務局『憲資・総』一二、一九五八年、一九―二〇、四二、四三頁

松川事件の刑事訴訟法的意義

高橋有紀

はじめに

「松川事件」は、一九四九年八月に現在の福島市松川町で発生した列車転覆事件であり、「戦後最大の冤罪事件」として知られている。事件の現場は国鉄東北線（現在のJR東北本線）金谷川～松川駅間の線路であり、現在の福島大学はその近くに立地する。(1)

この松川事件を「高校の日本史で習った事件」あるいは「松本清張の『国鉄三大ミステリー』の事件」と記憶している読者も多いであろう。一方で、松川事件は、日本の刑事訴訟法学や刑事司法の歴史に残る事件でもある。松川事件で被告人全員の無罪が確定した一九六三年から六〇年を経てもなお、冤罪事件は後を絶たない。さらに今日では、冤罪救済の「最後の砦」とも言える「再審」制度に関する法改正を求める動きも存在する。松川事件は、そうした今日の刑事司法をめぐる議論に大きな教訓を残した事件でもある。

本章では、松川事件について刑事訴訟法(2)の観点から振り返り、冤罪のない社会をつくる

(1)　松川事件当時の福島大学は福島市街地に近い森合町に経済学部が、浜田町に学芸学部がそれぞれ立地しており、現在地のキャンパスの運用が開始したのは一九七九年である。

(2)　本章の中でカッコ書きで「〇条」と示した箇所は、特にことわりのない限り、刑事訴訟法の条文を示す。

ために司法が、そして市民が果たすべき役割を考えたい。

1　松川事件のあらまし

松川事件とは

松川事件とは、一九四九年八月一七日未明に国鉄東北線の金谷川～松川駅間を走行中の旅客列車が脱線転覆し、乗務員三名が死亡した列車転覆事件である（写真1、2）。脱線の原因は、金谷川～松川駅間のカーブに差し掛かる箇所の線路の継ぎ目部分の金具や継ぎ目板に人為的な加工が施されたことによるとされ、事故直後から、列車運行に詳しい者による凶行であるとの見立

写真1　松川事件直後の写真（写真提供：ジャパンアーカイブズ）

写真2　事件から約200メートルほど離れた場所に建つ「松川の塔」。1964年に建立され、現存する（2020年7月、筆者撮影）。

福島民報　第19877号　昭和24年(1949年)8月18日(木曜日)

即死三名、負傷八名

金谷川 松川間 明かに妨害のあと

あお向けの機関車

茂木助士 ひん死の中に"妨害だ"と連呼

図　事件を報じた地元紙（図版提供：福島民報社）

てが大々的に報じられた（図）。

折しも、この時期には同じく国鉄をめぐり、国鉄総裁であった下山定則が出勤途中に行方不明となり、轢死《れきし》体で発見された「下山事件」、東京都の三鷹駅構内で無人の列車が突如暴走、脱線転覆し多数の死傷者を生じた「三鷹事件」といった怪事件が相次いでいた。これらが後に、松本清張に「国鉄三大ミステリー」と名指しされることになる。第二次大戦から四年後の当時、日本国内は深刻な不況に苦しみ、各地の国鉄や民間企業で大規模な人員整理がおこなわれていた。同時に、これに反発する労働組合による労働争議も頻発していた。一方で、終戦直後こそ「非軍事・民主化」を掲げた占領政策を展開したGHQもこの時期には日本を「反共の防波堤」とすることへと方向転換し、労働組合や日本共産党の動きを危険視する、いわゆる「レッド・パージ」が生じていた。

こうした社会情勢の下、松川事件は、下山事件や三鷹事件とともに、国鉄の人員整理に反対する労働組合関係者らによる犯行であるとの風説が広まり、二〇名が逮捕・起訴されたが、後に全員の無罪が確定する。また、下山事件は、そもそも下山総裁の死因をめぐり、捜査機関内部でも自殺説と他殺説が対立する中で捜査が打ち切られ、公訴時効を迎えた。三鷹事件では、労働組合関係者を含む複数名が逮捕・起訴されるも、最終的には元運転士の単独犯と認定されたうえ、同人も無実を訴え続けながら獄中で死亡している。このように、これら三事件のうち、裁判所が労働組合関係者による組織的犯罪として認定したものは一つもなく、事件の真相は今なお「ミステリー」である。

捜査・裁判の経過

松川事件は当初より、国鉄労働組合（国労）と、同様に人員整理の渦中にあった松川町の東芝松川工場の労働組合（東芝労組）の組合員らが共謀して起こした事件であるとの見立てに基づいて捜査が開始された。その中で、福島県警は一九四九年九月一〇日、事件の直前まで国鉄に勤務していた一九歳の赤間勝美を逮捕する。もっとも、この逮捕は松川事件とは関係のない喧嘩における傷害罪によるものであったが、逮捕後の取り調べはもっぱら松川事件への関与を問うものであり、身に覚えがないとする赤間に対して、刑事らは暴力的な追及を続けた。逮捕から九日後、連日の厳しい取り調べに疲れ果てた赤間はついに松川事件への関与を「自白」する。その後、赤間の供述で名前の挙がった国労の組合員らが次々と逮捕され、逮捕された者の供述を元にさらに別の組合員らが逮捕される形で最終的には国労と東芝労組の計二〇名が逮捕・起訴された。

起訴後、刑事裁判が始まると、二〇名の被告人は一貫して事件への関与を否認し無実を訴える。しかし、一九五〇年一二月、第一審の福島地裁は被告人全員を有罪とし、主犯とされた五名には死刑が言い渡された。一九五三年一二月、控訴審の仙台高裁は被告人のうち三名について一審の有罪判決を破棄し無罪とした一方、残りの一七名の有罪判決を維持した。もっとも、この頃から、学生や労働者、文化人など様々な人々が松川事件の経過や有罪判決に疑問を持ち始める。その動きはやがて全国的な「松川運動」へと発展し、上告審に向けて一種の社会現象を巻き起こした。

「松川運動」の過程では、人々に松川事件の存在を知らせ、連帯を呼び掛けるため多くの映画や合唱曲、機関誌などがつくられた。こうした映画製作の過程で、ある決定的なアリバイ証拠の存在が明らかとなる。第一審・控訴審で、東芝労組と国労の組合員が福島駅近くで列車転覆に向けた謀議をしたと認定されていた一九四九年八月一五日の日中、東芝労組の佐藤一（第一審・控訴審ともに死刑判決）が福島市街地から離れた松川町の東芝松川工場内での労働争議に出席していたことを示す、諏訪親一郎作成の議事録（通称「諏訪メモ」）である。福島駅前から松川町は現在でも車で三〇分近くを要し、事件当時はなおさら短時間で行き来は困難であった。その地で労働争議に参加していた佐藤が同じ時間帯に福島駅前で国労の面々と謀議をおこなうことは物理的に不可能である。当時、東芝での労働争議に工場側の一人として出席していた諏訪は、事件直後、同メモを捜査機関に任意提出していた。工場側から議事録作成を命じられる立場にあった諏訪には、佐藤や国労の組合員らを殊更に庇う動機はなく、任意提出されたメモの内容には高い信ぴょう性があったはずである。しかし、捜査機関の事件の見立てと矛盾する佐藤のアリバイが記された同メモはその後、福島地検郡山支部に隠匿され、第一審・控訴審に証拠として登場することはなかった。一九五四年、映画製作関係者からの取材に対して諏訪は自身が同メモを任意提出していたことを告げ、弁護団や支援者は同メモの所在に注目し始める。一九五七年六月には、検察官らへの独自の取材から同メモが福島地検に存在することを突き止めた毎日新聞の若手記者・倉島康がスクープ記事を発表（写真3、4）。検察はついに同メモの存在を隠しきれなくなった。このとき、最高裁では上告審の審理が始まっていた。

　一九五九年八月、最高裁は大法廷での評決に加わった裁判官一二名のうち七対五の僅差で、仙台高裁の有罪判決を破棄し、差戻す判決を下す。一九六一年八月、仙台高裁は差戻審において諏訪メモやその他の証拠を踏まえて被告人全員の無罪に言い渡したが、検察官はこれを不服とし、最高裁に上告した。最高裁が検察官の上告を退け、無罪判決が確定し

写真3、4　「諏訪メモ」発見直後の新聞記事と倉島康の回顧録の書影（2023年12月、筆者撮影）

たのは一九六九年九月、事件からすでに一四年が経過していた。翌一九七〇年八月、松川事件は発生から一五年を経過して公訴時効が完成し、現在も真犯人は明らかになっていない。

2 松川事件の刑事訴訟法的意義

「冤罪事件」としての松川事件

ここまで見てきたように、松川事件は戦後の「レッド・パージ」の渦中で起こった、政治色の強い冤罪事件である。そのため、一般的な「誤判」や「冤罪」とは事情の異なる特殊な事件と感じる読者もあろう。

しかし、松川事件の捜査・裁判の経過には、多くの冤罪事件と共通する日本の刑事司法の問題点が存在する。たとえば、最初に被疑者とされた赤間は当初、喧嘩相手の友人らへの傷害罪の嫌疑で逮捕された。しかし、捜査機関は元から赤間から松川事件への関与を「自白」させ、それを手掛かりに国労の組合員を逮捕することを意図していた。そもそも友人らへの傷害行為は仲間うちの喧嘩で生じたものであり、被害者から訴えがあったわけでもなく、赤間を逮捕し松川事件についての取り調べをおこなう口実であった。このように、ある事件への関与について十分な嫌疑がない中で、当該事件に関する取り調べをする目的で、すでに一定の嫌疑が存在する別事件を理由に逮捕することを「別件逮捕」と言う。この別件逮捕は、刑事訴訟法において、ある者を逮捕した後、身柄を拘束できる時間に制限を設けていることの趣旨に反するうえ、冤罪発生の温床であるとの批判が根強い。松川事件においても、「国労と東芝労組の共謀による事件」という筋書きの下、未成年で素行不良の一面も有した赤間を狙って別件逮捕し、同人にかつての同僚である国労関係者とともに事件を起こしたと「自白」させる捜査がおこなわれた。後に、捜査段階の赤間の自白以外に確たる証拠がない中で、死刑や無期懲役を言い渡された被告人もいたことを思うと、別件逮捕の恐ろしさもまた、松川事件が後世に残した教訓である。

一方で、別件逮捕された赤間がなぜ松川事件への関与を「自白」できたのか不思議に思う読者もあろう。事件に何のかかわりもなければ、国労の特定の組合員を「共犯者」として名指しすることなど不可能ではないか、と。あるいは、事件にかかわりのない者の「自白」は、自身の経験に依らない、いわば「作り話」であり、客観的な事実と矛盾する「ボロ」が出て裁判所も合理的な疑いを見出したのではないか、と。しかし、捜査段階の「自白」が有罪認定の決定的な証拠となる冤罪事件は実は多い。心理学の名著の一つとされる浜田寿美男の『自白の心理学』では、複数の冤罪事件や冤罪が疑われる事件の自白の過程と内容を検証している。そこでは、長期間にわたり身柄を拘束され取り調べを受ける中で、当初は事件への関与を否定する「真実」を話していた無実の被疑者が、身に覚えのない事件をあたかも自分がおこなったかのように克明に「自白」する過程が分析されている。無実の者もまた、裁判所が一見筋の通った有罪判決を書くのに必要十分な内容を備えた「自白」をできてしまうのである。赤間の自白もそうしたものであった。松川事件は、決して特殊な冤罪事件ではない。

今日の刑事訴訟法は「第二の松川事件」を防げるか

ＧＨＱによる戦後改革では、刑事訴訟法も日本国憲法の趣旨に沿うものへと改正された。そもそも日本国憲法自体、条文全体の一割近くが裁判や被疑者・被告人の権利に関するものである。しかし、憲法三一条の定める適正手続主義の下、捜査における人権侵害を防ぐことを意図した条文や、公正な裁判を保持することを意図した条文が刑事訴訟法に置かれてもなお、冤罪は後を絶たない。二〇一〇年には、厚労省郵便不正事件において検察官による証拠の捏造が発覚し、それを機に、二〇一六年に刑事訴訟法が大きく改正された。松川事件は、この二〇一六年の大改正の意義と課題を考えるうえでも示唆に富む。

第一に、二〇一六年の改正法（以下、改正法）では、「日本型司法取引」とも言われる「協議・合意制度」が取り入れられた。これは、検察官に対して法律の定める一定の協力をした被疑者・被告人に起訴の見送りや軽い罪名での起訴、軽い求刑などの恩典を与える制度である（三五〇条の二）。一定の協力は「他人の刑事事件」に関するものであることが要件であり、その中には捜査において他人の刑事事件に関する「真実」の供述をする、というものもある。

松川事件において一部の被告人は、捜査段階の赤間の自白以外に確たる証拠がない中で、赤間の自白調書に基づき有罪と認定された。赤間自身が事件への関与を疑われ、長期間の取り調べで疲弊していたことに照らせば、同人が他人を「共犯者」と話したとして果たしてその供述は「真実」と言えるのか、との疑問を持つ読者は当然いるであろう。実際、刑事訴訟法学においても、共犯者の供述以外に証拠がない中で有罪判決を下すことへの批判は大きい。これに対して、協議・合意制度は他人の犯罪について「真実」を話した者にその後の訴追や裁判における恩典を付与する制度である。赤間は後に、松川事件への関与を「自白」した後、それまで厳しかった刑事らが一転、タバコや酒を振舞うなどし始めた違和感を語るが、協議・合意制度が与える恩典は嗜好品にもまして被疑者や被告人を魅了する。協議・合意制度は法定刑に死刑が含まれるような重大犯罪は対象外ではあるが、松川事件同様、他人の供述以外に確たる証拠がないまま有罪判決を言い渡される者を生じる事態とならないか注意が必要である。

第二に、改正法では第一審公判前に検察官から被告人・弁護人に対して、証拠の一覧表を交付することが義務付けられた（三一六条の一四第二項）。このように検察官と被告人・弁護人が双方の手持ちの証拠を相手方に示すことを「証拠開示」と言う。刑事訴訟法学者の福井厚は改正法制定以前にすでに自身の著書で、「松川事件の『諏訪メモ』の例」に触れ、証拠開示の必要性を指摘していた。[3]というのも、松川事件当時は、裁判で証拠として提出する物や書面、証人について相手方に開示する義務（二九九条）があったものの、検察官が証拠として提出する気のなかった「諏訪メモ」はその対象にはならなかった。それゆえに、第一審・控訴審では弁護人も裁判所も検察官が「諏訪メモ」を所有していることを知る由もなかったのである。これに対して、改正法では、第一審公判前に証拠の一覧表の交付が義務付けられている。それゆえ、今日であれば松川事件は、第一審公判前に検察官から交付された証拠の一覧表において、弁護人が「諏訪氏作成のメモ一冊」の記載に気づき、その開示を請求することでたちまち佐藤のアリバイが明らかとなり、第一審で無罪が確定していたかもしれない。

（3） 福井厚『刑事訴訟法講義第5版』（法律文化社、二〇一二年）二八三頁

3　再審をめぐる近時の動きと松川事件

「再審法」改正をめぐる議論

松川事件では結果的に最高裁で無罪が確定した一方、冤罪事件の中には有罪が確定し、無実の者が受刑者あるいは死刑囚となることを余儀なくされるものもある。こうした状況から無実の者を救い出す「最後の砦」として刑事訴訟法が定めるのが「再審」制度である。日本では、一九八〇年代に、一度は死刑判決が確定した者が再審により無罪判決を言い渡された例が立て続けに四件生じた。一方で、名張毒ぶどう酒事件に見られるように、再審開始を求めながらそれが叶わぬまま死刑囚が獄中で死亡する例もある。また、二〇二三年一〇月には、袴田事件において、死刑事件では三六年ぶりとなる再審が開始された。

このように再審は制度として存在するものの、その開始のハードルは極めて高い。その背景には、刑事訴訟法における再審に関する条文（これらをまとめて「再審法」と呼ぶことがある）の不備がしばしば指摘される。そもそも、刑事訴訟法に再審に関する条文は一九個しかなく、第二次大戦後に刑事訴訟法が制定されて以来、まったく改正されていない。その下で特に問題とされるのが次の二点である。第一に、再審法には再審開始の可否を判断する審理（再審請求審）における証拠開示のルールがない。二〇一六年の改正法における証拠の一覧表の交付義務はあくまで通常の裁判に関するもので、再審請求審は対象外である。第二に、再審法は、再審開始決定に対して検察官が不服を申し立てることを禁止していない。そのため、地裁や高裁が再審開始決定を下しても、検察官の不服申し立てにより高裁や最高裁で決定が取り消されることも多い。そこで、近年では、再審法において「証拠開示のルールの明確化」「検察官による不服申し立ての禁止」の二点を明記する改正を求める社会的な動きがある。

松川事件が示す「再審法」改正の必要性

松川事件は、こうした再審法改正の議論にも示唆を与える。松川事件は「諏訪メモ」の偶然の「発見」がなければ有罪が確定した可能性が高い。そのうえに、再審法に証拠開示に関するルールがない状況では、万が一有罪が確定していたら、再審を請求しても「諏訪メモ」は隠し通され、有罪を言い渡された者らは無念のうちに逝去していたかもしれない。とりわけ二〇一六年の改正法以前には、第一審公判前に検察官から証拠の一覧表が交付される仕組みがなかったことから、改正法以前に裁判がおこなわれた事件では、松川事件同様、検察官側に有力なアリバイ証拠が隠されている可能性がある。その意味で、松川事件は再審法において検察官に証拠開示を義務付ける必要性を象徴する事件でもある。

また、松川事件では、一度目の上告審で最高裁が控訴審の有罪判決を破棄・差戻し、差戻審で無罪判決が下されたにもかかわらず、検察官はそれを不服として最高裁に上告した。それにより被告人らは差戻審の無罪判決後、上告審での無罪確定までさらに一年にわたり不安な時を過ごすこととなった。現行の刑事訴訟法では、再審だけでなく通常の裁判についても検察官が無罪判決を不服として上訴すること（不利益上訴）を禁じる条文は存在しない。しかし、松川事件の経過からは、再審法はもちろん通常の裁判において検察官の不利益上訴を規制する条文がないことの問題点も垣間見える。

司法を動かす市民の力

松川事件では、被告人らの無罪を信じ公正な裁判を求める「松川運動」が一種の社会現象として全国に広がった。今日、福島大学には「松川資料室」があり、当時の運動の記録が多数残されている。その中には、手書きの署名やガリ版印刷のチラシ、手作りのカンパ袋など市井の人々が草の根で活動した様子をうかがわせる品々も多い。差戻審で雄弁な無罪判決を下した仙台高裁の門田実裁判長に市民が寄せた称賛の手紙もある。

二〇二三年三月、東京高裁が袴田事件の再審開始決定を言い渡してまもなく、検察側が決定を不服として最高裁への特別抗告を検討していると報じられると、短期間のうちにインターネットやSNSを通じて、特別抗告に反対する多くの署名や投稿が集まった。また、事件のあった静岡県など多くの都市の街頭でも署名活動がおこなわれ、東京の検察庁前でも連日、元プロボクサーであった袴田巖の無実を信じる現役ボクサーらがマイクを握り特別抗告を断念するよう訴えた。結果、東京高検は特別抗告を断念し、再審開始が決定した。その過程は「松川運動」をほうふつとさせる。インターネットもSNSもない時代、市井の人々が正義の実現を求めて立ち上がり連帯した「松川運動」の精神は、六〇年以上を経た今も受け継がれている。

おわりに

二〇二二年、松川事件の元被告人のうち最後まで存命で事件の継承に尽力してきた阿部市次が死去した。「諏訪メモ」発見を報じた倉島や、弁護団の弁護士ら存命の関係者の多くは九〇歳を超え、「松川運動」を知る人も減りつつある。一方で、袴田事件をきっかけに再審や冤罪に関心を持つ若い読者も多いであろう。「日本史の事件」と思われがちな松川事件を通して、冤罪のない社会をつくるために何が必要か考えを深めてもらいたい。

また、「松川運動」や袴田事件の再審開始決定の経過が示すように、司法の正義を実現するうえで市民の関心と勇気ある行動は不可欠である。六〇年以上前の市民が福島で起きた「戦後最大の冤罪事件」と向き合い行動し、全員無罪の判決が確定した事実は、今日の私たちに、司法に絶えず関心の目を向けることの大切さを伝えている。

〔参考文献〕
伊部正之『松川事件から、いま何を学ぶか』岩波書店、二〇〇九年
高田光子『松川事件・真実の証明』八朔社、一九九七年

市民の眼差しと地方議会の議場構造
——福島市議会を歩く——

阪本尚文

はじめに

二〇二二年一一月、福島市五老内町にある福島市役所東棟西側の広大な敷地に、議会部門などが入居する、いわゆる「西棟」の建設工事が始まった（二〇二四年九月完成予定[1]、写真1）。準備期間は長く、庁舎整備基金の積立開始は一九六七年度であり、一九七六年には庁舎建設のための最初の特別委員会が市議会に設置されたものの、二〇世紀が終わっても着工には至らなかった。それどころか、二〇〇五年には福島商工会議所の主導で福島市曽根田の百貨店跡地への市役所本庁舎の移転を求める大規模な署名活動が起こったり、二〇一〇年に東棟が竣工した直後に東日本大震災が発生し、復興事業を優先するための「西棟」建設計画の凍結ののち、「西棟」の位置づけが「複合市民施設」（「(仮称) 市民センター」（図1））へと変更されて議会フロアの縮小を求められたりするなど、新しい議場の建設は、数十年に及ぶ紆余曲折を経てきた[2]。昭和・平成・令和という三つの時代にまたがる困難な

（1）福島市「(仮称) 市民センター工事経過」〈https://www.city.fukushima.fukushima.jp/kanzai-shisetsu/atarasinisitou/kouji.html〉。

（2）福島市「福島市新庁舎建設に関するこれまでの経過」〈https://www.city.fukushima.fukushima.jp/kanzai-shisetsu/shise/kekaku/shinchosha/gaiyo/810.html〉：同『新しい西棟（複合市民施設）基本計画』二〇二〇年、三―一一頁：「さくら野百貨店跡地問題——福島市庁舎誘致目指し、署名運動」『毎日新聞』（福島版）二〇〇五年三月一九日付朝刊、二七面。

写真1　建設が始まった「（仮称）市民センター」（2023年6月、筆者撮影）

図1　「（仮称）市民センター」の外観イメージパース（南西面）。右奥が現在の本庁舎（東棟）で、左側は立体駐車場。〔出典：福島市『（仮称）市民センター 基本設計【概要版】』2021年、14頁〕

写真2　福島市役所東棟7階の仮議場（2023年6月、筆者撮影）

歩みは、完成までに数十年に及ぶ迷走の歴史をたどった日本の国会議事堂（一九三六年竣工）[3]やオーストラリア連邦議事堂（一九八八年竣工）[4]に、比肩するようにも思われる。

本章では、東棟の「仮住まい」の議場（写真2）から「（仮称）市民センター」にようやく落ち着くことになる福島市議会がこの新しい政治空間に込めた思想を、憲法学・政治学・建築学などが学際的研究の主要テーマとして近年共通して関心を寄せている議場構造論の観点を導入して、読み解きたい。

1　政治理念を象徴する議会空間

図2・3は、「（仮称）市民センター」五階の議場の内装イメージであり、議長席を中心

（3）法学・政治学分野における国会議事堂建設史の近年の通史的研究として、赤坂幸一「議場構造の憲法学」毛利透ほか編『比較憲法学の現状と展望――初宿正典先生古稀祝賀』成文堂、二〇一八年；佐藤信「議事堂をめぐる政治――国会議事堂研究序説」御厨貴・井上章一編『建築と権力のダイナミズム』岩波書店、二〇一五年。国会議事堂の意匠の決定過程については、衆議院事務局公式YOUTUBEチャンネル「国会議事堂のデザインの謎に迫る！」（全三回）の考察が興味深い。

（4）参照、佐藤信「議事堂研究の諸潮流」『法学会雑誌』六二―二、二〇二一年、二六二―二六四頁。

図2　議場の内観イメージ①（傍聴席から議長席を見る）。壁面には福島県産の木材を使用している。〔出典：福島市『（仮称）市民センター 基本設計』2021年、20頁〕

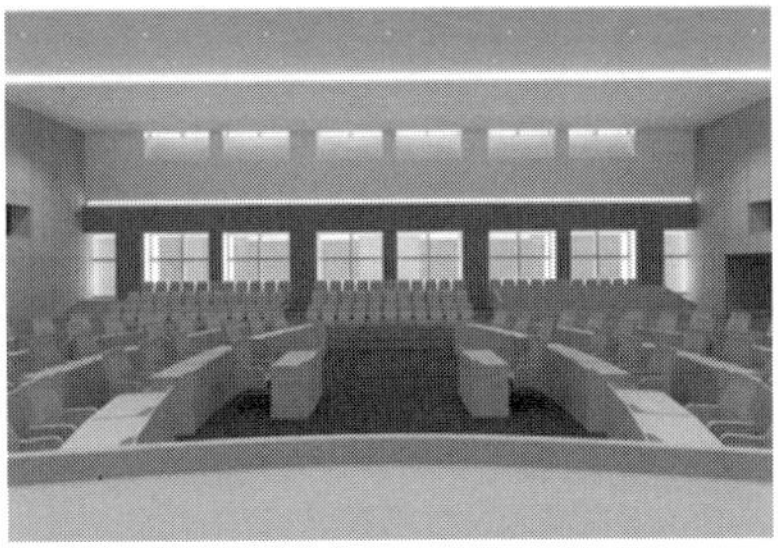

図3　議場の内観イメージ②（議長席から傍聴席を見る）。〔出典：福島市『（仮称）市民センター 基本設計』20頁〕

に議員席と当局席が左右に対面する配置となっている。ユニバーサルデザインの考えを取り入れ、また、議会以外での多用途利用を想定し、さらに、昨今の感染症対策として柔軟なレイアウトが実現できるようにという配慮から、床面は段差の無いフラットな作りとし、机・椅子は可動式となっている。傍聴席は当局席と議員席の側面に議長席と対面する形で配置されている。(5)

　二〇〇一年三月二六日の庁舎建設特別委員会（一九九九年六月設置）の委員長報告には、「議場については、議員席と執行部席は現行のような対面型を基本とする」とあり、旧庁舎（一九五二年完成）の「対面型」の配置を引き継ぐことは、既定路線であった。(6) とはいえ、一層の煮詰まった構想——議場の形状を、議長席を中心に議員席と執行部席を左右に分け、対面した配置にする——は、新庁舎建設特別委員会（二〇〇五年一二月設置）で二〇〇六年度に固まった。(7) この特別委員会の全文議事録は残されていないようであり、いかなる議論を経て現行案が選択されたのか、詳細は不明である。

（5）福島市『（仮称）市民センター基本設計【概要版】』二〇二一年、一一頁。

（6）本稿で利用した特別委員長報告は、すべて福島市ＨＰの市議会会議録検索システムで閲覧した。

（7）福島市・前掲註（2）「福島市新庁舎建設に関するこれまでの経過」。「新庁舎建設特別委員長報告」（二〇〇七年三月二六日および六月二五日）；「新庁舎西棟建設調査特別委員長報告」（二〇二〇年九月一八日）も参照。

しかし、議場構造について集中的に審議がなされた、二〇二〇年七月二日開催の新庁舎西棟建設調査特別委員会（二〇一九年九月設置）からは、二〇〇六年度の特別委員会で、あるべき議会制民主主義の理念を体現した議場とは何かをめぐって真摯な討議が交わされた様子がうかがえる。

「あの当時もやはり議会とは何ぞや、議場とは何ぞや、見える化ということが非常に議論の中心にあったと思います。その議論の中から現計画の対面式を導入すべきだという結論に至ったわけです［…］。対面式の議場の在り方を《［ママ］》あれほど時間をかけて導いた結論であります［…］。」（高木克尚委員）

「私も以前新庁舎の特別委員会の委員だったのですけれども［…］、今でも思っているのは、地方自治、私たちは予算だったり決算審査をするという、普通の会議室や普通の場ではないのです、議場というのは。［…］私たちが議場という場の認識をどういうふうに福島市議会として考えて提言をしていくのかということが重要なのではないのかな。経費がかからないのは、それは結構だと思います。簡素化するのも結構だと思います。それは否定しません。しかし、私たちが二七万市民の負託を受けて、たった三五人の中で一億何千万円の予算審議をしたり、決算をしていくという、その任にあたっている場なのだ［…］。」（羽田房男委員）(8)

今日の議場構造研究は、議席配置、あるいは議事堂建築そのものが「実現すべき憲政秩序・理念を体現するものとして、社会の変化を踏まえて意図的に選び取られたものであり、さらには、あるべき憲法秩序・理念を牽引する役割を期待されている」(9)ことを、説得的に解明してきた。福島市議会も、「議会とは何ぞや」という本質的問いを自らに向ける

（8）『新庁舎西棟建設調査特別委員会記録 令和二年七月二日』三―五頁（以下、『七・二委員会記録』）。引用に際して、算用数字を漢数字に変換し、引用者による中略は［…］で表記した――以下同様。本稿で利用した『新庁舎西棟建設調査特別委員会記録』は、すべて〈https://www.city.fukushima.fukushima.jp/gi-tyosya/syokanjimutyousa/shintyousyanishitoukensetsu.html〉にて閲覧した）。

（9）赤坂幸一「議場構造の憲法学・補遺」曽我部真裕ほか編『憲法秩序の新構想――大石眞先生古稀記念論文集』三省堂、二〇二一年、二八二頁。

なかで、市政の重要事項を決定する「議場という場」のあり方を決断したことがわかる。かくして我々は、新しい福島の議会空間が表象する政治理念の考察へと、歩を進めることになる。

2　福島市議会は「イギリス式」か？

現代の主要国の議場構造は、a対面型（イギリス・モデル：カナダ、シンガポール）とb半円型（フランス・モデル：ベルギー、デンマーク、アメリカ合衆国、ノルウェー）とに大別され、さらに、aの変型方式たる馬蹄型（a：オーストラリア、インド、アイルランド、ニュージーランド）や、bの変型方式たる政府席対置型（b：ドイツ、イタリア、日本、オランダ、スイス、オーストリア）とに整理される。[10]新庁舎西棟建設調査特別委員会の大勢は、自らが選択した議場レイアウトが「イギリス式」であることを当然視しているようである。[11]イギリス・モデルでは議論が対話型になりやすいとされるので、[12]福島市議会の対面型の議場にもディベートを重視する理念を込められているという見立ても、一見成り立ちそうである。

だが、そもそも新しい議場が本当に「イギリス式」と呼びうるものであるかどうかは、疑わしい。日本の地方政府は議院内閣制ではなく、首長と議員をともに住民が直接選挙で選ぶ二元代表制を採用しており（日本国憲法九三条）、政府と議員が対面している場合も、議員が左右に分かれて政府・与党と野党が対峙しているわけではなく、日本の地方議会で「イギリスのような、議員の間での対座方式をとっているところは、恐らくない」[13]。また、

(10)　赤坂・前掲註(3)三一九頁。
(11)　たとえば、『新庁舎西棟建設調査特別委員会記録　令和二年七月二〇日』二頁。
(12)　清水唯一朗「議場の比較研究(一)日本の国会議事堂と議場——民主主義を規定する枠組みとして」『SFC研究所日本研究プラットフォーム・ラボ　ワーキングペーパーシリーズ』五、二〇一三年、四頁。
(13)　曽我謙悟「場としての地方議会」『地方議会人』二〇二一—四、二〇二一年、六六頁。

ａ対面型では例外なく自席からの発言が認められている一方、ｂ半円型では概ね演壇で発言されるが、[14] 福島市議会では二つの演壇が設置されており、この点でもイギリス・モデルとは乖離している。さらに言えば、イギリスでは、最前列に与野党の幹部（主要閣僚および「影の内閣」の閣僚）が座ることが決まっているほかは自由席となっていて、新人議員は後列に座るが、福島市議会では、固定席である上に新人議員が前列に座るのが（国会同様に）慣例であり、この先例は新しい議場でも踏襲されるであろうから、やはりイギリス・モデルからは程遠い。

翻ってみれば、フランス革命以降のヨーロッパの諸国の議会が、身分で議席を区切るのではなくすべての者が平等・均質な個人であるという建前の下に、等しく議場に座を占めることを象徴する、半円形ないし円形の議場構造を採用するなかでも、唯一かつての身分制議会の議場構造を変えることがなかったのがイギリスであった（写真3）。[15] 中世以来の身分秩序が徐々に変化して今日に至ったかの国には、今世紀初頭まで最高裁判所を兼ねていた貴族院もあれば、形式的には今なお国王大権を有する君主もいる。一九四三年、ドイツの空襲で破壊された議場を拡張し半円形の議席配置で再建する案が検討された際も、よく知られているように、時の宰相チャーチルは、「私たちが私たちの建物をつくると、建物が私たちの行動パターンをつくる。［…］大事な問題が取り上げられる場合、議場があふれんばかりの入り

写真3　イギリス庶民院©Alamy Stock Photo/amanaimages

(14) 赤坂・前掲註（3）三一九頁。

(15) 赤坂・前掲註（3）三二一―三二三頁。

写真4　衆議院第3委員室（出所：衆議院ホームページ）

で、緊迫感が漲《みなぎ》っていなければならない」と述べて、従来通りの狭い対面型の議場の再建を提案し、大多数の賛成を得た(16)。新庁舎西棟建設調査特別委員たちの一部は、こうした来歴を持つイギリス議会と日本の地方議会との歴史的・機能的差異を、本能的に嗅ぎ取っているようである(17)。

以上を踏まえれば、福島市議会の議場を「イギリス式」と説明するのは困難であり、強いて近いものを探せば、b′政府席対置型と、あるいは、前述の類型にはないけれども、日本の衆議院の委員室の多く（写真4）や中国、キューバ、北朝鮮、ロシアといった（旧）共産主義国で多く見られる、「教室型(18)」と言えようか。演壇から発話するのであれば、議論が対話型になりやすいというイギリス・モデルの特徴は減殺されるし、実際、七月二日の新庁舎西棟建設調査特別委員会でも、議論が対話型になりやすいことをもって「イギリス式」を推す見解は、見出されない。

3　「見える化」の理念

ここまで見てきたように、福島市議会の議場の形態は、当事者たちの自己認識にもかかわらず、真性の「イギリス式」とは似て非なるものであった。二〇〇六年度には「馬蹄形」

(16) 曽我・前掲註(13)六六頁：前田英昭「日本の国会《ダイエット》とイギリスの議会《パーラメント》」『駒澤法学』三―一、二〇〇三年、一〇一頁。

(17) 参照、『七・二委員会記録』四―五頁：『新庁舎西棟建設調査特別委員会記録　令和二年八月三日』三頁：『新庁舎西棟建設調査特別委員会記録　令和二年八月一七日』二頁。

(18) 佐藤・前掲註(4)二六〇頁：奈良岡聰智「議場構造論――『ひな壇』廃止論をめぐる攻防を中心として」御厨・井上編・前掲註(3)五五―五八頁。なお、現在の議場構造の類型論は、アメリカ合衆国を除けば主にヨーロッパの議院内閣制諸国の議会の比較から抽出されたものだが、二元代表制を採用する日本の地方議会の類型を考察するには、むしろ中南米などの大統領制諸国の議場との比較が有益かもしれない。

ないし「円形」を採用する案も出ていたそうである[19]が、にもかかわらず、なぜ対案は退けられて、現行案が選択されたのだろうか？　前述のように二〇〇六年度の特別委員会の議事録にはアクセスできず、限界はあるけれども、やはり七月二日の新庁舎西棟建設調査特別委員会からは、決定の背景をうかがえる。

「議会というところが当時閉鎖的なイメージというものが持たれていた、そういった時代背景［…］の下に、まず開かれる議会というものをしっかり目指していこう、その中で見える化というものをしっかり進めていこう、市民に開かれた、また見えやすい、そういった議場というものを目指していこうという、そういった考え方に立って様々議論がされてきたのを非常に記憶しているところでございます。［…］やはり開かれた議会を目指した見える化というものが中心にあるということは今でも変わらないところだと思っておりす［…］。」（真田広志委員）

「やっぱりその場の雰囲気をこう発言したときのほかの議員たちの表情とか対応とか、そういったのを見てみたいというのもあるようで、話している方だけの顔、表情が見たい場合だったらネットで自宅ででも今は中継されているので、それでも足りるかなというのはあるので、そういったところでリアルなところを見たい方には対面式のタイプが適しているのかなとは思います。」（佐原真紀委員[20]）

要するに、「見える化」の理念を象徴する「市民に開かれた」議場とは、側面の傍聴席から一人ひとりの表情を一望できる議場であり、それが対面型だ、というのである。実際、二〇二〇年九月の特別委員長報告も、①議会フロアが削減されても、「議員の顔が見えるような配置という考え方」を継承すること、②そのためにも、傍聴席は議長席の正面に配

(19)　『七・二委員会記録』六頁。ちなみに、山形県旧県会議事堂（一九一六年完成、文翔館〈https://www.gakushubunka.jp/bunsyokan/〉）の議席配置も、イギリス連邦諸国に見られる'a馬蹄型であった。設計に関わった中條精一郎と田原新之助のうち、中條にイギリス留学経験があり、田原がイギリス出身のジョサイア・コンドルの弟子であったゆえかもしれない。戦前の国―地方関係を形容する際にしばしば「官僚的性格」という言葉が用いられてきたことに鑑みると、議会権限が弱いドイツ型立憲君主制を体現するひな壇（演壇・議長席に向かって左右にある大臣席）を備えた、'b政府席対置型が戦前の地方議会にはふさわしいようにも思われるが、少なくとも山形に限っては、議場構造は中央の（仮）議事堂と異なっていた。

(20)　『七・二委員会記録』三―五頁。

置すること、③傍聴者の見やすさを考慮した配置とするとともに、障がい者、親子連れなど様々な傍聴者に不自由なく傍聴できるように配慮すること、④傍聴席は議場と明確に区別し、傾斜や段差による高さを設けることなどをあげて、傍聴席のあり方をとりわけ重視していた。(21)

4 「市民に開かれた」議場の模索

「市民に開かれた」という理念を具象化する方途は、一通りではない。屋上のガラスドームから階下の議事堂内部を訪問者が見下ろせるようにするドイツ連邦議会（写真5）のやり方もあれば、ドイツ国内でもザクセン州議会のようにロビーや本会議場（写真6）をガラス張りにして議会が制度として到達すべき透明性を象徴させるとともに、入口の緑の石張り床を前庭まで伸ばし、訪問者が議事堂内へと招かれていることを示唆するというやり方もあろう。(22) オーストラリア連邦議事堂（写真7）のように、議事堂上に芝を張って市民のアクセスを認めることで民主性を強調する（直接に見えるわけではないが、市民が議員の頭上に立つ）(23) のも、極端だが一つの表現である。

これらに対して、福島市議会が選び取ったのは、傍聴席からの可視性であった。七月二日の新庁舎西棟建設調査特別委員会でも、「発言者の顔が全部モニターに映る［…］。赤ちゃんが来たといったときに、議場の中にいるよりはモニター室みたいのがあって、そこで泣いても何しても、ミルク飲ませながらでも見てもらえるというほうが顔も見えるし、やり

(21) 「新庁舎西棟建設調査特別委員長報告」（二〇二〇年九月一八日）。

(22) 赤坂・前掲註（9）二八二頁。国内でも、新潟県長岡市では、著名なアオーレ長岡（隈研吾設計）の一階に、ガラス張りの議場が設置されている。福島市役所新しい西棟建設市民懇談会（二〇一九年二月設置）でも、「開かれた議会にするために、［…］議場は一階に配置すべき」という意見が寄せられていた（『新庁舎西棟建設調査特別委員会記録　令和元年一一月一一日』一三頁）。

(23) 佐藤・前掲註（4）二六四頁。

写真5　ドイツ連邦議会（写真提供：西田慎氏）

写真6　ザクセン州議会本会議場©Alamy Stock Photo/amanaimages

写真7　オーストラリア連邦議事堂（写真提供：鎌田真弓氏）

やすいのではないのか」（鈴木正実委員）というオンライン視聴の活用案が提起されたが、それに対して、市民の直接の視線を重視する立場から、反論がなされていた。曰く、「市民の皆様の傍聴の目的というのは我々では計り知れない。やはり映像で見るものと生で見るものと緊張感も当然違ってまいりますし、それを味わいたくて来られる市民の方ももしかするといらっしゃるかもしれない。画像では読み取れない雰囲気を味わう、それもやっぱり議場の役割だと思います」（高木克尚委員）。[24]

近年の議会傍聴研究が正しく指摘するとおり、傍聴は「市民と議会をつなぐ［…］政治の透明性を確保する制度」であり、市民の視線や反応が議員心理にもたらす影響は無視できない。テレビやネットの中継では基本的に質疑に関わる議員が映され、そのほかの議員の言動は議場にいないとわからないのであり、「審議中に傍聴者が議場にいることは一定の意味を持つ」。「足を運ぶ傍聴の意義は傍聴者が個々の議員を監視でき、しかも議員にそ

(24)『七・二委員会記録』四―五頁。

の存在を見せられること」に存し、市民の眼差しが持つ独自の監視機能は議事録やネット視聴では代替できるものではない(25)。近年に動画投稿サイトで著名人などを繰り返し脅迫した疑いで逮捕された元参議院議員（不登院で除名）も、同僚議員に加えて傍聴者の直接の視線にさらされる本会議場では、かくも粗暴には振る舞えなかったであろう。こうした傍聴機能の拡充を通じて議場を文字通り「見える化」しようという発想が、福島市議会の新しい議場構造の決定では重視されたようである。

(25) 末木孝典「近現代日本の議会傍聴――帝国議会開設から現在まで」『年報政治学』七二―一、二〇二一年、二〇三、二一九頁。

おわりに

本章の考察が正しいとすれば、新しい議場は、市民が傍聴に訪れてこそ真価を発揮する、すなわち、議員のパフォーマンスに影響を及ぼす議場である。福島市議会に是非一人でも多くの傍聴者が訪れることを祈念して筆を擱《お》く。

〔附記〕
二〇二三年度に、筆者と共同で「議場構造論」を主題に行政政策学類コース横断型問題探究セミナーⅡ・Ⅲ（二年生用演習）をご担当くださった今西一男氏およびゼミ生の各位には、本章の草稿にご助言を賜った。福島市議会議員、佐原真紀氏および福島市財務部管財課複合市民施設係には、聞き取りにご協力いただいた。記して感謝申し上げる。ただし、本章の誤りはすべて筆者の責めに帰すべきものである。

〔参考文献〕

赤坂幸一「議場構造の憲法学」毛利透ほか編『比較憲法学の現状と展望――初宿正典先生古稀祝賀』成文堂、

二〇一八年
赤坂幸一「議場構造の憲法学・補遺」曽我部真裕ほか編『憲法秩序の新構想――大石眞先生古稀記念論文集』三省堂、二〇二一年
佐藤信「議事堂をめぐる政治――国会議事堂研究序説」御厨貴・井上章一編『建築と権力のダイナミズム』岩波書店、二〇一五年
佐藤信「議事堂研究の諸潮流」『法学会雑誌』六二―二、二〇二二年
清水唯一朗「議場の比較研究（一）日本の国会議事堂と議場――民主主義を規定する枠組みとして」『SFC研究所日本研究プラットフォーム・ラボ　ワーキングペーパーシリーズ』五、二〇一三年
末木孝典「近現代日本の議会傍聴――帝国議会開設から現在まで」『年報政治学』七二―一、二〇二一年
曽我謙悟「場としての地方議会」『地方議会人』二〇二一―四、二〇二一年
田村秀『自治体庁舎の行政学』溪水社、二〇二二年
奈良岡聰智「議場構造論――『ひな壇』廃止論をめぐる攻防を中心として」御厨貴・井上章一編『建築と権力のダイナミズム』岩波書店、二〇一五年
前田英昭「日本の国会《ダイエット》とイギリスの議会《パーラメント》」『駒澤法学』三―一、二〇〇三年

なお、新聞報道および福島市HP上の資料からの引用（すべて二〇二三年七月一四日に最終閲覧）については、註に示した。

column

松川資料室と福島大学

高橋有紀

福島大学附属図書館の地下には「松川資料室」という資料室がある。ここでは、現在の福島大学の近くＪＲ東北本線の金谷川～松川駅間で生じた「戦後最大の冤罪事件」である「松川事件」の資料を多数所蔵している（写真）。

この松川資料室は、長年、福島大学の経済学部、経済経営学類で松川事件の調査・研究に尽力した伊部正之が研究の過程で収集した資料や、事件の関係者及びその遺族らから福島大学に寄贈された資料からなる。所蔵資料は、事件の発生や捜査の経過を報じた新聞記事から、裁判の資料、弁護団らの活動に関する記録、労働者や学生、文化人ら多くの人々が無罪判決を求めて連帯した「松川運動」でつくられた機関誌や書籍、チラシ類、無実の被告人らが家族や支援者に宛てた書簡類など、およそ十万点にも及ぶ。上告審における高裁判決の破棄・差戻しを決定づけたアリバイ証拠である「諏訪メモ」の現物も、二〇一五年秋、それまで保管されていた東北大学から福島の松川資料室へと移管された。法学部を持たない地方大学に、冤罪事件に関するこれだけ多くの貴重資料が保存されているのはきわめて珍しいことである。

残念ながら松川資料室は現在、いつでも誰でも資料を閲覧でき

写真　福島大学松川資料室の様子
（https://www.fukushima-u.ac.jp/factory/matsukawa.html より）

る状態で開放されているわけではない。これは、資料の中に、原著者や遺族から公開の許諾が得られていない書簡やメモが含まれることや、膨大な資料がじゅうぶんに整理されていないこと、戦後の一時期流通した粗悪な酸性紙に書きつけられたメモ類を中心に劣化が進んだ資料があることなどによる。しかし、「諏訪メモ」をはじめとした一部の貴重資料はデジタルデータ化され、パソコン越しではあるが実物を見ることが可能である。また、膨大な資料の中に多数含まれる、手作りのカンパ袋や手書きの署名、松川事件を世に知らしめるために作られた合唱曲の楽譜や映画のチケットなどの品々は、パソコンもインターネットもない時代の市民が多様な「松川運動」を地道に繰り広げた様子を物語っている。これらの資料は、福島大学地域未来デザインセンターに連絡のうえ、事前に訪問日時を調整したうえであれば大学外の者でも閲覧可能である。また、松川事件の発生や無罪確定から数十周年を記念した行事の都度、松川資料室の所蔵資料の一部を福島大学内の教室等で公開する資料展もおこなわれており、最近では二〇一九年の事件発生七十周年、二〇二三年の無罪確定六十周年に合わせた資料展に多くの者が訪れた。

近年では、松川資料室の資料を福島大学だけではなく全世界の市民の財産として後世に残し、冤罪の悲劇のない社会をつくる趣旨で、松川資料室の資料をユネスコの「世界の記憶」に登録することを目指す動きもある。仮に登録されれば、「諏訪メモ」をはじめとした松川事件を象徴する物品や、「松川運動」の空気を現在に伝える品々は長く将来にわたって保全され、多くの人の目に触れる形で公開されることとなる。松川資料室の資料をより長く良好な状態で保管し、多くの人が松川事件の教訓に学ぶきっかけとして、「世界の記憶」への登録の意義は大きい。

現在、「世界の記憶」の登録には、まず日本国内において文科省が推薦の可否を判断する必要があり、二年に一度の登録に際して、各国が推薦できるのは二件までである。この「二件」の一つとして松川資料室の資料が選定されるには、松川事件が決して「日本史の事件」ではなく、今も続く冤罪をなくすうえでの多くの教訓を残した事件であるとともに、多様な立場の人々が司法の正義を求めて連帯し無罪を勝ち取った事件であることを多くの人が改めて認識する必要がある。松川資料室の資料は、冤罪のない世界をつくるうえで決して忘れてはいけない多くの教訓を生々しく伝えている。関心のある読者にはぜひ松川資料室を訪れ、司法の正義を信じて戦った被告人らと市民の思いと、それを後世に残そうとする人々の努力を感じ取っていただきたい。

二〇一九年の松川事件発生七十周年に合わせた松川資料室の資料展の際、著者は偶然にも学校見学で福島大学を訪れていた福島市内の高校生を資料展に案内した。そこに並べられた資料の一つに、「松川運動」の最中、当時の福島大学の学生が教育実習先で松川事件について教えるために製作した紙芝居があった。それに目を留めた高校生らは、事件で最初に別件逮捕された赤間勝美が自分たちといくつも変わらない一九歳であったことや、その赤間に棒を持って自白を迫る刑事の姿を描いた絵に驚きの声や「怖い」という感想を口にした。松川資料室には確かに「諏訪メモ」や、広津和郎、松本清張ら著名人の直筆の署名など「お宝」も多い。しかし、この紙芝居のような市井の人々の素朴ながらも勇気ある活動の記録もまた若い読者の胸を打ち、松川事件の教訓を後世に伝える力を持つものであると確信している。

column

福島のなかの満州
――福島大学金谷川キャンパス周訪――

阪本尚文

福島高等商業学校（一九四四年から福島経済専門学校）と福島師範学校を母体として一九四九年に発足した福島大学は、一九七九年、福島市郊外の金谷川駅近くの工業団地として留保されていた広大な更地（約一五万坪）にキャンパスを統合・移転したが、この金谷川キャンパスとその周辺には、満州と戦争の記憶を伝える文化遺産が点在している。

戦没同窓生刻名記念碑

一番南にあるのが、大学会館裏の信陵公園にある「戦没同窓生刻名記念碑」である（写真1）。同碑は、福島大学経済学部（現経済経営学類）信陵同窓会が同会の創立六〇周年記念事業として、一九八五年に建設した。戦没卒業生・学生等は約二五〇名にのぼる。吉原泰助氏（元福島大学学長）が指摘したように、この数は当時の福島高商・経専一学年の定員数をはるかに超えている。歿地《ぼっち》には満州も多い。不慣れな銃を手に持たされて大陸の砂塵にまみれ、敵兵の銃弾に斃《たお》れて、あるいは飢餓や病の果てに非業の死を遂げていった一人ひとりの名前が、ここに刻まれている。

写真1　戦没同窓生刻名記念碑

満鉄資料

キャンパス北西にある福島大学附属図書館の書庫に向かうと、いわゆる「満鉄資料」を収める一画（四層西側壁付近など）では、南満州鉄道株式会社東亜経済調査局（東亜経調）の旧蔵書を、手に取ることができる（写真2）。附属図書館に「満鉄資料」が所蔵された経緯はやや複雑である。一九〇八年に満鉄東京支社内に設置された東亜経調は戦前の代表的な西南アジア・東南アジア研究のシンクタンクであり、大川周明のもと、主要国の植民地支配を知る上で参考になる図書を収集し、蔵書は和書、洋書、漢籍など一〇万点以上にのぼった。一九四四年春、これらの貴重資料は、東京から福島市の中心部に近い信夫山の麓の福島経専、次いで史跡、信夫文《も》知《ち》摺《ずり》石の裏手にある、岡山村山口（現福島市山口）の醤油造り倉庫に疎開するが、敗戦後、和書、漢籍、アラビア語の書物などは米軍に接収されてワシントンのアメリカ議会図書館に移され、洋書は国立国会図書館に特譲されている。

しかし、実のところ、福島に残った図書もあった。第二次近衛内閣で外交顧問となり松岡洋右外相の日独伊三国同盟締結などに協力し、戦後は会津短期大学（現会津大学短期大学部）の第二代学長に就任した元満鉄最高顧問、斎藤良衛が、東亜経調図書と一緒に大量の個人蔵書を福島に疎開させていたからである。米軍の接収時に現地の東亜経調職員が持ち出しを拒否し当地に残り続けた斎藤の蔵書は、一九六一年、当時の附属図書館学芸学部分館に寄贈されている。キャンパス移転で金谷川にたどり着いたこれら「満鉄資料」には、斎藤の手元の東亜経調の図書も含まれていたのであった。

写真２　東亜経調旧蔵書（元満鉄理事、中西敏憲が東亜経調に寄贈したもの）

「福島満鉄会」碑

最後に、大学の北西の丘にある「福島満鉄会」碑に足を運ぶ。一九九〇年七月に建立された石碑には、表面には満鉄の社章を、裏面には社歌を刻んだプレートが埋め込まれている（写真3）。土地の所有者は引揚後に国鉄に勤務した元満鉄職員であり、付近の農家によると、当初は元職員らが石碑の周りで宴会を催し社歌を合唱していたそうであるが、やがて関係者が没して「福島満鉄会」も二〇〇八年に解散し、石碑は近年繰り返される福島県沖地震によって裏面を上にして倒壊したままとなっている。それゆえ現在は見ることはできないが、「M」とレールの断面を組み合わせた意匠の社章を刻印したプレートは、同会の一五周年を記念して一九七八年に造られたもので、石は満鉄東京支社の壁石である。

写真3　「福島満鉄会」碑裏面に刻まれた満鉄社歌

同碑の建立に尽力し、「福島満鉄会」の会長を長く務めた大関理一氏は、リットン調査団一行の列車にも乗務した元満鉄マンであった。大関氏は、一九九〇年二月一三日には一人で、同年四月一四日にはほかの「福島満鉄会」会員とともに、「満鉄資料」を閲覧するために附属図書館を訪問し、後者では、図書館書庫内に「福島満鉄会」碑をおいてもらえないかと打診したが、応対した図書館員の渡邉武房氏が謝絶したという。それゆえ大関氏は、せめて谷を挟んで高台の上の図書館を臨む丘の上に石碑を設置しよう、と考えたのであろう。石碑は建立から倒壊までの約三〇年間、「満鉄資料」を見守り続けたのであった。

こうして半径五〇〇メートル以内に点在する「福島のなかの満州」を、四五分足らずで訪れることができる。ただし、大学周辺にはしばしば猪や熊が出没するので、野生動物にはご注意を。

〔附記〕
旧稿（拙稿「満鉄図書の旅、満鉄図書への旅」拙編『知の梁山泊――草創期福島大学経済学部の研究』八朔社、二〇二二年、二五〇頁）では、「福島満鉄会」碑の建立が一九七八年であると述べ、大関氏らの附属図書館訪問を一九七〇年後半と推定したが、渡邉武房氏に新たに「パソコン日記」などの資料をご提供いただいた結果、本文の通りに訂正する。渡邉氏に深甚な謝意を表したい。

●写真1～3は筆者撮影

〔参考文献〕

大内直之「満鉄資料の接収」『現代の図書館』二四―二、一九八六年
阪本尚文編『知の梁山泊――草創期福島大学経済学部の研究』八朔社、二〇二二年
白岩一彦「国立国会図書館における満鉄資料の所蔵状況」『日米中における満鉄関係資料等の利用と保存をめぐる諸問題――国際ワークショップ報告書』日本貿易振興機構アジア経済研究所、二〇〇九年
中村孝志「私説『満鉄東亜経済調査局』」『南方文化』一三、一九八六年
福島大学付属図書館学芸学部分館編『支那関係資料目録』一九六一年
吉原泰助「福島大学での四〇年――回顧、統合移転と学部増設」『信陵』九二、二〇一七年
吉原泰助「戦後七〇年の夏に想う」田中弘允・佐藤博明・田原博人『検証　国立大学法人化と大学の責任――その制定過程と大学自立への構想』東信堂、二〇一八年
吉原努「『満鉄本』の話」『国立国会図書館月報』六八五、二〇一八年
渡邉武房「満鉄資料と呼ばれてきたもの」『書橙』八、一九九一年
渡邉武房「訃報に接し『福島満鉄会』碑を訪ねる」『福島図書館研究所通信』一三、二〇一〇年
「日の目を見る旧満鉄資料――漢文書など二千余冊　福島の阿部さん　福大学芸学部に贈る」『福島民報』一九六一年七月八日付朝刊、一面

第3部

地域に学び、ともに課題に取り組む

中心市街地と郊外住宅地の関係から見る福島の都市計画

――今西一男

はじめに

人口減少や経済規模縮小が常態となった今日、一部の大都市を除き、都市の縮減傾向が強まっている。都市の「顔」となる中心市街地ではかねてから魅力の低下、「シャッター通り」に象徴される空洞化が指摘されてきた。そこで一九九八年のいわゆる「まちづくり三法」(1)の整備以降、その改正(2)も含めた対策が行われてきたが、今も状況は変わっていない。例えば、権利関係が錯綜し、周辺に比べてなお地価が高い中心市街地では土地・建物が流動化せず、いわゆる空き地・空き家問題も顕著となっている。

一方、都市の周辺部にも縮減傾向は及んでいる。かつては郊外開発による大型店の出店と住宅地の供給が中心市街地空洞化の原因と見られてきた。しかし、人口減少の進展に伴う全般的な土地需要の低下により、交通不便な郊外住宅地は住宅を求める際の選択肢から外れるようになった。したがって人口構造の新陳代謝は起こらず、かつて一斉に入居した

(1) 大型店の立地による周辺環境への影響などを調整対象とする「大規模小売店舗立地法」(同年六月公布)、中心市街地の整備改善と商業等の活性化の二つを柱とする「中心市街地における市街地の整備改善及び商業等の活性化の一体的推進に関する法律」(中心市街地活性化法・同年六月公布)、大型店の立地を規制・誘導する地区を定めることができる特別用途地区を新設した都市計画法改正(同年五月)の三つを指す。

(2) 例えば従来、市町村は策定した中心市街地活性化法による基本計画を国に届け出るだけで支援の対象となった。だが、二〇〇六年六月の同法改正(正式名称も「中心市街地の活性化に関する法律」に変更)では、内閣総理大臣による基本計画の認定制度を創設、活性化に意欲的にとりくむ市町村を「選択と集中」により重点的に支援することとした。

世代が今度は一斉に高齢化している。商業を始め各種施設の需要も低下して放置され、ニュータウンならぬ「オールドタウン」化の様相が生じている。[3]

そもそも、こうした中心市街地と郊外住宅地という都市の見方は、人口増加と経済成長に対応する都市化時代の都市計画の産物である。[4] 一九六八年に制定された都市計画法が用意した都市形成の手立ては、拡張する都市の制御と整序を目指すものであった。中心市街地への過度な集積を郊外に分散させ、逆に空洞化が生じれば活性化の手立てを講じる、という具合である。今ある都市の原型は、その結果に他ならない。

しかし、縮減傾向が強まるなかで、従来の手立てに替わる都市計画のあり方が模索されている。都市化時代では周辺部へと広がる開発圧力を封じる、面的な規制・誘導の手立てが有効であった。だが縮減傾向をめぐっては、都市は外から内へと規則的に収縮せず、むしろ敷地単位でランダムに、あたかも「スポンジ」のように密度が変化するとの見方がされている。[5] こうした予測が困難な変化に対し、いわゆるコンパクトシティの形成が都市形成の目標となっている。具体的には二〇一四年の都市再生特別措置法改正による立地適正化計画の導入である。この計画は都市機能誘導区域と居住誘導区域を設定、土地利用の濃淡を鮮明にする、拘束力のあるマスタープランである。しかし、「『コンパクトシティ』という言葉とそのイメージを伝えるための単純化された図に囚われ、現状趨勢や課題・可能性を十分にふまえた丁寧なプランニング（中略）ができていない都市が少なくない」[6] との実効性を疑う指摘も散見される。

では、福島の都市計画は都市化時代にいかなる都市を形成し、今日の縮減傾向が強まる時代へと引き継いできたのか。本章では都市的土地利用が顕著な福島市、郡山市、いわき

（3）例えば近年の郊外住宅地論は、三浦展編『ニュータウンに住み続ける　人間の居る場所3』而立書房、二〇二二年、等を参照。

（4）小林敬一『都市計画変革論　ポスト都市化時代の始まり』鹿島出版会、八〇—九四頁、二〇一七年

（5）饗庭伸『都市をたたむ—人口減少時代をデザインする都市計画』花伝社、九一—一二九頁、二〇一五年

（6）村山顕人「土地利用と施設配置—都市の構造をつくり、都市の変容をマネジメントする」中島直人他著『都市計画学　変化に対応するプランニング』学芸出版社、二九—四七頁、二〇一八年

市の三市を取り上げ、中心市街地と郊外住宅地の関係を概観する。この作業から、福島の都市計画のあり方を検分する際の手がかりを示すことが、ねらいである。

1　都市計画は県土を覆っているのか

都市計画区域、市街地の面積

都市計画とは、広い意味では望ましい都市を形成するための、ハード・ソフト両面に渡る多様な主体の営みである。その具現化のために都市計画制度が定められる。そのわが国の基本法は都市計画法であり、第四条では、都市計画を「都市の健全な発展と秩序ある整備を図るための土地利用、都市施設の整備及び市街地開発事業に関する計画」とし、第五条で「一体の都市として総合的に整備し、開発し、及び保全する必要がある区域を都市計画区域」としている。つまり、わが国の法定都市計画は、都市計画区域における土地利用や都市施設といった物的な環境を対象としている。

では、国土あるいは県土は都市計画によって覆われているのか。表1は全国及び福島県の都市計画区域・区域区分・用途地域それぞれの面積について、内訳を示したものである。区域区分とは、都市計画区域を市街化区域と市街化調整区域に分ける制度である（同第七条）。都市化時代、周辺部へのスプロール[7]に対応するため、市街化を促進する市街化区域と抑制する市街化調整区域の区分を設け、計画的市街化を図ることを目的に創設された。大都市など区域区分の設定が義務付けられている都市計画区域もあるが、縮減傾向の強ま

（7）　人口増加と経済成長の下では、中心市街地やその周辺で土地需要が増加する。その結果、地価の高騰が生じるため、より地価が低廉な周辺部へと無秩序に市街地が拡大する現象。道路を始めとする公共施設の整備が伴わず、問題市街地となりやすい。

表１　全国及び福島県の都市計画区域・区域区分・用途地域面積内訳

内　訳	全　国	福島県
①国土及び県土面積	37,797,600ha	1,378,390ha
②都市計画区域面積	10,284,248ha	343,350ha
a.国土及び県土面積に占める割合　②/①	27.2%	24.9%
③区域区分設定都市計画区域面積	5,214,302ha	128,913ha
b.国土及び県土面積に占める割合　③/①	13.8%	9.4%
c.都市計画区域面積に占める割合　③/②	50.7%	37.5%
④区域区分のうち市街化区域面積	1,453,520ha	27,771ha
d.国土及び県土面積に占める割合　④/①	3.8%	2.0%
e.都市計画区域面積に占める割合　④/②	14.1%	8.1%
⑤区域区分非設定都市計画区域面積 ②-③	5,026,989ha	214,437ha
f.国土及び県土面積に占める割合　⑤/①	13.3%	15.6%
g.都市計画区域面積に占める割合　⑤/②	49.1%	62.5%
⑥うち用途地域面積	420,577ha	11,260ha
h.国土及び県土面積に占める割合　⑥/①	1.1%	0.8%
i.都市計画区域面積に占める割合　⑥/②	4.1%	3.3%

（注）国土交通省「令和4年都市計画現況調査」（2022年3月31日現在）による。

りや地方分権の進展を受けた二〇〇〇年の都市計画法改正において、都市計画区域を指定する都道府県がその要否を選択するしくみとなった。

用途地域とは都市計画に定める地域地区の一つである。地域地区とは都市計画区域における各地域について、用途、防火、形態、景観、緑、特定機能の六つの類型から規制を行う制度である（同第八条）。この内、市街地の土地や建築物の用途を規制する手立てが用途地域である。用途地域は、例えば低層住宅地の良好な住環境を保全するための第一種低層住居専用地域など、現在では一三種類からなる。その指定は市区町村が、区域区分設定都市計画区域では原則として市街化区域に、非設定都市計画区域では市街化を図る地域などに対して行われる。

表１によると二〇二二年三月現在、

全国には一〇二八・四万ha、福島県には三四・三万haの都市計画区域があり、前者が国土に占める割合は二七・二%、後者が県土に占める割合は二四・九%である(a)。つまり、それぞれ四分の一程度に過ぎない。まして、市街化区域面積については全国の場合は国土の三・八%、福島県の場合は県土の二・〇%(d)、区域区分非設定都市計画区域の用途地域面積についても同様に一・一%、〇・八%(h)となっており、両者を合計して市街地と見なしてもそれぞれ四・九%、二・八%と五%にも満たない。都市計画区域面積に占める割合(e+i)を見ても一八・二%、一一・四%と二割に届かない。つまり、都市計画区域や市街地が面積的に国土や県土を覆っていると見ることは適当ではない。

ちなみに福島県にはこの時点で二一の都市計画区域(内、区域区分設定都市計画区域は四)が指定されている。都市計画法第六条の二ではそれぞれの区域について「整備、開発及び保全の方針」(都市計画区域マスタープラン)を定めることとしている。地理的な分布はこのマスタープランを参照することで確認できる。

都市計画区域、市街地(市街化区域)の人口

表1を見ると都市計画の扱う範囲の狭さから、興味や関心が削がれるかも知れない。しかし、表2を見てみよう。こちらは全国及び福島県の都市計画区域・市街化区域それぞれの人口について、内訳を示したものである。数値の出処である国土交通省「都市計画現況調査」には用途地域の人口までは集計がないので、ここでの市街地は市街化区域に限ったものとする。なお、人口は二〇二〇年度国勢調査より求められている。

これによると、同じ時点で全国には一億一九七九・四万人、福島県には一六四・六万人

表2　全国及び福島県の都市計画区域・市街化区域人口内訳

内　訳	全　国	福島県
①全国及び福島県人口	126,146,099人	1,833,152人
②都市計画区域人口	119,793,500人	1,646,200人
j.全国及び福島県人口に占める割合 ②/①	95.0%	89.8%
③区域区分のうち市街化区域人口	89,778.900人	955,500人
k.全国及び福島県人口に占める割合 ③/①	71.2%	52.1%
l.都市計画区域人口に占める割合　③/②	74.9%	58.0%

(注)国土交通省「令和4年都市計画現況調査」(2022年3月31日現在)による。全て2020年度国勢調査人口。

の都市計画区域人口があり、前者が全国に占める割合は九五・〇％、後者が福島県に占める割合は八九・八％に達する（j）。市街化区域人口については全国の場合は七一・二％、福島県の場合は五二・一％（k）となっており、それぞれの約七割、約五割の人口が市街地に所在していることがわかる。

つまり、都市計画のあり方を検分する上では、限られた面積のなかに集中する多数の人口を、いかに適切に配置するかが問われる。中心市街地と郊外住宅地という都市の見方では、その均衡が保たれているのか、まず確認することが必要であろう。

2　中心市街地と郊外住宅地の人口の分布

事例の選定

では、事例から考えてみよう。本章では福島市、郡山市、いわき市の三市を取り上げる。それぞれの諸元は表3に示される。この三市は区域区分設定都市計画区域を有しており、[8]市街化区域における都市的土地利用が顕著である。その共通の特徴として、まず中心市街地については、中心市街地活性化法に基づく中心市街地活性化基本計画、もしくは同種の計画の策定経緯があって中心市街地の区域が認識されていること、その活性化の中核を担う事業が鉄道駅の正面で行われていることがあげられる。その事業とは都市再開発法に基づいて行う、市街地再開発事業（以下：再開発）である。再開発とは従前の土地・建築物の権利を新たに建設する再開発ビルの土地と床の権利に置き換えることで有効高度利用を

（8）　都市計画区域は市区町村の行政区域と一致、もしくは行政区域に包含されるものではない。都市計画法第五条に基づき、人口、市街地の規模、都市施設の整備状況などを勘案して都道府県が決定する。例えば県北都市計画区域は福島市、伊達市、桑折町、国見町にまたがる。

表 3　3市の中心市街地と郊外住宅地の諸元

項目＼市		福島市	郡山市	いわき市
中心市街地	現計画名称	第3期福島市中心市街地活性化基本計画	郡山市中心市街地機能活性化ビジョン	いわき市中心市街地活性化基本計画
	計画期間	2021年4月～2027年1月	2019～2025年度	2017～2025年度（認定期間～2023年度）
	面積	131ha	郡山駅を中心とした半径1kmを目安	116ha
	再開発名称	福島駅東口地区第一種再開発	郡山駅西口地区第一種再開発	いわき駅前地区第一種再開発
	施行者	組合	郡山市	組合
	地区面積	2.0ha	3.0ha	1.2ha
	状況	施行中	完了（2001年3月）	完了（2007年10月）
郊外住宅地	住宅地名称	蓬莱団地（蓬莱第一・蓬莱第二）	郡山東部ニュータウン	いわきニュータウン
	事業年度	1967～2004年度	1973～2007年度	1975～2011年度
	面積	225.1ha	156.9ha	530.0ha
	開発主体	福島県住宅供給公社	福島県住宅供給公社	都市再生機構（地域振興整備公団）

（注）中心市街地については三市の各計画、福島県『令和4年度都市計画年報』（2022年3月31日時点）、福島市は同市ホームページ、郡山市は全国市街地再開発協会『日本の都市再開発6』（2006年）、いわき市は同『日本の都市再開発7』（2011年）を参照した。郊外住宅地については、福島市・郡山市は福島県住宅供給公社『福島県住宅供給公社のあゆみ～52年の軌跡～』（2008年）、いわき市は同市ホームページを参照した。

促進するとともに、不燃化や道路など都市施設の整備を図る事業である。福島県では二〇二二年三月時点で完了九地区（福島市四、郡山市三、須賀川市一、いわき市一）、施行中三地区（福島市一、郡山市一、いわき市一）の実績があるが、都市の「顔」となる鉄道駅の正面での施行はこの三市となる[9]。

また、郊外住宅地については、都市化時代において住宅地の需要が高まり、民間に止まらず公共もその開発を担ったことが特徴としてあげられる。安定した住宅市場であれば、民間による住宅

（9）須賀川市の一地区は東日本大震災で被害を受けた市庁舎の建て替えである。

地の供給によって需要は満たされる。しかし、需要が供給を上回る状況であれば、スプロール防止の観点からも公共による大規模な開発を行うことになる。この三市にはいずれもそうした性格の郊外住宅地がある。なお、公共も民間も合わせれば、ふつう大小複数の開発が行われており、合算することは難しい。そこで各市において公共が主体となった開発のなかで、最も規模（開発面積）が大きい一つの郊外住宅地を事例とする。

三市の中心市街地と郊外住宅地の人口の分布

次に三市の中心市街地と郊外住宅地の人口の分布を確認する。手順としては、まず三市の計画における記載、担当部署への照会に基づき、町名等を特定した。[10] 次に町名等の別に人口総数を確認できる国勢調査小地域集計を用いてそれぞれの人口を把握した。期間は二〇〇〇年代に入ってからの人口減少の進展を意識し、一九九五年度以降二〇二〇年度までの六時点とした。なお、いわき市中心市街地については一九九八年に字名改称が行われており、一九九五年度の小地域集計と現在の町名等を対応させることができず、データ欠損扱いとした。

図1には三市の中心市街地（棒線）と郊外住宅地（破線）の、全市に対する人口シェアの推移を示した。図化するまで、いずれも中心市街地の空洞化と、その人口を受け止めた郊外の緩やかな減少という仮説を持っていた。しかし、三市それぞれに異なった特徴が見られる。福島市（●）では一貫して郊外住宅地が中心市街地を上回る。だが、中心市街地は二〇〇〇年度以降、一・六％ないし一・七％のシェアで安定している。一方、郊外住宅地は一九九五年度以降、〇・一～〇・三％ずつ一貫して減少していく。つまり、両者の差

(10) 中心市街地の範囲には町や字の「一部」が含まれる場合がある。この際、本稿では五〇％以上の面積が含まれていると確認できる場合のみ、中心市街地の範囲に含めた。また、表3のとおり郡山市中心市街地は「郡山駅を中心とした半径一㎞を目安」と町名等を明示していない。そこで本稿では国土地理院地図を用いて半径一㎞の範囲を求め、町名等を特定した。

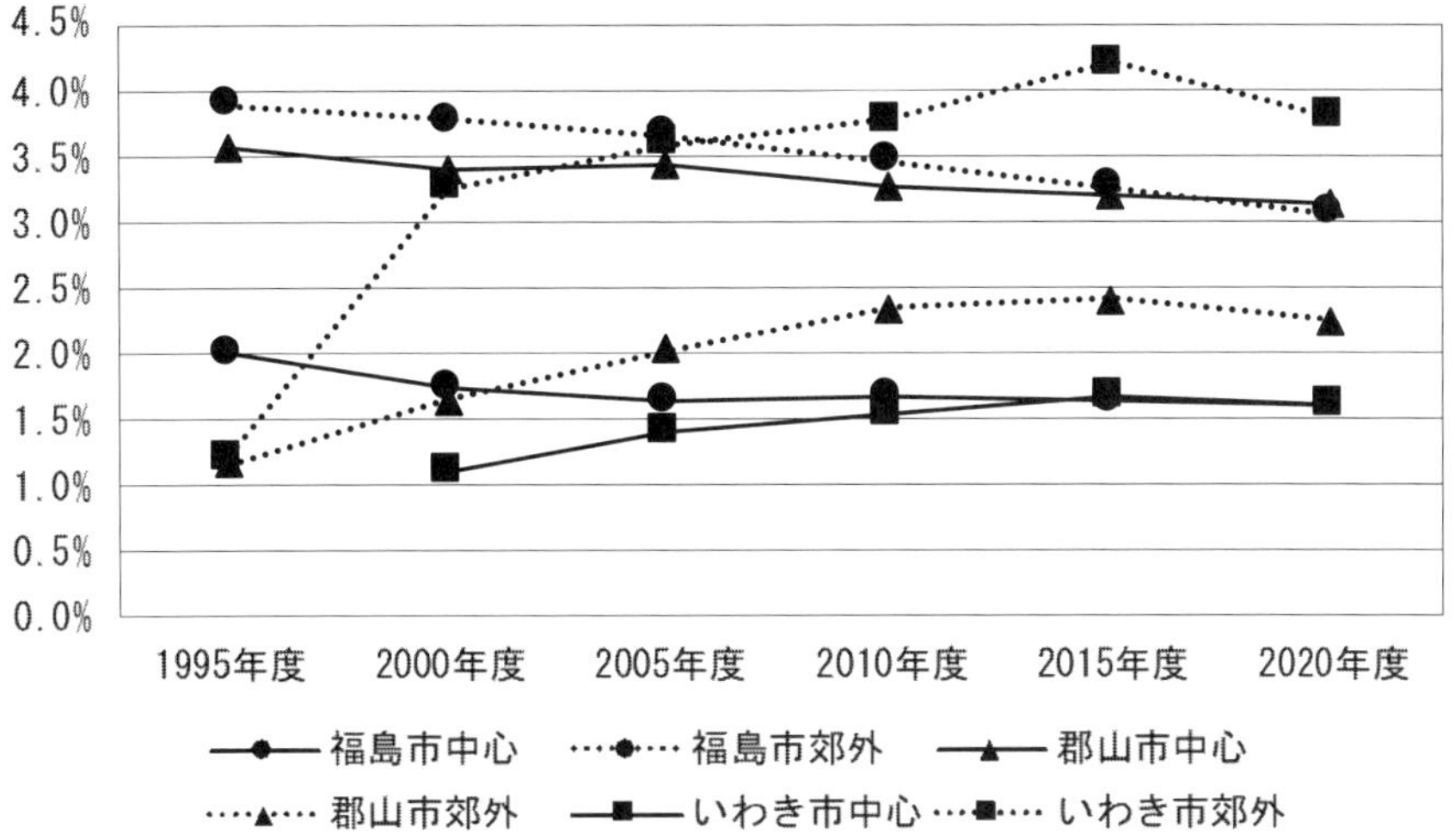

図1　各市における人口シェア

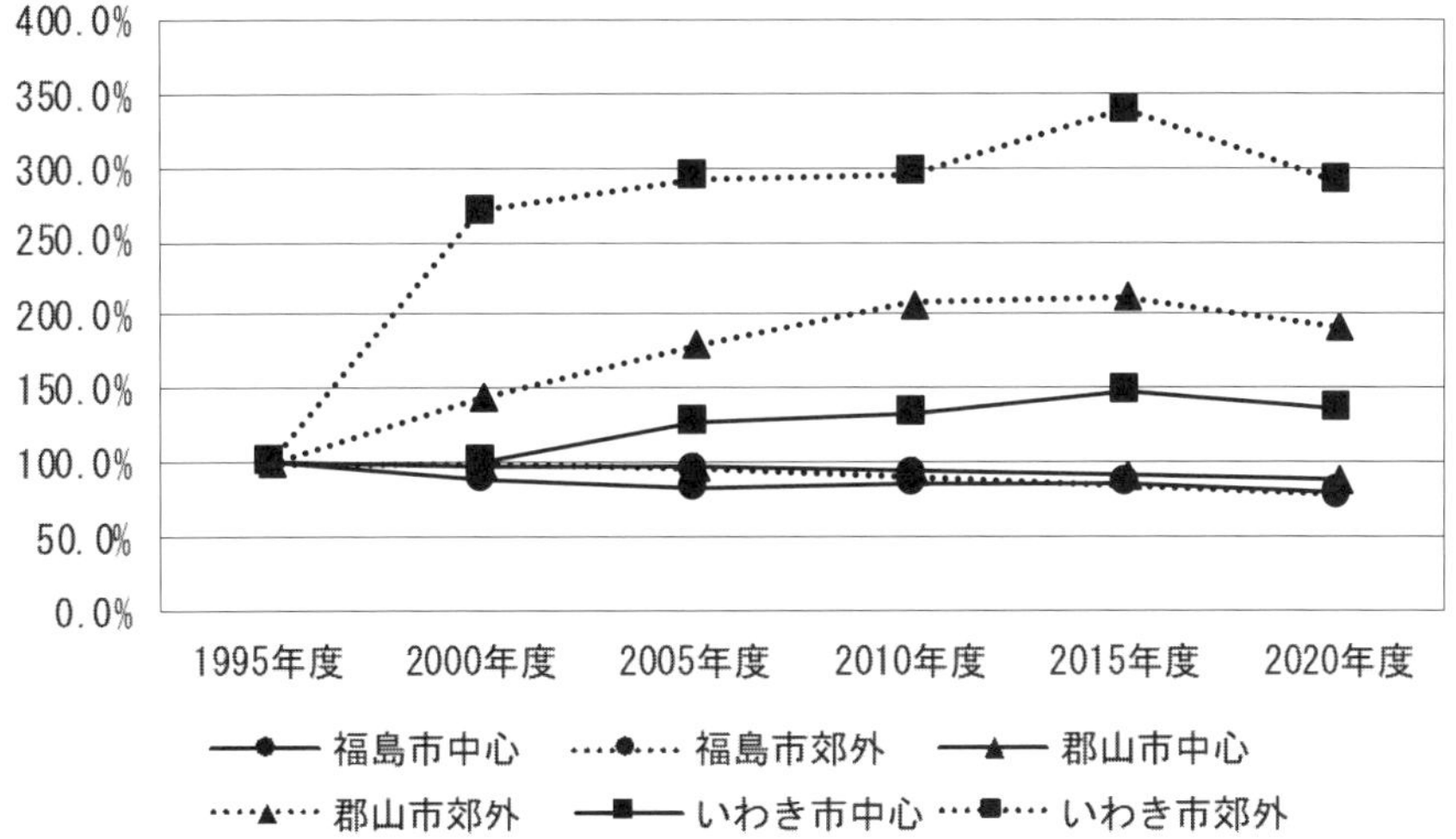

図2　1995年度を100とした際の人口増減

表4　3市の人口の分布に関する特徴

市	市街地	特徴
福島市	中心	・2000年度以降、1.6～1.7%のシェアで安定。 ・1995年度比は一貫して減少、2020年度79.8%。
	郊外	・中心とのシェアの差は2000年代約2%、2010年代約1.5%程度。 ・1995年度比は一貫して減少、2020年度77.7%。
郡山市	中心	・他の2市と異なり、郊外よりシェアが大きい。 ・しかし1995年度比は一貫して減少、2020年度88.3%。
	郊外	・中心とのシェアの差は2000年代約1.5%、2010年代1%以下。 ・1995年度比は増加傾向だが2020年度は減少に転換。
いわき市	中心	・2005年度以降、1.4～1.6%のシェアで安定。 ・1995年度比は他の2市と異なり一貫して100%を超えている。
	郊外	・シェアは2000年度にかけて急速に増加して以降、高止まり。 ・1995年度比は仮設住宅建設に伴い2015年度が338.3%と突出。

が縮むように見られる。郡山市（▲）では一貫して中心市街地が郊外住宅地を上回る。その差は〇・九～二・四％の幅で目立って接近することがない。中心市街地が確固とした住宅地としての性格を有していると考えられる。いわき市（■）では福島市同様に郊外住宅地が中心市街地を上回る。中心市街地は二〇〇五年度以降、一・四～一・六％のシェアで安定しているが、郊外住宅地は一九九五年度から二〇〇〇年度にかけて急速に人口が増加し、以降、高止まりの様子である。

こうした推移をより明確に確認するため、図2には一九九五年度を一〇〇とした際の人口増減を示した。これによると、いわき市郊外は二〇一五年度には三三八・三％、郡山市郊外は二一一・八％と最多を示している。この背景には二〇一一年の東日本大震災に伴う仮設住宅の建設がある。[11]だが、この二市の郊外はこの点を差し引いても一九九五年度以降、増加基調にあったことがわかる。また、いわき市中心も増加傾向にある。一方、他の三個所はいずれも二〇〇〇年度以降、一度も一

(11)　福島県『福島県応急仮設住宅記録集　東日本大震災に係る「住まいの応急救助」』、二〇二〇年

〇〇％を上回ったことがない。特に福島市郊外は二〇二二年度において七七・七％と最少を示している。表3のとおり、福島市郊外は最も早く開発事業が始まった郊外住宅地であるが、高経年ゆえに人口の自然減もしくは社会減が顕著となる実態を示している。

以上の人口の分布を概観すると、表4のように特徴を記述できる。この内容を参考に、次に実際の都市形成の様子を見てみよう。

3　中心市街地と郊外住宅地の都市形成の様子

福島市

中心市街地は福島駅を中心とする一三一haの範囲である。行政機関や金融機関が立地し、県都としての性格を有する一方、大型商業施設の流出が続いてきた経緯がある。駅東口から広がる既存商店街では、空き店舗の活用といった課題を有している。

このため中心市街地活性化の主な事業として福島駅東口地区第一種再開発を位置づけ、二〇二一年七月に事業認可を受けた。同地区は二〇二〇年八月に閉店した百貨店・中合福島店の跡地を含めた再開発である。本章執筆時点（二〇二三年一一月）では既存建築物の除却が行われている（写真1）。再開発では国・都道府県・市区町村による補助が行われるとともに、再開発ビルに余剰の床（保留床）を設け、その売却によって事業費をまかなう。同地区の保留床の多くは市がコンベンション施設等の導入のために購入する計画だが、補助金と合わせた負担の増大が指摘されている。(12) 中心市街地活性化の象徴となる事業である

(12)　日本経済新聞二〇二三年八月三日付「民需なき『官製都市』広がる　再開発三割、自治体が施設購入」。

写真1　除却が進む福島駅東口地区（2023年11月、筆者撮影）

写真2　増加する改修が必要な施設〔蓬莱中央公園〕（2023年11月、筆者撮影）

だけに、安定した事業採算が求められる。

郊外住宅地の事例とした蓬莱団地は福島駅から直線距離で約七㎞の位置にある。一九六〇～七〇年代の人口増加に対応して福島県住宅供給公社が開発、戸建て住宅の他、県営・市営住宅が供給されている。計画人口一万五一〇〇人に対し、二〇二〇年度国勢調査人口は八六二二人、五七・一％に止まる。コミュニティ形成を意識した近隣センター、公園、街路など、郊外住宅地開発が旺盛に行われた当時の計画思想が垣間見える一方、人口減少と高齢化に伴うその維持・管理が課題となっている（写真2）。

郡山市

郡山市独自の計画である中心市街地機能活性化ビジョンによると、その区域は郡山駅を中心とした半径一㎞とされる。東北本線を隔てて東側には工場が立地する。その敷地の一部を活用した大型商業施設も見られる。繁華街は西側に開け、百貨店など商業都市としての土地利用が目立つ。一方、駅西口から眺望すればわかるようにマンションの立地が見られ、図1に関連して説明した住宅地としての性格がわかる。

その駅前に位置する再開発ビル「ビッグアイ」は、二〇〇一年三月に完了した郡山駅西口地区第一種再開発による。地上二四階・地下一階からなり、高さ一三三m、遠方からでも視認することができるランドマークである（写真3）。しかし、全二五階の内、一四階分が公共の取得した床である（県：高校、市：市民プラザ、科学館）。再開発では保留床の面積を最大化することで事業費を確保する傾向がある。その結果、特に需要の乏しい地方都市では床の供給過剰となり、公共が買い支える場合が少なくない。中心市街地活性化におけ

写真3　郡山市のランドマークであるビッグアイ（2023年10月、筆者撮影）

写真4　郡山東部ニュータウンのコモンスペース（2023年10月、筆者撮影）

る公共の役割を考えさせられる事例である。[13]

郊外住宅地の事例とした郡山東部ニュータウンは郡山駅から直線距離で約五㎞の位置にある。福島県住宅供給公社が一九七三年度から事業に着手したが用地取得に難航した経緯がある。そのため入居は一九八九年三月から始まり、分譲は二〇〇八年三月まで行われたことから、二〇一九年六月に同ニュータウンの緑ヶ丘地区町内会連合会会長他に聞き取り調査を行った際には、まだ高齢化が深刻になる手前との認識であった。

しかし、将来的な高齢化に備える必要性はその際に聞かれた。この住宅地の一部である「ウッドタウン」地区では写真4のようなコモンスペースが見られる。コミュニティ形成を意識した街区設計の一つであるが、利用の様子をあまり見ることができない。こうした空間から住宅地が抱える問題を読み、対処を考えていく必要がある。

いわき市

中心市街地はいわき駅周辺を北端とした、南側に広がる一一六haである。用途地域の一つである商業地域とほぼ重なり、大規模商業施設の他に文化・芸術施設など都市機能が集積した区域である。一方、既存商店街においては江戸時代からの町割りを見ることができる。間口が狭く奥行きのある町家敷地も見られるが、そうした敷地の空いた個所が駐車場など低未利用地になっており、計画上の課題の一つになっている。

駅前に位置する「ラトブ」はいわき駅前地区第一種再開発により、二〇〇七年一〇月に開業した再開発ビルである（写真5）。事業においては他の二市と同様、市が図書館など公共施設を導入して保留床を取得した経緯がある。すなわち再開発ビルの経営には不安が伴

（13） 今西一男「迷走する再開発ビル経営　郡山市郡山駅西口」区画整理・再開発対策全国連絡会議編集・発行『区画・再開発通信』第四三一号、六―七頁、二〇〇五年

写真5　管理会社が直営店舗を出店したラトブ（2023年10月、筆者撮影）

写真6　建築協定・緑地協定による住環境保全（2023年10月、筆者撮影）

うところであったが、二〇二二年二月には一階にあったスーパーが撤退した。その後、テナント確保が難航するなか、二〇二三年六月に本来は店舗経営までは行わない再開発ビル管理会社が直営店舗を出店した。[14]空洞化する中心市街地において、特徴のあるとりくみと言えよう。

郊外住宅地の事例としたいわきニュータウンはいわき駅から直線距離で約五㎞の位置にある。人口増加への対応に加え、新産業都市や産炭地域の指定による産業振興の環境整備といった目的を持った開発であった。その住宅地としての特徴は町並み景観の形成と良好な住環境の維持を図るため、全域に何らかの建築のルールが設けられている点にある。具体的には都市計画法による地区計画（一地区）、建築基準法による建築協定及び都市緑地法による緑地協定（二〇地区）、任意の「まちづくり協定」等（一三地区）が設定されている。例えば写真6は一九七九年に建築協定と緑地協定が設定された飯野二丁目地区であるが、年月を経ても建築物の規模や生垣による緑化など、住環境の保全がなされている。質を保った住宅地の事例である。

（14）　福島民報二〇二三年六月九日付「直営に活路、再出発　いわき駅前のラトブ」。

おわりに

本章では中心市街地と郊外住宅地の関係を概観することから、縮減傾向が強まる今日の都市計画のあり方、特に福島の都市計画のあり方を検分する際の手がかりを示すことを目的とした。まず、全国的な動向と合わせて福島県における都市計画の広がりについて確認した。都市計画区域、なかでも市街地に類する範囲はごく限られており、その限られた面積のなかに集中する多数の人口を、いかに適切に配置するかが問われていることを確認した。

次いで事例とした三市の中心市街地と郊外住宅地の人口の分布を確認した。その結果、中心市街地の空洞化と、その人口を受け止めた郊外の緩やかな減少という単純な図式ではなく、三市それぞれに特徴があることを析出した。すなわち、限られた面積の福島の都市計画区域ないし市街地であるが、個々の特性を把握した上で、そのあり方を検分する必要がわかる。

そして以上の特徴を記述した上で、三市の中心市街地と郊外住宅地における都市形成の様子を観察した。中心市街地についてはその計画や土地利用の特徴などをふまえ、特に活性化の中核を担う事業である再開発に着目した。三市それぞれに保留床の取得をめぐる公共の関わりが問われるところであるが、床に対する需要の乏しい地方都市の実情が表れた結果とも言える。一方、その再開発ビルの経営も困難が伴うものであるが、いわき市における管理会社による直営店舗の経営という新しい動きも紹介した。

郊外住宅地については福島市や郡山市での特徴のある空間を紹介した上で、維持・管理の今後に関する課題に触れた。これに対し、いわき市では建築のルールの普及が特徴としてあげられる。しかし、その継続はやはり今後の課題となるだろう。

総じて見ると、福島の都市計画、特に三市の特徴には、全国の多くの地方都市が抱える都市化時代の産物と向き合う際の示唆があるように思われる。本章で確認した人口の分布やその表れとなる都市形成の様子を紐付けながら、ではコンパクトシティがよいのか、他の計画論が成り立つのか、引き続き考えていくことにしたい。

福島の水資源開発の光と影

塩谷弘康

はじめに

東北地方の最南部に位置する福島県は、首都圏からのアクセスが良いこともあり、近代以降、首都圏への電力供給基地としての役割を担ってきた。二〇一一年三月一一日に発生した東日本大震災・東京電力福島第一原子力発電所事故の前、福島県は首都圏の電力使用量の約三分の一を供給してきたが、事故後、県内の原子炉一〇基すべてが廃炉になったにもかかわらず、発電量は全国第四位を誇っている。

首都圏への送電は、一九一四（大正三）年、猪苗代水力発電株式会社（一九一一年設立）が、猪苗代第一発電所から東京の田畑変電所への送電を開始したことを嚆矢とする。戦前から戦後の高度経済成長期にかけては水力発電、一九七〇年代以降は、火力発電、そして原子力発電へと発電方法は変わってきたが、電力移出県としての性格は変わっていない[1]。

本章では、福島県の水環境と水資源を概観したうえで、豊富な水資源を利用して実施さ

（1）福島県の二〇二一年度の発電電力量五五、八二六、五五八千キロワット時に対して、電力需要実績は一五、三四〇、五一五千キロワット時（二七・五パーセント）である。経済産業省資源エネルギー庁編『電気事業便覧 二〇二二年度』経済産業調査会、二〇二三年。

れた二つの国家的プロジェクト、すなわち、「安積開拓・安積疏水開削事業」と「只見川電源開発事業」を取り上げ、それらが、福島の自然環境や人々の暮らしにどのような影響を与えてきたのか、近代化の光と影を見ていきたい。

1 福島県の水環境と水資源

福島県は北から南につらなる奥羽山脈と阿武隈山地によって、奥羽山脈の西側に位置する「会津」、奥羽山脈と阿武隈山地によって挟まれた「中通り」、阿武隈山地の東側に位置し太平洋に面する「浜通り」の三つの地方（流域）に区分され、各地方が特色ある水環境を形成している（図1）。

会津地方（阿賀野川流域）は、日本海型の豪雪地帯で、越後山脈及び飯豊山地の「雪の水がめ」、広大なブナ林が拡がる南会津地方の「森の水がめ」、さらには猪苗代湖・裏磐梯湖沼群などの「湖の水がめ」を擁しており、豊かな水資源に恵まれている。会津盆地を流れる阿賀川（大川）は会津盆地を潤し、尾瀬沼に端を発する只見川と猪苗代湖から流れ出る日橋川を合わせ、新潟県で阿賀野川と名を変えて日本海に流れ下る。

中通り地方（阿武隈川・久慈川流域）の大部分は、甲子高原を源流とし仙台平野で太平洋に流れ出る阿武隈川の流域に含まれ、丘陵地と盆地が交互に連なっている。氾濫原にできた低地に人口が集中し、東北新幹線と東北自動車道が縦断する。内陸性気候で、年間を通じて降水量は少ないが、奥羽山脈から発する河川が形成する扇状地は水を伏流させ、郡山

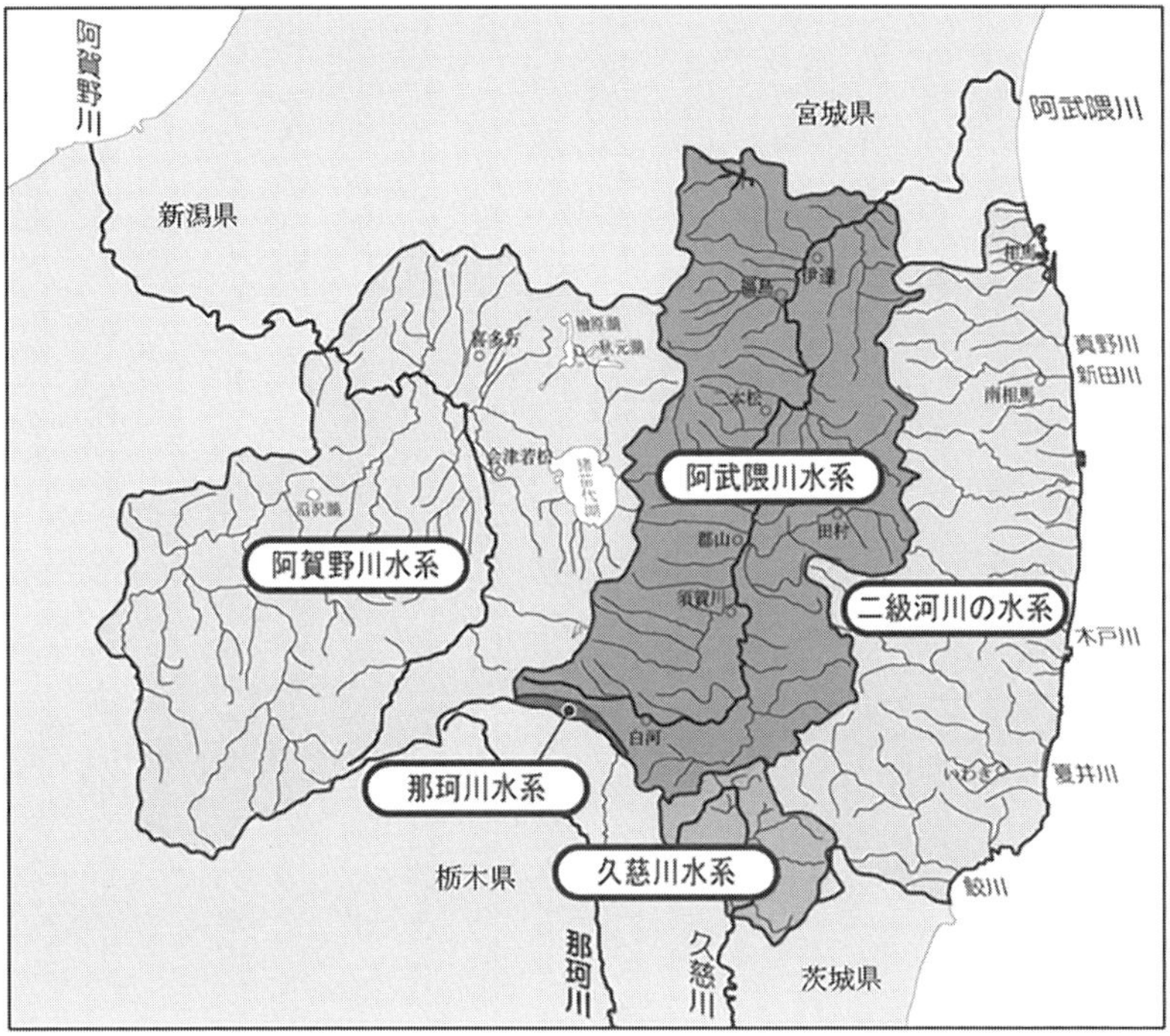

図1　福島県の水系図〔出典：福島県「『水との共生』プラン」4頁〕

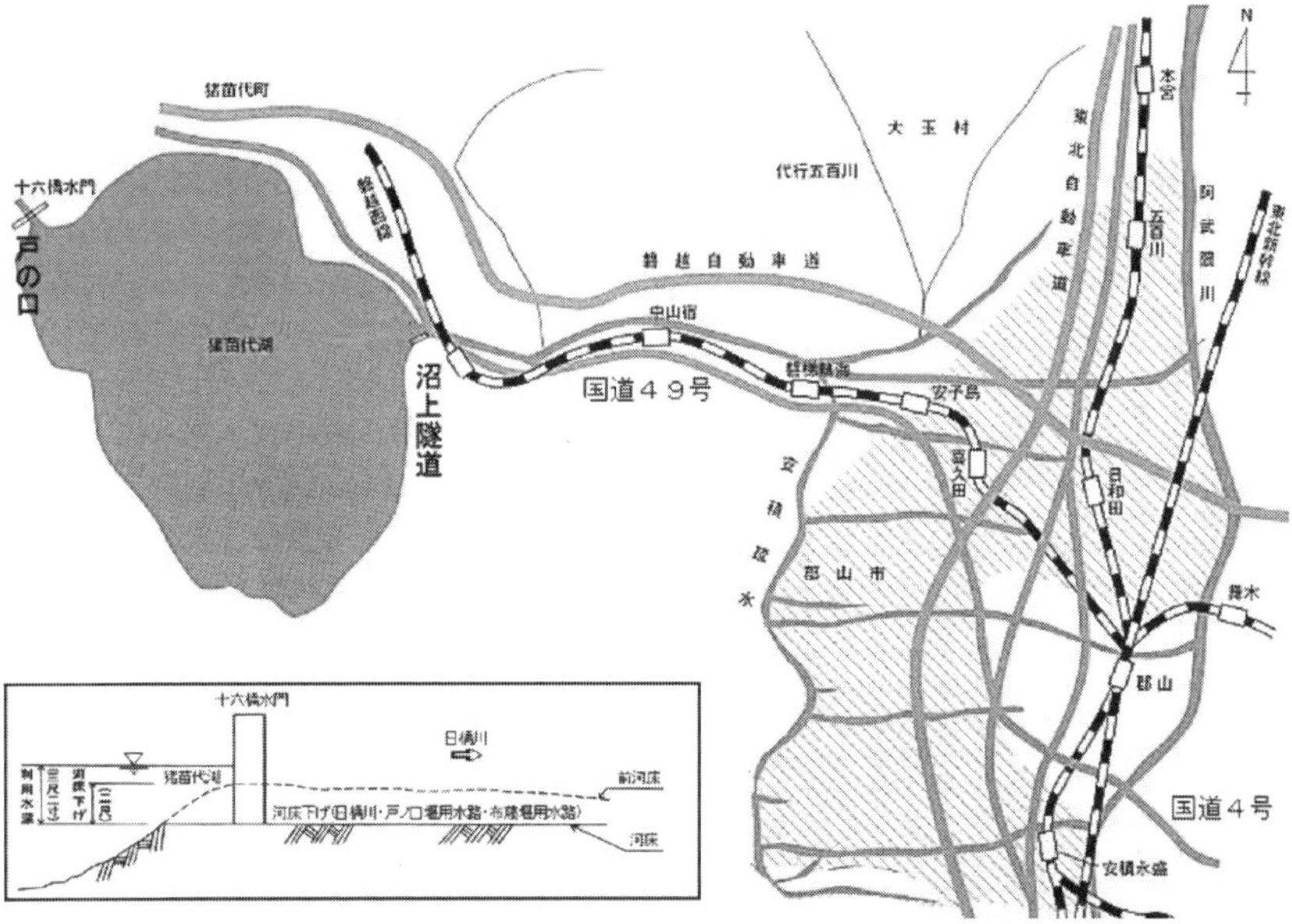

図2　明治12年当時の安積疏水〔出典：「水土の礎」https://suido-ishizue.jp/kindai/asaka/06.html〕

盆地や福島盆地の地下に豊富な地下水を供給している。

浜通り地方（二級河川水系群）は、太平洋型の温暖な気候で、冬期の降雪はほとんどなく、降水量が少ない。阿武隈山地に発した比較的小規模な小河川が一気に太平洋へと流れ下るため、ため池やダムに依存している地域である。

本章で取り上げる水資源の活用例は、この三つの地方に対応したものである。「安積開拓・安積疏水開削事業」は、明治期に会津の猪苗代湖の水を中通りに導水して安積野を開拓した国営開拓第一号事業で、安積疏水は、那須疏水（栃木県那須が原）、琵琶湖疏水（滋賀県琵琶湖・京都市）と並ぶ日本三大疏水の一つに数えられる（図2）。「只見川電源開発事業」は、戦後、電力不足が叫ばれる中、只見川に「奥只見」「田子倉」などのダム群を建設した事業である。また、「水道低普及地域の豊かさ」（コラム）は、中通りと浜通りの間に拡がる標高二〇〇～七〇〇メートルの阿武隈山地がその舞台である。

2　安積開拓・安積疏水開削事業

安積野開拓（桑野村の誕生）

明治の初め、奥羽山脈と阿武隈山地に挟まれた安積野（郡山周辺の扇状地）は、年間降水量が一二〇〇ミリメートル余りと少なく、低地を流れる阿武隈川が利用できないことから、慢性的な水不足に悩まされる不毛の原野だった。

安積野の開拓は、一八七二（明治五）年、旧福島県の権令（のち県令、現在の県知事職）として赴任した安場《やすば》保和《やすかず》（一八三五～一八九九）が進めた県の事業に端を発する。岩倉使節団の一員として随行した安場は、わが国の地域振興や困窮士族の救済策は原野の開拓にあると考え、旧米沢藩士の中條政恒《なかじょうまさつね》（一八四一～一九〇〇）を典事（聴訟課長）に任じ、開拓により桑栽培を広めて士族救済をはかろうとした。

そのため、安積野の中心に位置し、周辺の村々の「入会地（牛馬の餌、田畑の肥料、薪等を共同で採取する秣場）」で明治に入り官地となっていた大槻原を選び、旧二本松藩士族（一八七三年から一八七八年にかけて二八戸が入植）や一般移住者の入植を進めた（「官民合力開墾」）。また、中條は、「自力開墾」を実現するため、郡山の商人を熱心に説得し、これに応じた阿部茂兵衛ら二五名の商人は土地と出資金を拠出し、「開成社」(2)を結成して、小作人による水田開発を進めることとした。

写真1　現存する開成館（https://www.bunka-manabi.or.jp/kaiseikan/）は2代目。

一八七三（明治六）年、福島県は開成社とともに大槻原開拓を開始し、開拓道路と住居の建設、遥拝所（後の開成山大神宮）の造営、開成沼（溜池）の築堤を進め、ブドウなどの果樹や西洋式農法を導入した。その結果、桑畑一四〇ヘクタール、水田七六ヘクタール、宅地二五ヘクタールが開発され、一八七六（明治九）年四月に人口七〇〇人の桑野村（現在の郡山市役所を中心とする一帯）が誕生した（写真1）(3)。

(2)「開成」の名前は、中條の座右の銘「開物成務（万物を開発して事業を完成する）」（『易経』）に由来する。

(3) 一八七四（明治七）年に区会所（郡役所の前身）として建築され、「福島県開拓掛」が置かれた。明治天皇の東北巡幸の際には、行在所（一八七六年）と昼食会場（一八八一年）として使用され、現在は安積開拓・安積疏水の歴史を伝える資料館となっている。「福島県指定重要文化財」「近代化産業遺産」

明治政府による安積開拓と安積疏水開削事業

明治初期、「佐賀の乱」を始めとする旧士族による騒乱が各地で続発しており、その対策が急務となった。一八七六（明治九）年六月、内務卿・大久保利通（一八三〇〜一八七八）が、明治天皇の東北巡幸[4]の先見として郡山を訪れた際、桑野開拓を視察した。中條から、桑野開拓の成功事例を安積野全体に拡げるため、全国の失業士族に呼び掛けて多くの開拓者を確保し、猪苗代湖の水を利用できるようにすべきである、との進言を受け、大久保は、旧士族への授産対策と国家富強のための殖産興業を結びつけたモデル事業として国営による安積開拓事業を構想した。八月二一日、第二次府県統廃合により、会津地方の「若松県」と浜通り地方の「磐前県」を中通り地方の「福島県」に合併することが決定された[5]。

大久保は、内務省勧業寮の高畑千畝《たかはたちうね》と南一郎平《みなみいちろべい》を派遣して青森県の三本木原から栃木県の那須ケ原に至るまで開拓適地を実地調査させた。その報告を受けて、一八七八（明治一一）年三月六日、大久保は、「一般殖産及華士族授産ノ儀ニ付伺」を建議して、士族授産のための官営開墾事業を提案し、さらに翌日には、「原野開墾之儀ニ付伺」を上申して、安積開拓と安積疏水開削を一体的に進める計画を示した。四月、内務省は、全国一万三〇〇〇戸の華士族のうち士族二〇〇〇戸を移住させ、四〇〇〇町歩を開墾させる方針を打ち出した。

直後の五月一四日、事業の推進者だった大久保が不平士族によって暗殺され、西南戦争後の財政破綻によって開拓の規模は縮小された（実際に移住した士族は約五〇〇戸にとどまる）が、この間も疏水開削工事の予備調査が進められた。内務省土木局雇長工師（技師長）・ファン・ドールン（一八三七〜一九〇六）の監修を受けて、湖水の水位測定や疏水のルート

（4）一八七二年から一八八五年にかけて、新政府の中央集権化政策を天皇の権威により正統化するために実施された「六大巡幸」の一つ。

（5）猪苗代湖の水を安積野に導水（「東注」）する構想は江戸時代からあったが、親藩である会津藩の水を外様の二本松藩が利用できる可能性はなかった。合併は、若松県の猪苗代湖の水を福島県に導水する際の困難を回避するためだったとも言われている。

の選定が行われ、一八七九（明治一二）年五月、太政官は閣議で疏水開削工事を正式に決定した。

同年一〇月に工事が始まり、最初に、猪苗代湖から流出する日橋川の「布藤・戸ノ口堰の改修と十六橋水門建設」に着手した。その目的は、安積疏水への取水によって生ずる湖面低下が会津の水利用に与える影響をなくすため、川底を掘り下げるとともに、十六橋に水位調整可能な水門を建設することで猪苗代湖をダム化することにあった（写真2・3）。

次いで、猪苗代湖の東側に山潟取水口を設置し、ダイナマイト、蒸気ポンプ、コンクリートなどの近代工法を駆使して、奥羽山脈の沼上峠に隧道（トンネル）を通す工事が行われた。

工期期間は三年に及んだ。延べ八五万人の労働量と総費用四〇万七〇〇〇円（現在の貨幣価値で約五〇〇億円）が費やされ、隧道三七か所、幹線水路と七つの分水路を合わせ一三〇キロメートルの水路が完成し、一八八二（明治一五）年一〇月一日に通水式が挙行された。

写真2　1914（大正3）年に改修された現在の十六橋水門

写真3　十六橋水門の傍らに立つ「ファン・ドールン像」

安積疏水による灌漑面積は三〇〇〇ヘクタールに達し、「安積三万石」と言われた米の生産量は、明治期には五万石、大正期には一〇万石へと飛躍的に増加した。その後も、「新安積開拓」（一九四一～一九六六年）、「国営安積疏水農業水利事業」（一九七〇～一九八二年）など四回の国営事業が行われ、現在、安積疏水土地改良区が管理する水路の総延長は五三四キロメートル、郡山市、本宮市、須賀川市及び猪苗代町の約九〇〇〇ヘクタールの水田を潤している（平成の大合併前、郡山市は米生産量日本一の市だった）。

また、安積疏水は、水力発電や都市用水としても利用されてきた。一八九八（明治三一）年、郡山絹糸紡績（現日東紡績）が安積疏水の落差を利用して沼上発電所を建設し、翌年、約二四キロメートル離れた郡山市まで、日本初の長距離高圧送電（一万一〇〇〇ボルト）を開始し、余剰電力は市内の電灯化にも使われた。大正年間に建設された二つの発電所（竹

写真4　「開拓者の群像」（開成山公園）。左から安積開拓の父・中條政恒、大久保利通、ファン・ドールン

写真5　「安積野開拓顕彰碑」（開成山大神宮）。台座には、開拓に従事した9つの旧藩の名前が故郷の玉石に刻まれている。左から松山藩、米沢藩、久留米藩、鳥取藩、二本松藩、会津藩、棚倉藩、土佐藩、岡山藩

之内発電所、丸守発電所）とともに、水力発電は製糸業、紡績・繊維産業、製材業、精米業の発展を促した。

さらに、一九一二（明治四五）年四月には、安積疏水の分流を水源として、全国で二三番目、東北で三番目の近代水道として給水が開始され、その後、工業用水にも利用されるなど、安積疏水は戦前戦後の郡山市の発展を支えてきた（写真4・5）。

安積開拓・安積疏水開削事業の光と影

現在、郡山市は、東北地方では経済規模で宮城県仙台市に次ぐ第二位、人口では仙台市、福島県いわき市に次ぐ第三位の中核市に成長しており、安積開拓と安積疏水開削事業がその礎になっていることに疑いの余地はない。

写真6　「開拓の心」碑（開成山公園）。福島県が1873（明治6）年4月に発した「自力開墾有志募集告諭書」の一節が刻まれている。

写真7　1918（大正7）年に運転開始した猪苗代第二発電所。東京駅赤レンガ駅舎で知られる辰野金吾による設計

しかし、「一尺ヲ開ケハ一尺ノ仕合アリ、一寸ヲ墾スレハ一寸ノ幸アリ」（写真6）という開拓の夢は実現したのだろうか。開墾地の低い地力、乏しい栽培の知識・技術、肥料の不足などの悪条件が重なって収穫は上がらなかった。小作人に転落したり土地を手放したりする者が相次ぎ、明治末までに移住士族の開墾地の九割が郡山の富商や県外から進出した会社の手に渡り、寄生大地主・産業資本家の誕生をもたらした。

大正時代になっても、宮本百合子が小説『貧しき人々の群れ』[6]で描いたように、開拓民の厳しい生活は解消されておらず、「士族授産」の目標は果たされなかった。

一方、ダム化した猪苗代湖の水利用は会津側でも進んだ。日橋川や戸ノ口堰にも明治期から昭和初期にかけて多くの水力発電所が建設され、その電力は首都圏へと送られ、京浜工業地帯の発展を支えた。現在、安積疏水に設置された発電所も含めいずれも東京電力の所有であり、猪苗代湖から取水する水の八割を発電用水が占めている（写真7）。

(6) 一九一六（大正五）年、一七歳のときに中條百合子の名で発表した小説。祖父にあたる中條政恒の家で桑野村をモデルに書かれた。

3 只見川電源開発事業

幻の「尾瀬原ダム計画」

只見川を最大支流とする阿賀野川水系は、多雪地帯で豊富な流量を誇り、地形が急峻で落差が確保できるため、早くから水力発電の適地と目されていた[7]。

一九二二（大正一一）年、関東水電（東京電力の前身）は、只見川の最上流部の尾瀬（群馬県、新潟県、福島県）に二つのダムを建設して貯水池とし利根川水系に送水する計画を立て、

(7) 技術的・経済的に水力発電が可能と考えられる「包蔵水力」は、木曽川、信濃川に次ぐ全国第三位。阿賀野川流域内にある水力発電の最大出力は合計約三七三万キロワットで、わが国の水力発電の約七パーセントを占めている。

尾瀬沼の水利権を獲得した。富国強兵を掲げる内務省はこの動きを後押ししたが、福島県がこの「尾瀬分水案」に強く反発した。その後、只見川の新潟県への流域変更を巡る対立（新潟県の「只見川分流案」と福島県の「只見川本川案」）も絡み合い、さらには、高度経済成長期には「関東対東北」の水争いにまで発展して、計画は暗礁に乗り上げた。

一方、尾瀬は日本有数の湿地帯で、寒帯や亜寒帯にしかない高山植物が自生する独自の生態系を有することから、ダム計画反対運動も長い歴史をもち、わが国の自然保護運動の原点と言われている。燧ケ岳を開山した平野長蔵は、ダム計画が持ち上がると、「長蔵小屋」に永住して抵抗の意思を示した。その意思は長蔵の子、長英に引き継がれ、一九四九年に尾瀬沼から片品川への発電水路が完成すると、「尾瀬保存期成同盟」（一九五一年に「日本自然保護協会」に改組）が結成されて、組織的な反対運動が展開された。

自然保護の機運が高まる中、尾瀬は一九五三年に「国立公園特別保護地域」、一九六〇年に「特別天然記念物」に指定された。東京電力は、一九六六年に尾瀬原ダム計画を事実上凍結し、一九九六年に東京電力は尾瀬沼の水利権更新を断念し、約八〇年の歳月を経て、「尾瀬原ダム計画」はようやく終焉を迎えた。

戦後の只見川電源開発

敗戦後、荒廃した国土の保全、水力や農産物等の国内資源の開発、工業立地の条件整備等の課題に総合的に対処するため、河川総合開発等を重点的に行うことが構想された。一九五〇年に国土総合開発法、一九五二年に電源開発法が制定され、只見川ではアメリカのＴＶＡ方式を範に電源開発が進められることとなった。

写真8　田子倉ダム堰堤から下流側、田子倉発電所と只見ダムを望む。

写真9　「ふるさと館　田子倉」。ダム建設に伴い湖底に沈んだ田子倉集落の記憶を後世に残すことを目的に、皆川弥氏が自宅を改装して開設した資料館。現在は、只見町が取得し、「ただみ　ブナと川のミュージアム」の附属施設として、只見ユネスコエコパーク推進協議会の事務局が置かれている。

その結果、只見川本川だけでも、上流から、奥只見（檜枝岐村、一九六一年）、大鳥（只見町、一九六三年）、田子倉（同前、一九五九年）、只見（同前、一九八九年）、滝（金山町、一九六一年）、本名・上田（同前、一九五四年）、宮下（三島町、一九四六年）、柳津（柳津町、一九五三年）、片門（会津坂下町、一九五三年）の一〇基のダムが階段状に建設された。このうち、奥只見ダムから滝ダムまでを電源開発（J-POWER）が、本名ダムから片門ダムまでを東北電力が管理しており、発電された電力の七五パーセントが東京電力に、二五パーセントが東北電力に供給されている。

只見川電源開発事業の光と影

只見川電源開発事業はわが国の戦後復興や首都圏の発展を支えただけではなく、建設資材運搬用に開設され延伸されたJR只見線、国道二五二号線及び奥只見レークラインによって福島県と新潟県が結ばれるなど、地域のインフラ整備にも大きく貢献した。

しかしその一方で、かつては新潟まで筏流しが行われ、サクラマスが遡上した只見川の風景は一変し、巨大なダム開発が残した傷跡も小さくない。田子倉ダム建設に際しては、難工事により四三名が殉職した。また、田子倉集落の五〇戸二九〇人が水没による移転を余儀なくされたが、立ち退き補償交渉に八年を費やし、その様子は、城山三郎『黄金峡』（一九五九年）、曽野綾子『無名碑』（一九六九年）などの小説に描かれている。

さらに、只見川のダム群は治水機能をもたないため、洪水発生のたびにダム管理者の責

写真10　只見ダムの脇に立つ「J-POWER只見展示館」

写真11　「道の駅 奥会津かねやま」に隣接する、「東北電力奥会津水力館みお里 MIORI」

任を問う声が上がっている。(8)

只見川及び伊那川流域の「奥会津」七町村（柳津町、三島町、金山町、昭和村、只見町、南会津町、檜枝岐村）は、県内で過疎化・少子高齢化が最も進んだ地域である。例えば、只見町では、田子倉ダムの建設に沸いた一九五五年には、人口は一万三〇〇〇人を超えたが、ダム建設終了と共に人口は減り続け、いまではその三分の一以下にまで減少した。

二〇一四年に「只見ユネスコエコパーク」が選定されるなど、奥会津には、豊かな自然と豪雪地帯の人々の暮らしから生まれた伝統・文化（編み組細工など）が残されている。新しい観光資源（ダム湖、只見川橋梁ビューポイントなど）も活かしながら、一〇〇年先も持続可能な地域を創り上げることが大きな課題になっている。

おわりに

福島県は、現在、二〇四〇年頃を目途に県内エネルギー需要の一〇〇パーセント以上を再生可能エネルギーで生み出す目標を掲げており、二〇二〇年には全国一の太陽光発電設備を備え、今後、世界最大級の水素エネルギー供給基地が建設される予定である。しかし、再生可能エネルギーが地域の自然環境や住民の暮らしに与える影響を見極め、福島の復興・再生につながる「明るい未来のエネルギー」となりうるか注視していく必要がある。

わが国の近代化の過程で生み出された、「経済成長至上主義」、「科学技術万能主義」、「中央（支配）＝地方（従属）関係」から脱却していくことができるのか、わたしたち一人ひ

（8） 二〇一一年七月新潟・福島豪雨によって、只見川の護岸や家屋の破損、JR只見線の橋梁の流出など大きな被害が出た。被災住民は、水力発電ダム上流部に溜まった土砂を除去しなかったことが氾濫の拡大要因となったなどと主張して、東北電力と電源開発に対して損害賠償訴訟を起こした。福島地裁会津若松支部二〇一八年三月二六日判決は、東北電力が浚渫義務を履行していなかったことを認めたが、被害を回避できたとは言えないとして原告の訴えを退けた（仙台高裁二〇一九年三月一五日控訴審判決は浚渫義務も否定）。

とりが問われているのである。

●写真1～11は筆者撮影

〔参考文献・webサイト〕

矢部洋三『安積開墾政策史　明治一〇年代の殖産興業政策の一環として』日本経済評論社、一九七七年

久留米開墾百年史編集委員会編『久留米開墾百年の歩み』久留米開墾百周年記念事業実行委員会、一九七八年

安積疏水百年史編さん委員会編『安積疏水百年史』安積疏水土地改良区、一九八二年

高橋哲夫『安積原野・血と涙の開拓　安積野士族開拓誌』安積野開拓顕彰会、一九八三年

立岩寧『安積開拓　全史』青史出版、二〇一六年

助川英樹『誰にでもわかる安積開拓の話　改訂新版』歴史春秋出版社、二〇一七年

後藤允『尾瀬　山小屋三代の記』岩波書店、一九八四年

只見町史編さん委員会編『只見町史資料集第三集　尾瀬と只見川電源開発』福島県只見町、一九九八年

福島県「『水との共生』プラン」二〇一六年策定、二〇二二年更新

日本遺産ポータルサイト「未来を拓いた『一本の水路』～大久保利通〝最後の夢〟と開拓者の軌跡　郡山・猪苗代～」(https://japan-heritage.bunka.go.jp/ja/stories/story022/)

郡山市開成館「近代の郡山の発展の礎　安積開拓・安積疏水」(https://www.bunka-manabi.or.jp/kaiseikan/history/)

水土の礎「農業土木が生んだ都会・郡山　明治の礎・安積疏水　元勲大久保利通の遺産」(https://suido-ishizue.jp/kindai/asaka/index.html)

熱塩加納の地域づくりへの挑戦
――小さな地域循環共生圏の可能性――

廣本由香

はじめに

　喜多方市熱塩《あつしお》加納《かのう》町《まち》（以下、熱塩加納）は美しい田園風景が広がる農村である。元地域おこし協力隊の森田正明さんは熱塩加納の里山と田んぼ、古い民家で構成される風景を「日本昔話に出てくるような原風景」と賞する（写真1）。

　本章では、熱塩加納における有機農業と学校給食の取り組みと地域運営組織の地域づくりに着目し、一つの試論として熱塩加納における地域循環共生圏の可能性に言及する。これを推進する環境省によれば、地域循環共生圏とは地域資源を活用して環境・経済・社会を良くしていく事業を生み出し続けることで地域課題を解決し続けるとともに、地域の個性を活かして地域同士が支え合うネットワークを形成するような「自立・分散型社会」のことである。

写真1　熱塩加納の風景（写真提供：森田正明さん）

1　三つの空洞化に抗する「にぎやかな過疎」

熱塩加納は喜多方市北部に位置し、会津と山形県境の約一六〇〇メートルの山々を擁す典型的な中山間地域である。人口推移（国勢調査）をみても、一九五〇年に七九六五人・一二六一世帯だったのが、一九七〇年に五一五五人・一〇九六世帯へと減少し、二〇二〇年には二二六八人・七八八世帯へと半減している。熱塩加納では人口の自然減少や流出によって過疎化が進行し、さらには二〇〇六年の喜多方市への市町村合併によって行政機能が縮小し、政治的自立や住民自治の後退を招いたといわれる。

農政学・農村政策論を専門とする小田切徳美は中山間地域で深刻化する問題を「三つの空洞化」と称する。一つ目は「人の空洞化」である。高齢者の死亡により地域内人口が確実に縮小すると同時に、農業従事者も減っていく状況である。二つ目は人口の自然減少への転化とほぼ軌を一にしている「土地の空洞化」である。農業の担い手不足の結果、とくに山間部で耕作放棄地が急速に増大する。三つ目は「人の空洞化」によって起こる集落機能の停滞・後退であり、これを「むらの空洞化」と呼ぶ。三つの空洞化のプロセスの中で地域住民がそこに住み続ける意味や誇りを喪失する「誇りの空洞化」が進行していく（小田切 二〇〇九）。

熱塩加納でも「人」「土地」「むら」の三つの空洞化が進んだ。現在でも集落単位の共同作業（道路の草刈りや水路の清掃活動等）は辛うじて続けられているが、かつてのような住民同士の交流は停滞しつつある。しかしながら幸いなことに、熱塩加納全体でみると「誇りの空洞化」にまで問題が及んでないといっていい。それどころか依然として地域の風土的個性や文化的独立性に対する誇りを持ち続け、地域活動に力を注いだり人的交流を進めたりする人もいれば、各々の特技や趣味を活かした文化活動にいそしむ人もいて、バイタリティ溢れる高齢者が少なくない。

こうした地域は「にぎやかな過疎」（小田切 二〇一九：四）とも呼ばれる。人口データを見る限りは人口減少下で依然として過疎であるが、地域内では小さいながら新たな動きが起こり、なにかガヤガヤしている雰囲気をもつ地域のことである。熱塩加納ではガヤガヤとまではいかないものの、和気あいあいの雰囲気や地域を活気づけたいという心意気が残っている。

2　食・農による環境的価値と社会文化的価値の創出

熱塩加納の水資源

熱塩加納は会津盆地の北部に位置し、東に磐梯山、西に飯豊山を望める、自然に恵まれた地域である反面、かつては地理的に「どん詰まり」の土地であった。しかし、一九九二年の大峠道路の開通で山形県米沢市とつながったことにより、交通不便が解消され、米沢方面から訪れる観光客も増えた。

山形県との県境に位置する栂峰・飯森山（標高一五九五メートル）一帯から湧く栂峰渓流

写真2　梅峰渓流（2023年6月17日、筆者撮影）

写真3　日中ダム（2022年11月12日、筆者撮影）

水は、会津北部一帯を潤す水資源としての役割をもつ（写真2）。梅峰渓流水は二〇〇八年に環境省が選定した「平成の名水百選」の一つであり、喜多方市の特産品である日本酒や名物のラーメンを造り出す源泉ともなっている。また、梅峰渓流周辺はブナの原生林が広がっており、一九八五年には「ふくしま緑の百景」に選定され、夏には「つがざくら山岳会」による沢開き（沢登り）も開催されている。

　こうした梅峰渓流や堂前沢、小桧沢などが一九九一年に完成した日中ダムに注ぎ、会津北部の水源涵養とともに水道用水と農業用水に使用され、洪水調整や発電にも利用されている（写真3）。

有機農業と「さゆり米」

　豊富な水資源を活用した農業は熱塩加納にとって重要な産業であり、一九八〇年以降、熱塩加納では有機農業による地域づくりが進められてきた。その中心は稲作であった。熱塩加納で有機農業が始められたのは一九八〇年であり、標高が高い山間地の大平集落からスタートした。ここでの有機農業の特徴は、農協が呼びかけた地域

写真４　「さゆり米」の水田（2022年5月28日、筆者撮影）

の技術運動として展開した点と化学肥料や病虫害防除農薬は使用せず、除草剤の一回使用を許容する方法、いわゆる有機低農薬だった点である。一九八四年には農協内組織の有機農業研究会「緑と太陽の会」が設立され、生産者の試行錯誤によって安心・安全な米とともに環境的価値がつくられてきた（小林・境野・中島二〇一七）。

熱塩加納の有機栽培米ブランドである「さゆり米」は、熱塩加納の山に咲く「ひめさゆり」にちなんで、「偽りのない米」という思いが込められている。統一ブランドであるが、有機低農薬米と完全無農薬米の総称として使用されている（写真４）。こうした熱塩加納産の「さゆり米」は横浜の米穀店である中村商店との提携によって、販売は中村商店が責任をもち、生産は農協が責任をもつという体制が整い、安全な米を求める消費者との関係が築かれていった（小林・境野・中島二〇一七）。こうした通常の米より付加価値が高い「さゆり米」の生産普及が生産者の経済的自立を促しただけでなく、地域における農業の役割や社会的意味を築き上げてきた。

地場産学校給食と「まごころ」

有機農業運動が展開されていくなかで、熱塩小学校ＰＴＡ会長や保護者から「さゆり米」

を使った米飯給食の請願書が村や教育委員会、農協に提出され、協力が求められた。協議の末、福島県と県教育委員会、県学校給食会などから三年間の特例措置が認められ、一九八九年から「さゆり米」の米飯給食が開始された。その後、特例の期限終了に対して、村をあげて米飯給食の存続を求めた署名運動が展開されたが、一九九一年一一月には県教育委員会と県学校給食会の通知によって廃止された。しかし、村民の学校給食への願いは強く、標準米使用を前提とした補助金を返上し、その分を村と農協、保護者が三分の一ずつ負担することで「さゆり米」の米飯給食を存続させたのである（小林・境野・中島二〇一七）。こうした自主的な交渉と協働によって存続させた米飯給食は「食を通じた『自治空間創出』」（藤原　二〇一八：iii）の試みでもあった。

安全な米を子どもたちに食べさせたいという思いが安全な野菜や食材、醤油や味噌などの調味料へと広がるのは自然なことであった。熱塩加納では多めに野菜をつくって、近所にお裾分けするという慣習があり、その延長で家庭で余った野菜を保護者が学校給食に提供していたこともあった。こうした村の慣習もあり、一九九〇年に「学校給食用有機無農薬野菜供給者の会」という野菜供給者（生産者）の会が組織され、学校給食を支えることになった。一九九二年には子どもたちに供給者の思いが伝わるようにと「まごころ野菜の会」へと名称が変わった。「まごころ野菜の会」は学校給食用に生産する野菜ではなく、家族のために無農薬・減農薬・無化学肥料で育てた野菜を学校給食に「お裾分け」することを基本としている。家庭菜園の延長にあるので、野菜は無規格・無選別である（小林・境野・中島二〇一七）。

例えば、葉物野菜が虫食いでレースのような状態でも、栄養教諭は虫に食べられるくら

写真5　児童から供給者へ贈られたメッセージ（2023年10月29日、筆者撮影）

写真6　熱塩加納（会北中）の学校給食（2023年7月18日、筆者撮影）

い安全な野菜であると全て引き受け、使ってくれる。その分、供給者は発注量より多めに搬入する。ときには発注以外の野菜を届けたりすることもある。こうした持ちつ持たれつの思いやりによって具だくさんのおかずができあがり、子どもたちの笑顔が増える。「まごころ野菜の会」の供給者である玄永光子さんが「見返りを求めているのではないんですよね」と話すように、供給者は収益にこだわっていない。それでは供給者が学校給食に野菜を供給し続ける理由はどこにあるのだろうか。

　中学校のランチルームの壁には「まごころ野菜の会」の供給者の顔写真が貼られ、毎日、献立に使われた野菜は供給者の顔写真とともに並べられる。給食の時間には栄養教諭が献立内容と野菜の供給者を紹介し、児童・生徒に「食」への理解を促す。また年に一度、供給者が児童と一緒に給食を食べる「招待給食」があり、児童が供給者に質問する時間や感謝を伝える時間が設けられている（写真5）。児童・生徒は毎日の給食を通して供給者の顔を浮かべることができ、供給者にとっても地域の子どもたちの「声」が学校給食に携わるモチベーションとなっている。

こうした供給者と栄養教諭、調理士の「まごころ」によって熱塩加納型学校給食は連綿と続いてきた。喜多方市との合併時にも市内の学校が採用するセンター方式ではなく、村民の強い要望で中学校に共同調理場を設置する親子方式が採用され、「まごころ野菜の会」が供給する有機野菜をベースとした学校給食が継続された（写真6）。

「まごころ野菜の会」は「小さな経済」や「スモールビジネス」（小田切 二〇〇九）と呼ばれる所得形成にも及ばない小さな実践を続け、子どもたちの健康や成長をこれまで支えてきた。もちろん、安全な米や有機野菜を基本とした給食は支持されるものであるが、熱塩加納型学校給食の真価は供給者の善意や栄養教諭、調理士の手間で成り立っていることである。こうした学校給食に携わる人びとの信頼関係は市場では評価できない価値であり、この水準の給食を児童・生徒数が多く、大量の調理が求められる学校に適応することは実質的に難しいだろう。これこそ他では真似できない、住民が中心となって生み出し守ってきた地域価値といえる。

写真7　漆掻き（写真提供：齋藤傑さん）

また、学校給食の食器にもこだわりがある。喜多方市では、学校給食で使用されてきたポリカーボネート製の食器は環境ホルモンが溶出する可能性があるとして安全性が問題視されたことから、一九九九年から段階的に喜多方産漆を塗ってつくられた食器（汁椀、箸）を使用するようになった。それ以前の一九七四年に漆栽培が開始されてから、喜多方市では漆団地の造成が取り組まれてきた。一九九七年以降は会津喜多方漆器商工協同組合とともに漆掻き（漆の採取）を本格的に実施し、漆掻きの技術向上が進められてきた経緯がある（写真7）。漆が剥げたり欠けたりした食器は、会津喜多方漆器商工協同組合の職人の手によって、ひとつひとつ丁寧に修繕され、再び給食で使用される。こうした伝統的工芸品に日常的に触れることができるのも、喜多方市の学校給食の一つの魅力である。

3　地域運営組織による信頼関係とつながりの醸成

散歩みちの環境保全

熱塩加納には地域運営組織「夢の森花の散歩みち実行委員会」（以下、散歩みち）がある。地域運営組織とは平成の大合併を背景にコミュニティ政策の中で注目され始め、防災や高齢者支援、地域内外との交流など複数の分野を横断する組織のことをさす。全国的に地域運営組織の数は増えているが、担い手不足や当事者意識の欠如、活動への理解不足といった活動上の課題もあり、幅広い関係者の掘り起しは依然として進んでいないといわれる（平井二〇二一）。

散歩みちは熱塩加納総合支所（旧村役場）西側の耕地（四ヘクタール）を拠点に環境保全

活動や地域資源の創出に取り組み、それらの活動の中で地域内外との交流を図っている。元々、この耕地は個人の私有地であり、ホップ組合に長期間にわたり貸し出されていた。ホップ組合ではビール醸造に必要なホップが生産され、喜多方市内で稼働していたキリンビールの加工施設に納品されていた。しかし、一九九九年に生産量の減少などを理由に加工施設が閉鎖されたため、この耕地も手つかずのままとなり、荒れ果てた状態となった。

長らく草木が生い茂る遊休農地となっていたが、なかには桐や桑の木、ウバユリが自生し、希少なウワミズザクラが二〇〇～三〇〇本群生していた。こうした役場前の遊休農地を整備し、ウワミズザクラの群生を保全活用していこうという地域づくりの話が二〇一四年に持ち上がり、協力メンバーが募られた。散歩みち実行委員会が住民に配布したチラシには次のように参加が呼びかけられた。

「熱塩加納総合支所西手の山にいっぱい生えてるウワミズザクラっていう木と、野に咲く花々を活用し、住民の手づくりによる景観整備と、果実酒等の特産品化をやってみんべと思っています。みなで一緒にやってみんねがし？　やってみてもよかんべと思ったら、連絡くなんしょなし。よろしくお願いします。」

こうして同年三月に呼びかけ人の野邉善市さんを中心に実行委員会が正式に立ち上がり、会の趣旨に賛同した土地所有者の渡部正彦さんも土地を無償で提供することにした。私的所有の制約を超えて地域運営組織の「共有地」として整備・活用し、一般住民や市民に開放されるのは珍しいケースであり、新たな資源管理の在り方でもある。それから散歩

写真8　散歩みちが環境整備する「共有地」（写真提供：森田正明さん）

みちでは雑木の伐採や下草の整備、木製チップの散布、入口アーチの設置を急ピッチでおこない、ウワミズザクラが見頃となる五月一〇日にオープン式を開催した。

散歩みちの会員の手によって設置された遊歩道は、現在ではウワミズザクラだけでなく菜の花やシラネアオイ、エビネ、ヤマユリ、ウバユリ、ソバ、ざる菊、コキアなど四季折々の花々を楽しむことができ、地域住民と市内から訪れる人の憩いの場として親しまれている（写真8）。こうした時季の景観を維持するためにも、会員は枝葉の伐採や草むしり作業を定期的に実施している。喜多方市が豊かな自然をいかした「花でもてなす観光」を推進しているのも、散歩みちの活動の後押しとなっている。

散歩みちが立ち上がってから約一〇年が経つが、現在の会員は約八〇名である。会員は産品開発部会と環境整備部会、野の花管理部会に所属し、季節ごとのイベントを通して地域に活気を生み出そうと奮闘している。散歩みちのイベントには住民だけでなく、市内からも多くの人が足を運び、花見や出し物を楽しんでいる。こうしたひとつひとつの地域活動を通して、散歩みちの会員は互いに信頼関係を築き、地域とのつながりを深めてきた。

ウワミズザクラとヤマブドウの活用

ウワミズザクラは和名が上溝桜、別名がアンニンゴといい、白い綿毛のような花を咲かせる。その群生は全国的にも珍しいとされるため、散歩みちではこれを地域のシンボルや資源として地域づくりに活用してきた。

地域研究者の佐藤仁は「資源」を「働きかけの対象となる可能性の束」と定義し、「働きかけ」において必要となる「資源を見る」ことや、その「見る眼」という人間側の視座の重要性に言及している。それは「モノとしての森や鉱物そのものを見ることではなく、直接には見えていない『モノの先』にある可能性を見ることを指す」(佐藤編 二〇〇八：x)。この意味で資源とは知恵や技術を模索する人間の創造性を含意する動的な概念であるといえる。

散歩みちではウワミズザクラのつぼみを塩漬けし、「塩蔵うわみずざくら」という商品名でイベント等で販売している。作り方はシンプルである。ウワミズザクラの実が熟する前の、つぼみの状態の花穂を花軸ごと摘み取る。青く硬い花穂を流水で洗い流し、水をきった後に塩水で漬ける。数週間程度、塩漬けした後にビン容器に詰め替えれば完成である。塩漬けされたウワミズザクラは爽やかな香りがするので、おむすびに混ぜたり、冷ややっこに添えると美味しい。また、ウワミズザクラの実を果実酒にすると不老長寿に効くと伝えられていることから、二〇一五年に散歩みちでも果実酒づくりに挑戦した。五ミリほどの赤い実を摘み取り、果実酒用の焼酎に氷砂糖と合わせて漬け込み、ビン容器で保存する。一定期間、寝かせたらできあがりである。一つ困ったことが、ウワミズザクラの赤い実はクマの大好物であり、近年、散歩みちのウワミズザクラの樹にクマがよじ登り、この赤い実を採食してクマ棚をこしらえるため、樹の枝が枯れる被害が増えている。

他にも、散歩みちでは二〇一五年からヤマブドウを活用した化粧水づくりがおこなわれ

写真9　ヤマブドウの樹液採取（2023年6月18日、筆者撮影）

写真10　イベントでのアクセサリー等の販売（2023年11月25日、筆者撮影）

ている。ヤマブドウは山地で自生する落葉蔓性木である。耐寒性に強く最低気温が零下三〇度まで下がるようなところでも自生する。ヤマブドウの樹液は一年のうち数週間しか採取できないことから希少性が高く、肌の水分量をアップさせる「天然の保湿剤」と重宝されている（写真9）。これ以外にもヤマブドウの皮を使った細工づくりに挑戦している。ヤマブドウの樹皮は何層にも重なり、焦げ茶色のガサガサな外皮を剥くと、薄茶色の内皮が現れる。この皮をナイフを使って綺麗に剥き、その皮を器用に編み上げることによってアクセサリーなどができる。手先が器用な会員の能力が遺憾なく発揮されて製作されたアクセサリーやストラップはイベント等で販売され、好評を得ている（写真10）。

キクイモから生まれる交流

二〇一六年から散歩みちでは、腸内環境改善や糖尿病・高血圧予防の効果が期待できる健康食品として注目されるキクイモ（菊芋）栽培が開始され、専門家を招いてキクイモ栽培や効能に関する勉強会などが開かれてきた。二〇一九年からはキクイモをパウダーに加工することで用途を広げた。パウダーへの加工製造は「わくわくあぶくま夢ファーム」（田村市）にお願いしている。

キクイモは北アメリカが原産で、アメリカ先住民によって採集利用・栽培されていた。イモは地下茎の先が肥大したもので、きわめてじょうぶで絶えにくいものとされる。春に種イモを植付け、秋の霜で茎葉が枯れるまで形成・肥大を続けるので、収穫は冬の間におこなう。キクイモはイヌリンという食物繊維が豊富で、シャキシャキした食感に、ゴボウに似た風味があるのが特徴である（里川 一九八五）。

散歩みちではイヌリンの含有量が多いフランスキクイモ（赤キクイモ）を有機無農薬で栽培している。毎年、春先に種イモを植え、雪が降る前に収穫している（写真11）。収穫されたキクイモは産品開発部会が調理し、試食会がおこなわれたり、地場産食材として熱塩

写真11　キクイモ（2023年11月11日、筆者撮影）

写真12　キクイモ料理とウワミズザクラのおにぎり（2023年3月26日、筆者撮影）

加納の学校給食にも供給されている（写真12）。

キクイモは生でも火を通しても食べられるが、千切りサラダやキンピラにしたり、酢漬けや粕漬けにしてもシャキッとした歯ごたえがあって美味しい。ただし、キクイモは保存が効くものではないため、長期保存可能なパウダーやチップスに加工している。パウダーは紅茶やコーヒー、緑茶などの飲み物に混ぜたり、パンケーキやクッキーの生地に混ぜたりする。味噌汁やスープに入れたりすることもある。チップスは砕いて料理やふりかけに使ってもいいし、炒ることでキクイモ茶にすることもオススメである。

散歩みちとのコラボレーションで、二〇二二年一一月に喜多方高校生活部がキクイモを使ったスイーツ「菊芋ブラウニー」を商品化し、散歩みちのイベントや道の駅で販売した。翌年にはキクイモを具材にしたギョーザを開発し、喜多方市内で限定販売した。一歩一歩ではあるが、散歩みちの活動の幅が広がっている証拠である。

キクイモのパウダーとチップスは散歩みちのイベントや善ちゃんそば道場で一パック（五〇グラム入り）六〇〇円で販売され、毎年、四〇～五〇万円の売上げがある。この売上げを資金に、次年度の環境整備やイベントに必要な資材・物品を購入し、会の活動を継続させている。

散歩みちではキクイモという地域資源を栽培し、加工・販売することによって、地域住民の健康づくりを応援しつつ、地域内外との人的交流を進めてきた。つまり、地域資源をつくる力とまかなう力、助け合う力を発揮しながら、地域づくりの輪を少しずつ広げてきたのである。

現在、散歩みちのメンバーは七〇代が中心であり、会の存続や地域づくりの持続性を考えると、ともに地域価値を高め、架け橋となるような外部人材や地域に積極的に携わる関係人口が必要となってくるだろう。そのためにも多様な経験と技能をもつ「地域外よそ者」を巻き込み、協働を促すような「地域内よそ者」（樋田・樋田 二〇一八：一四三）の存在が鍵になるだろう。

4　地域づくりによる自治と社会関係資本

本章で取り上げた有機農業による地域づくりは、貨幣的価値に限定されない地域の環境的価値と社会文化的価値を生み出し、学校給食では食育や食文化などの教育的効果や安全な農作物による健康効果を生んでいるだけでなく、学校給食という「場」において自治が遺憾なく発揮されてきたことは注目に値する。

地域運営組織の環境保全と地域資源の創出による地域づくりでは、社会関係資本といった代えがたい地域価値がつくられてきた。これらの活動を牽引してきたキーパーソンへの個人的な信頼があるのは当然として、地域のために地道に実践してきた会（組織）への信頼も蓄積されてきた。さらに、散歩みちの会員間で聞かれる「やってみんべ」「やってみてもよかんべ」という掛け声に表れているように、地域の中の規範と互酬性、信頼関係が地域づくりを下支えしてきたといっていい。こうした市場に内部化しないことに価値がある「心の外部性」（稲葉 二〇一一：二九）が熱塩加納の和気あいあいの雰囲気を生み出し、誇りの空洞化を阻んできた。これも貨幣的価値に換算できない地域の資産（底力）であり、地域の豊かさの条件である。このように豊かな地域資源を共創し、個人と組織との間に社会関係資本が蓄積された熱塩加納は地域循環共生圏としての可能性を十分に秘めているといえる。

おわりに

環境省が推進する地域循環共生圏を形成するには種々の地域資源の創出が必要となるが、それ以上に身近な資源に価値を見出し、価値を引き出す人びとの存在と、そうした人びとで構成される地域組織に対するつながりや信頼がなくてはならない。過疎化が深刻な熱塩加納においては地域内の信頼関係に加え、地域を超えて築かれるネットワークが今後ますます重要となってくるだろう。そうした地域内外の多様な人びとの「働きかけ」や組織との協働を通して資源が地域資源へと昇華するのであり、そうしたプロセスにおいて共生社会の基盤や循環が生み出され、豊かさがもたらされるのである。つまり、地域循環共生圏の議論は資源ありきではなく、共生の基盤となる社会関係資本にも目を向ける必要があるということだ。

〔付記〕
本章は科研費（21H00780）の成果である。

〔参考文献〕
稲葉陽二『ソーシャル・キャピタル入門』中央公論、二〇一一年
小田切徳美『農山村再生──「限界集落」問題を超えて』岩波書店、二〇〇九年
小田切徳美「農山村の動態──今、なぜ『プロセス重視』か」小田切徳美・平井太郎・図司直也・筒井一伸『プロセス重視の地方創生──農山村からの展望』筑摩書房、二〇一九年
小林芳正・境野健兒・中島紀一『有機農業と地域づくり　会津・熱塩加納の挑戦』筑波書房、二〇一七年
佐藤仁編『資源を見る眼──現場からの分配論』東信堂、二〇〇八年
樋田大二郎・樋田有一郎『人口減少社会と高校魅力化プロジェクト──地域人材育成の教育社会学』明石書店、二〇一八年
平井太郎「新しいコミュニティをつくる」小田切徳美編『新しい地域をつくる──持続的農村発展論』岩波書店、二〇二二年
藤原辰史『給食の歴史』岩波書店、二〇一八年
星川清親『いも──見直そう土からの恵み』女子栄養大学出版部、一九八五年

column

福島における郊外住宅地再生の「まちづくり」

― 今西一男

郊外住宅地再生の困難

中心市街地と郊外住宅地の縮減傾向を単純には比較できないが、再生をめぐる深刻さを増しているのはむしろ後者であると思う。中心市街地には中心市街地活性化基本計画なり立地適正化計画なり、予算措置を伴う政策的手立てが複数ある。コンパクトシティの要請の下、公共及び民間の投資もまだ、呼び込みやすい。

ところが郊外住宅地に効果的な手立てが講じられているとは言い難い。国土交通省は公民連携による「住宅団地再生」連絡会議の設立（二〇一七年一月）、「住宅団地再生の手引き」の公表（二〇二二年三月）といった動きを見せているが、予算措置を伴う施策は限られている。その背景には、郊外住宅地にはそもそも計画的に各種施設やインフラが備えられている、分譲住宅地を中心に個人資産に関わる問題には介入しづらいといった行政の認識がある。そして、人口減少に伴う土地需要の低下から、民間も郊外を投資の対象としない。

問題発見から事業へ

したがって全国的に見ても、郊外住宅地再生は自ずと住民による「まちづくり」の課題となっている。本編で紹介した三市の郊外住宅地にもそれぞれ「まちづくり」の動きがあるが、ここでは筆者が関わってきた、福島市蓬莱団地の場合を紹介しよう。

蓬莱団地での「まちづくり」活動の始まりは二〇〇三年春にさかのぼる。当時はまだ活気があったものの、団地内の市立幼稚園が閉園になり、独居の高齢者の安否が問題になるなど、確実に少子化・高齢化の兆しがあった。

そうした変化に気付いた数名の住民が、自らできる対策はないか、何から始めればよいのかと筆者の研究室に相談に見えられた。

そこでまずは団地の問題を把握し、話し合う場として任意団体「福島南地区を考える会」を同年八月に設立した。筆者も幹事となり、研究室としても関わり、考える会の活動を手伝った。その後、二〇〇五年度にかけて、考える会ではまち歩き、全戸配布の住民意識調査などを連続して行い、問題発見に努めた。また、閉園となった市立幼稚園での餅つきや、遊休化した福島県住宅供給公社所有の大広間での茶話会を行うなどして住民の意見を収集、これら施設の転用に関する提言をまとめる活動も行った。

こうした活動が広がると、住民自ら郊外住宅地再生のための事業を行いたいという気運が高まった。そこで二〇〇六〜二〇〇八年度には福島県の市民活動助成を得て、郊外住宅地再生のためのＮＰＯ法人設立に向けた調査と検討を行った。そして二〇〇八年度、考える会の中心を担う住民も理事となってＮＰＯ法人を設立した。考える会はあくまでも自由な話し合う場、ＮＰＯ法人はそこでの意見も聞いて率先して事業を行う主体という発想で、別組織とした。その後、ＮＰＯ法人は二〇一一年の東日本大震災・福島第一原子力発電所事故に伴う被災者支援、高齢者を対象とした健康づくり活動などにとりくみ、団地内外で知られるところとなった。

楽しむ「まちづくり」活動への展開

こうした動きに、考える会に伴走してきた筆者も一つの完成形ができたと見ていた。ところが二〇一六年度、事態が暗転する。ＮＰＯ法人の事務担当者が不正経理を行い、解散を余儀なくされたのである。

この経緯から考える会の活動も休止となり、筆者の蓬莱団地での活動も振り出しに戻った。しかし、これで蓬莱団地の「まちづくり」から引いていくことは、むしろ無責任であると思えた。その間にもこの団地の高齢化を始めとする問題はより深刻化し、改めて住民による「まちづくり」の担い手を増やすことからやり直そうと考え

写真　蓬莱中央公園で花壇整備にとりくむ（2023年5月、筆者撮影）

た。

そこで二〇一九年度から四年間にわたり、福島市蓬莱学習センター（公民館）と福島大学との共催で「蓬莱まちづくりゼミ」という生涯学習講座を開講した。各年度、六〇～八〇歳代を中心とした一〇名程度の受講者で、月一回のペースで半年ほどを目安に開催した。まち歩きを始めとした問題発見とまとめのワークショップ、ゲストを招いての経験交流など、楽しみながら学習した。例えば、住民の高齢化で愛護活動が途絶えていた蓬莱中央公園（約六ha）の今後のあり方など、なかなか優れた提案も行った。

そして二〇二二年度のゼミを終えた後、受講者のなかから「まちづくり」サークル設立の機運が盛り上がった。ゼミで考えた提案を一つずつ実現したり、「まちづくり」を介した住民のつながりをつくったりすることが、その目標である。サークルは二〇二三年度から蓬莱学習センターの登録団体となり、まず福島市の協力も得てゼミでも考えた蓬莱中央公園の一部の管理を始めている。本コラム執筆時点では一〇名ほどの小所帯ではあるが、花壇の手入れを行いながらアイデアを出し合い、公園を住民の居場所にできないか、などと楽しみながら考えている（写真）。他にも蓬莱地区の夏祭りの際にはスイカ割り大会を運営するなど、団地に賑わいを取り戻す活動も始めている。

蓬莱団地の経緯、著者の経験から一般解への示唆を得るには、まだ一層の活動蓄積や研究が必要である。[1] だが、福島の郊外住宅地にも自らのこととしてその再生にとりくむ住民の意欲があることは、広く伝えたいと思う。他との経験交流も行いながら、さらに「まちづくり」の輪を広げていきたい。

〔注〕

（1）考える会を中心とした蓬萊団地の経緯、そこから得られる「まちづくり」への示唆は、今西一男『住民による「まちづくり」の作法』公人の友社、二〇〇八年、を是非一読されたい。

column

川俣を味わう

髙橋　準

絹織物の町・川俣

福島県伊達郡川俣町は、福島市の東に位置する、中山間地域の自治体である。人口は約一万一〇〇〇人（二〇二三年現在）。町内のうち、南東方面の一段標高が高い山木屋地区は、東京電力福島第一原子力発電所の事故後、さらに東に位置する飯舘村などとともに、計画的避難区域に指定されていた。

川俣は古くから絹織物で知られていた。この地に養蚕を伝えたのは小手子（こてこ、崇峻天皇の妃）であるという伝説もある。川俣で織られた絹の多くは、「軽目羽二重」と呼ばれる薄手の布地で、向こう側が透けて見えることから、一九八〇年代にはイスラム圏富裕層の女性用ヴェール素材として輸出され、円相場の変動もあって、この時に輸出額は過去最高を記録している。ただし、九〇年代前半以降は生産量も縮小して廃業も相次ぎ、絹の生産を続けている会社はかなり減少した。それでも特殊な糸で薄手の布「フェアリー・フェザー」を織る齋栄織物などが、今もなお操業を続けている。

特産品「川俣シャモ」

川俣町ではもちろん農業も盛んである。稲作のほか、トマトをはじめとする野菜、花きなど、多様な品目が生産されている。「道の駅かわまた」に併設されている農産物直売所「ここら」には、近隣の農家からの直売品が並んでいる。スーパーマーケットなどでは見られない品種の野菜もあり、「川俣を味わう」ために繰り返し訪れる価値がある場所だ。

写真　シャモ飼育場（写真提供：株式会社川俣町農業振興公社）

そして特産品として見逃すことができないのが、地鶏「川俣シャモ」である。江戸期に、先に述べた絹織物の生産者、機屋の旦那衆は闘鶏を娯楽としていた。そのため、町内でもその頃からシャモ（軍鶏）が飼われていたという。シャモが川俣町で生産する地鶏として選ばれたのには、このような歴史的背景がある。（なおシャモは現在、国の天然記念物に指定されているが、食用として飼育されているものを食べることは違法にならない。）

ただし純系のシャモは肉質が固く、万人向けではない。現在「川俣シャモ」として飼育されている鶏は、シャモにレッドコーニシュ、ロードアイランドレッドをかけ合わせた品種である。

「川俣シャモ」はヒナのうちは鶏舎内で飼育されている。その後は密集を避け、平地で自由に運動させ、平均一一〇日ほどを経て出荷される。

鶏舎内では数百羽が群れており、秋から冬にかけては暖房が入る小屋の中をヒナたちが元気よく動きまわっている。筆者が小高い地にある飼育農家を訪れた際、契約農家の人は「人間よりも大事にされているかもしれませんね」と笑って話してくれた。

見ていると、一羽が床を蹴って走りだすと、他のヒナがそれに続いて走り出し、やがてほぼ全部のヒナが群れとなって、小屋の中を時計回りや反時計回りに疾走していく。床を蹴るときにツメが当たる、「シャー」という、小豆をざるでゆらした時のような音が小屋に満ちる。やがて群れの動きは止まり、静かになるが、しばらく後にまた一羽が動き出し、群れは再びしゃーしゃーぐるぐると小屋内を走り回るのである。

原発事故後、与える飼料、水、そして成長したシャモが動きまわる地面の線量には十分な注意が払われた。厳格な管理を徹底した結果、出荷用のシャモ肉からは放射性物質は検出されず（検出限界以下）、生産者や町の農業振興公社は安堵したという。

「川俣シャモ」の店

この「川俣シャモ」、歯ごたえがあり、うまみを十分に感じられる上質の鶏肉である。レトルトのカレーや炊き込みご飯の素などとしても売られていて、土産物屋などで買うことができる。手軽な「川俣を味わう」やりかたである。

川俣を訪れた際には、町の各所でシャモ料理を口にできる。先に紹介した「道の駅かわまた」のレストラン「Shamoll（シャモール）」には各種シャモ料理が並ぶ。そのほか町内のいくつかの店でも、シャモでだしをとったラーメン、シャモ肉を使った親子丼などがメニューに並んでいる（卵はシャモのものではないそうだ）。

だが肉の味をいちばんはっきり感じられるのは、むね肉、もも肉などを使った焼き鳥ではないだろうか。これは福島市の「陽風水（ひふみ）」で食することができる。焼き鳥にワインをあわせているのも店の特徴だ。店長の佐藤さんは川俣の出身で、故郷の農産物を使う料理を出すことで地元に貢献したかったと話す。原発事故後は、意気消沈している町の農業振興公社の人をはげましながら、店の再開に尽力した。震災、原発事故、コロナ禍を乗り越えて二〇二三年現在も営業している、「シャモとワイン」で「川俣を味わう」ことができる店である。産地、生産者との地理的・社会的・心理的距離が近い、福島ならではの味を経験していただきたい。

column

水道低普及地域の豊かさ

塩谷弘康

　水道は都市の成長とともに人々の生活を支えるのに不可欠な社会的インフラの一つである。わが国では、公衆衛生の確保を目的として、一八八七（明治三〇）年の横浜市を皮切りに近代水道の整備が始まったが、水道普及率（給水人口／人口）は、終戦直後の一九五〇年には二六・二パーセントに過ぎなかった。その後、急速に水道の普及が進み、一九六〇年には五割を超え、一九七〇年代に八割、一九八〇年代に九割に達した。二〇二一年度の水道普及率は九八・二パーセントと、「国民皆水道」の状況にあり、しかも、わが国は水道水を安心して飲める数少ない国の一つである。

　しかしながら、現在の日本の水道は様々な課題を抱えている。水道事業は地方公営企業として水道料金を財源に独立採算で運営されているが、人口減少とともに「有収水量（料金収入のある水量）」は減り続けており、二〇五〇年にはピーク時だった一九九八年の三分の二程度までに減少すると予測されている。その一方で、高度経済成長期に整備された設備の老朽化が進み（耐用年数を超えた水道管が全体の約二割）、年間二万件を超える漏水・破損事故が発生している。約二分の一の水道事業者において、給水原価が供給単価を上回る原価割れを来しており、持続的なサービスを提供できないおそれが生じている。

　一方、全国には、井戸水、湧水、沢水を生活用水として使っている人々が四三〇万人余りいるが、決して時代遅れの生活を強いられているわけではない。都道府県の中で水道普及率が八九・二パーセントと最も低い熊本県（これに対して、一〇〇パーセントは東京都、大阪府及び沖縄県）は、阿蘇山を源とする豊富な地下水・湧水に恵まれており、地下水を水道水源にしたり、直接生活用水として利用したりしているのである。

福島県について見ると、県全体（給水区域が避難指示区域等であるため給水人口が計上できなかった町村を含む）の水道普及率は九三・七パーセントであるが、阿武隈山地に位置する田村市、葛尾村、小野町、平田村及び鮫川村の水道普及率は四〇～五〇パーセント台に止まり、川内村に至っては一三・〇パーセントと低い。花崗岩でできている阿武隈山地は、規則性をもった割れ目が発達しており、地下水を浸透・帯水しやすい地質で構成されている（中馬教允『ふくしまの地下水』、歴史春秋出版、二〇〇一年）。また、起伏に富んだ地形で水道敷設に費用がかかることも水道普及率が低い一因となっている。

川内村は阿武隈山地の最高峰「大滝根山」の東斜面に位置し、標高五〇〇～六〇〇メートルの高原が大部分を占めており、サケの遡上で知られる木戸川の源流に当たる。川内村には、上水道も簡易水道もなく、各家庭は生活用水の全量を地下水（井戸水・湧水）から得ている。井戸といっても昔ながらの「つるべ井戸」や「手押しポンプ」とは違い、電動ポンプで汲み上げ蛇口から流れ出る様子は普通の水道と何ら変わりない。しかし、ダムや河川から運ばれて浄水処理された「遠い水」ではなく、地域や家庭によって水質や水温、味も微妙に異なる足元にある「近い水」である。

写真　川内村の水の豊かさの象徴である平伏沼（へぶせぬま）。モリアオガエルの繁殖地として国の天然記念物の指定を受けている。〔出典：川内村HP「モリアオガエルの生息地『平伏沼』」（http://www.kawauchimura.jp/page/page000097.html）〕

筆者がかつて参加した地下水調査では、村内の地下水の水量・水質はおおむね良好であり、村民の満足度も高いことが明らかになった（石川益夫・小迫ゆかり・鈴木和則「水道未普及中山間地における飲料水のあり方について　川内村水調査から」福島大学地域創造一六巻一号、二〇〇四年）。もちろん、地下水は、天候の影響を受けやすく、人間の諸活動によって枯渇したり汚染（揮発性有機化合物、重金属、硝酸性窒素など）

されたりする可能性もあり、絶対に安全・安心というわけではない。

川内村は、豊かな地下水資源を貴重な財産として未来に受け継ごうと、二〇〇九年、他の自治体と「安全・安心でおいしい地下水連絡協議会」（現在、北海道東川町、富山県朝日町、千葉県芝山町、福島県天栄村、平田村、古殿町、小野町、鮫川村、川内村の九町村が加盟）を設立し、地下水サミットを開いて、地下水保全の取り組みや対策についての情報共有や情報発信を行ってきた。

その直後、原発事故による全村避難を余儀なくされたが、空間放射線量が比較的低く、また、幸いにして地下水への影響も見られなかったことから、避難指示が出された町村の中では住民の帰還が進んでいる。原発事故後、川内村は、野菜の水耕栽培、木戸川上流部の水を活かした「いわなの郷」の復活、一五〇メートルの深井戸から汲み上げた地下水「かわうち恵の水」のブランド化、かわうちワインの醸造など、「土と水」を基盤とした地域づくりを進めてきた。

川内村の経験と挑戦は、わたしたちが土と水を離れては生活できないことを教え、本当の豊かさとは何かについて考えさせてくれるのではないだろうか。

column

農山村集落と大学生との協働による地域づくり（西会津町奥川地区）

岩崎由美子

福島県西会津町は、県西北部の新潟県境に位置し、飯豊連峰等一〇〇〇メートル級の山岳に囲まれ、山林が八六パーセントを占める山間地域である。町の人口は五三二五人（二〇二三年八月一日現在）、高齢化率は四九・八パーセントと、県内でも五本の指に入る高齢化自治体である。とくに町中心部から離れている奥川地区（人口約五二〇人）は、高齢化率が六〇パーセントを超え、集落の共同作業や伝統文化の継承等が困難になりつつある。

奥川地区では、とくに高齢化率が高い集落に対しきめ細かな支援活動を行うため、集落支援員の岩橋義平さんが地域おこし協力隊員と連携し、定期的な巡回や相談・支援活動を行っている。集落支援を担当する地域おこし協力隊には、筆者のゼミの卒業生も参加し、地域活動に取り組んできた。

写真１　人足体験ツアー

彼らがとくに力を入れてきたのが、集落が単独で行える小さなイベントの立ち上げ・運営の支援である。集落でかつて行っていた行事や地域資源の聞き取りをし、カタクリ観賞会や途絶えてしまった祭礼の復活、直売活動等の立ち上げに尽力してきた。集落の力で運営できるイベントを行うことで、住民にとってはそれが毎年の目標となって張り合いが生まれ、また、集落外の人との交流により「自分の集落にこれだけの人が訪れるのか」という自信の創出にもつながっているという。道普請や水路整備といった集落の共同作業を都市住民が体験する「人足体験ツアー」（写真１）も協力

写真２　集落魅力マップ

写真３　屋号看板

隊員の発案で始まり、慰労会の食事を都市住民と一緒に作るなど交流を楽しむ場が多様に生まれている。

一方で、岩橋さんは、近年は高齢化の進行でこうした活動が難しくなってきている集落も現れていることから、今後は「『集落の看取り』の視点からの活動の必要性を感じている」という。コミュニティケアの専門医、保健師や社会福祉協議会のソーシャルワーカーを集落に招き、最後まで元気に楽しく集落で過ごしていくための学習会も始まった。「『集落の活性化』も『集落の看取り』も、どちらにも共通するのはそこに住む住民にいきいきと生活してもらいたいということ」と岩橋さんは話す。

今、奥川地区では、定住人口が減少しても地域外の人々とのつながりを豊かに保つことで地域の継承を図ろうと、「未来型結《ゆい》」と名付けて関係人口とのつながりの拡大を図っている。その一員として重要な役割を果たしているのが、様々な地域から訪れる大学生たちである。大学生の受入のため、地区内に空き家を活用したボランティア拠点「結」が整備され、共同作業が困難になっている地域に、大学生等がボランティアとして参加できるような集落支援の仕組みが作られている。美大生や医大生など様々な専門分野の学生が奥川地区に集い、大学生同士の交流も始まっている。

筆者のゼミでも、人足体験や祭礼に参加し、住民への聞き取り調査なども行いながら、集落魅力マップ（写真２）の作成や住民の自分史の聞き書き等に取り組んできた。住民を屋号で呼び合う慣習に興味をもった学生が、屋号看板を各世帯に取り付けたらどうかというアイデアを出したところ、実際に屋号看板が設置され、景観づくりにもつながった（写真3）。大学を卒業した後も、奥川地区を継続的に訪問して歳の神の行事や雪灯籠づくりなどで懐かしい人々と交流を楽しむ若者たちもいる。

こうした動きに岩橋さんは、「若い人がたくさん来てくれるのは有難い。単に人手不足の解消ではなく、様々な人との交流は集落の人たちにとって生きがいや楽しみになっている」という。学生たちにとっても、「自分は必要とされている存在」であることを実感できる居場所づくりにつながっているようだ。

集落を基礎とした農山村地域社会の再生はきわめて重要な課題である。奥川地区でも、集落の代表や住民有志らが参加する「奥川地域づくり協議会」が発足し、今後の地区の将来像をまとめた「奥川ビジョン」の策定に取り組んでいる。関係人口を含めた新たな地域自治をデザインする上で、大学生一人一人の思いやアクションは大きな意味をもつ。こうした域学連携のあり方の研究と実践は、今後ますます重要になるだろう。

●写真1～3は筆者撮影

第4部

震災・原子力災害の地域に寄り添う

「よせあつめ」としての地域――震災後の「ふくしま」を歩きはじめる前に――

髙橋　準

はじめに――「よせあつめ」としての地域

筆者が勤務する福島大学は、福島県中通りの北部に位置する、福島市金谷川にある。最寄り駅も同名のＪＲ金谷川駅だ。

この「金谷川」という地名は、駅がつくられた所在地である旧金谷川村の名前に由来する。だがそもそも「金谷川」は、金沢、関谷、松川という、それ以前の村の名前から一字ずつとった、いわば「よせあつめ」られた地名なのだ。

その後金谷川村は一九五五年に合併で松川町の一部になり、一九六六年にはこの松川町も福島市に編入されて現在に至る。

地域の歴史をたどると、こうした事例がいろいろと出てくる。わたしたちが日々生活している地域は、決して一枚岩的なものではなく、そもそもが「よせあつめ」（assemblage、英：アセンブレージ、仏：アサンブラージュ）なのである。

身の回りにはこうした「よせあつめ」が多数ある。ひとつのまとまりがあるように見えて、実はそうではなかったりする。わかりやすいのは、スポーツのチームだろうか。男子サッカーのJリーグ各チームの所属選手は、移籍やレンタルでの移動が多い。そのため、Jリーグのサイトにも「移籍情報」のまとめページがあるぐらいだ。だが、ひとつのチームのサポーターは、選手が入れ替わっても、同じチームのサポーターであり続ける。あるいは、ナショナルチームである男子ラグビー日本代表の選手たちも、もともとの国籍はさまざまだが、いくつかある基準のうちの一つ（「合計で一〇年間その国に居住している」等）を満たしていれば、「日本の代表」として認められる。もちろん、出身国がバラバラで「よせあつめ」だったとしても、チームの結束は固い。

地域について考えるときや地域を歩くときにも、自分が見たり経験したりしているものが、昔からその形であったわけではなく、歴史の中でできた「よせあつめ」であるかもしれないことを理解しておく必要がある。震災後の「ふくしま」についても同じだ。そのことについて、以下では自治体と「ひと」に焦点を当てて見ていきたい。

1　東日本大震災と地域——南相馬市を例に

原発事故後の避難と地域区分

よく知られているとおり、二〇一一年三月一一日の東日本大震災の影響で、東京電力福島第一原子力発電所（以下「福島第一原発」）は大きな被害を受けて爆発事故を起こし、周

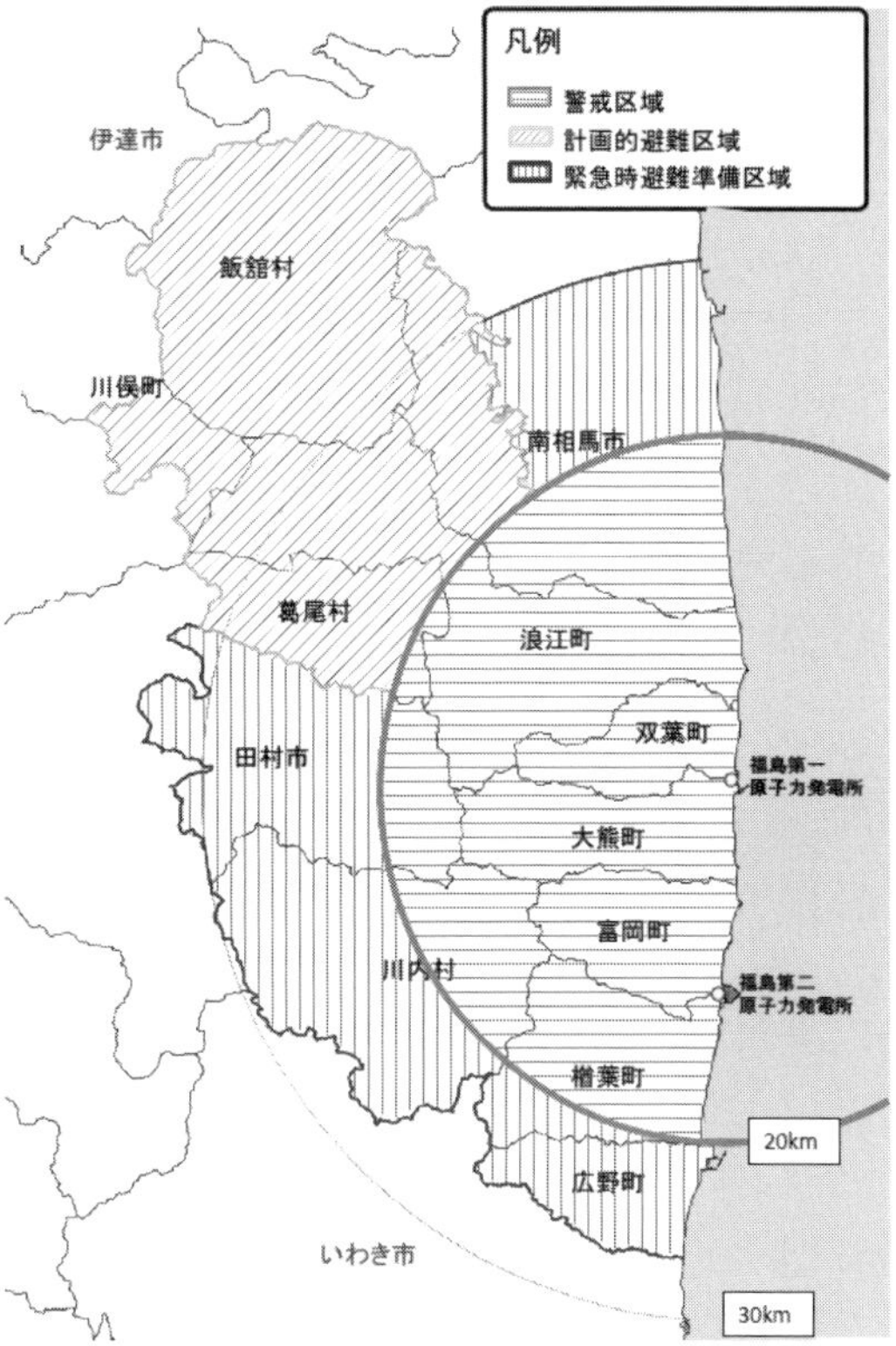

図　避難指示区域の設定について（出典　環境省Webサイトhttps://www.env.go.jp/chemi/rhm/h29kisoshiryo/h29kiso-09-04-01.html）から作成

辺住民は広域での避難を余儀なくされた。その数は最大で約一六万人（二〇一一年五月、福島県発表）。二〇二三年九月でも約三万人である（復興庁調べ）。空間放射線量は、事故直後と比較すると大きく下がってきてはいるが、二〇二三年でも年間一〇ミリシーベルトを超える地点が散在している。

福島県全体が避難指示を受けたわけではないことには、留意が必要だ。事故直後から何度も区分は改変されているが、たとえば二〇一一年四月二二日時点では、県内は四つに区分されている（図）。避難指示が出た、福島第一原発からの距離が二〇キロメートルまでの警戒区域。その外側、三〇キロメートルまでの緊急時避難準備区域。一部二〇キロメートル圏内を含む、放射性物質での汚染度が高い計画的避難区域。そしてそれ以外（地図の白い部分）である。なおこのほかに、この図にはないが、特定避難勧奨地点が各地に点在していた。

特にこのうち、警戒区域と緊急時避難準備区域は、福島第一原発を中心とした同心円で区切られたものであることに注意したい。これはかなり機械的で恣意的な区分であり、二〇キロメートル圏内とその一〇メートル外側でどのぐらい危険度が違うのかというような問題を抱えている。家の敷地が境界線にかかってしまった例もあるという。

「ふくしま」の縮図としての南相馬市

さてここで、図の中にある浜通り北部の自治体、南相馬市に注目してみよう。南相馬市は、北は相馬市、南は浪江町にはさまれて、東は太平洋、西は飯舘村という位置にある。面積は三九八・五平方キロメートルで、県内では八位の広さの自治体である。

もともと南相馬市は、南から小高町、原町市、鹿島町とあった三つの自治体が、二〇〇六年一月に合併してできたものである。いわゆる「平成の大合併」の中でできた自治体である。これら旧自治体はそのまま、「区」と呼ばれる地域自治区になっている。

図を見ると、南相馬市は先ほどの四つの区分のすべてが含まれている自治体だということがわかる。旧小高町は、内陸部を除いたほぼ全域が原発から二〇キロメートルの警戒区域（避難指示区域）に該当する。その北の旧原町市は、同じく内陸部を除いたほぼ全域が三〇キロメートル圏、緊急時避難準備区域に指定されている。さらに北の旧鹿島町は白、つまり三〇キロメートル圏外である。内陸部の山手の地域は計画的避難区域に指定されている。このほかに特定避難勧奨地点もある。つまり南相馬市は、福島県の縮図となっているのだ。

原発事故の被害を受けた福島県も、原発周辺地域、三〇キロメートル圏内、その他の地域、あるいは浜通りと中通り、会津とでは、放射線被害の度合いでも住民の意識でも、大きな相違がある。それを外からは「よせあつめ」て、ひとくくりに「ふくしま」として認識することがある。だが、もっと近寄って見てみると、ここで書いたような区分がなされているし、そこで生活していた人々の行動や意識にも大きな違いがあることが見えてくる。

複合災害の被災地としての南相馬市

さて、右では原発事故をとり上げたが、東日本大震災は地震・津波に原発事故の被害を加えた大災害である。南相馬市でも地震の被害、津波の被害もあわせて出ている。

筆者は中通りに居住しているが、三〇キロメートル圏内の屋内退避指示が解除された直後、二〇一一年四月二二日に、同じく中通りに自宅がある友人と、原町区と鹿島区を訪れたことがある。市の東側を南北に走っている国道六号線を越えたあたりになっても津波の跡が視界に入らず、営業を再開したらしいコンビニエンスストアを右手に見ながら、「被害にあったのはどこだろう」と思っていたら、その先の道路を渡った直後に、衝撃的な光景が目に飛び込んできた。

道路わきに建っている家の向こう側にあったらしき建物が、すっかりとなくなっていたことに気づいたのだ。震災以前にも数回原町を訪れた経験が筆者にはあり、人の姿こそ少ないが、以前と変わらないように思えた街が、いきなりそこで消失していた。運転していた友人も、車を停めるとハンドルの上に突っ伏して、起き上がれなくなってしまった。「これは……きついよ。」しばらくして、うめくような彼女の声が聞こえるまで、わたしも言葉を失って、海岸の堤防まで視線が通るその光景を呆然と見ていた。

　そのあと六号線を北上しながら、ほぼこの国道が津波の到達した境界線となっていることを確認した。昔の大津波が到達しなかったあたりに、六号線の元になった街道は引かれていたとも言われている。道路の盛り土が防潮堤の役割を果たした側面もあるだろう。まだその頃は、六号線の海側（東側）に大きな漁船が乗り上げたままになっていたが、道路の反対側では老夫婦が畑のネギに土を盛っているのが目に入った。妙にシュールな図であったが、「ひとの営み」とは、非常時の後でもこのように淡々とした日常を重ねていくものであるのかも知れない。

写真　南相馬市原町区上渋佐のあたり（2011年4月24日、筆者撮影）

　翌年の二〇一二年に、原町区の仮設住宅団地で避難者からの聴き取り調査をした際にも、原発災害で避難指示が出た浪江町や小高区からの避難者にまじって、原町区に居住していたという方もいた。津波で自宅を失ったという方であった。

　さらに、津波の被害に隠れてしまっているが、東日本大震災での南相馬市の揺れは震度六弱とされる。当然地震による建物の倒壊などもあった。

こうしてみると、地震、津波、原発事故のすべてを南相馬市は濃密に経験しているということになる。東北被災地の縮図ともみなすことができるかも知れない。

「よせあつめ」による不具合

「よせあつめ」は必ずしも悪いものではない。先ほど述べたとおり、世の中のさまざまな地域は多かれ少なかれ「よせあつめ」である。問題は、異質なものがまとめられることで、しばしば不具合を起こすことだ。

震災のさまざまな被害が「よせあつめ」られた場所が南相馬市であるとすると、「復興」を構想する際にも、本来は多様な被害があったことを前提とする必要があっただろう。だが、政府の復興政策の基本単位は自治体（市町村）になっており、二〇一三年までは、避難指示区域だった小高区だけでなく、市全域で稲の作付けが制限されていた。二〇一六年の市の農政担当者へのヒアリングの際にも、早期に避難者が戻ってきていた鹿島区と、避難指示区域で数年間居住が不可能だった小高区で、一律の対応になることの困難さが語られたりもした。

また、「平成の大合併」に関してしばしば指摘されるのは、人口が少なかった旧自治体の声が届きにくくなることだ。特に議会がそうである。南相馬市も例外ではない。旧原町市の議員定数は二一、旧小高町は一八、旧鹿島町は一八だったが、合併後最初の選挙では自治区ごとに定数が割り振られ、原町区一四、小高区六、鹿島区六とされた。人口に比例して、小高区、鹿島区の議員数が相対的に減ったわけだ。震災の直前の二〇一〇年には第二回の選挙（議員定数二四）が行われているが、小高区からの当選者は五人とさらに少なくなっていた。

2 多様なひとの「よせあつめ」としての地域

さて、次に「ひと」に焦点をあてながら、「よせあつめ」としての地域について考えていこう。最初にとり上げるのは、原発事故後の福島県浜通りを舞台とする映画、『家路』(二〇一四年)である。

映画『家路』より

生まれた土地を出て東京で最底辺の生活をしていた、松山ケンイチ演じる沢田次郎は、震災後、「故郷が呼んでいる」といって、立ち入り禁止区域になっている福島県の「ふるさと」に戻ってくる。沢田の家があり農地があるのは、作中の言葉や光景などからすると、おそらく福島県富岡町ではないかと思われる。次郎は母が違う兄・総一(内野聖陽)と最初は対立したが、やがて和解し、住み慣れた家を離れた避難生活の中で認知症が始まった母・登美子(田中裕子)を引き取って、いまだ線量が高い土地で、ふたりで農業をして生活を再開しようとする。

この作品は、「震災後の福島を舞台としながらも、普遍的な家族のありかたを描く物語でもある」(https://www.bitters.co.jp/ieji/intro/)と、映画の公式サイトでは語られている。ドキュメンタリー出身の監督・久保田直によるこの映画には、確かなリアリティを感じることができる。観るものの心を動かす力を持った作品であることは確かだ。

だが、綿密な取材にもとづいたこの作品は、はからずも――あるいは意図してなのかも知れないが――地域社会のあまり注目されない側面を正面から取り上げてもいる。それは地域が「交通traffic」の中にあるという側面だ。地域社会とは、そこで生まれ育ち、成長し、自らの家族を形成してきた人たちだけで作り上げられているものではないということである。

次郎の母・登美子は、富岡町の南にあるいわき市小名浜の繁華街出身だと語られている。彼女は沢田千蔵の愛人であったが、最初の妻の死後、沢田の家に迎え入れられた。もともとは「よそもの」であったわけだ。

登美子の子ども・次郎は、町議に立候補した千蔵が選挙戦を戦う中、対立する候補の家の田の水を抜いた兄の身代わりになって、生まれた土地を離れる。まだ高校生であった。学歴としては中卒の彼は、東京で働こうとしても最底辺の職にしかつくことができなかった。映画の中で、高校時代の同級生・北村（山中崇）に、自殺を考えたことがあると次郎がほのめかすシーンがある。東京で苦労して生きてきた彼は、自分を逐ったふるさとが避難で無人になっていることを知り、「誰もいなくなったから戻ってきたんだ」と北村に語る。なお北村は東京のＩＴ企業に勤務していたが、困難を経験した故郷を放置することに耐えられず、第一原発の作業員として働くために「ふるさと」に戻ってきていた。

もともとは「よそもの」だった登美子、長く「よそもの」になっていた次郎。しかし、このふたりにとって、「ふるさと」は沢田の家がある場所だったということだ。

避難と避難者の多様性

「交通」の意味を、筆者も避難者や震災後の南相馬市で活躍する人への聴き取りで感じることがあった。まずひとつは、実にさまざまな避難（避難先、避難の手段、移動のタイミング、等）を住民が経験していたということだ。

先ほども少し触れた、原町区の仮設での聴き取り調査では、避難経路を質問している。最長距離の移動をした人は、実に二一〇〇キロメートルを移動していた（南相馬市→埼玉県→北海道→宮城県→南相馬市）。また最多移動回数は七回であった。地域の住民はそれぞれの家族のつてをたどって移動したり、県外に避難したあと、運よく県内で借りられたアパートに移動したり、というような、バラバラの移動を経験していた。

そもそも「避難」や「避難者」というカテゴリーも、あいまいなところがある。避難指示が出ていた地域に住んでいた人は、移動を強制されたわけだが、そうではなく、福島市ほかの中通り地域からも、自主的に避難した人たちがいることはよく知られている。南相馬市では、避難指示も屋内退避の指示も出ていなかった鹿島区でも、かなりの人が一時居住地を離れている。市役所の勧告があったからだという。自力で移動できない人のために、バスも出た。これはいわゆる「自主避難」とも少し違う。

さらに、震災前に原発作業員として暮らしていた人は、「避難」はしたが、その後は他の原発で働くことになり、避難人口に含まれなくなったということもある。次郎のように長期的に生まれた土地を離れていた場合には、もちろん「避難」はしていないが、やがて帰るべき場所を喪失したということにもなる。

もう一つは、「『ふくしま』は多様な生活経験がある人々によって構成されている」ということだ。この場合は、避難する前の経験を含めた「交通」の多様性である。

年齢や性別、家族構成、職業が異なるのは当然だが、出身は南相馬市であっても、途中生活していた土地が異なっていたり、もともと南相馬市の出身でなかったりする人もいる。それこそ『家路』の登美子のように、既婚の女性は、震災前に生活していた土地から多かれ少なかれ距離のある場所の出身であることが多い。またある男性は、高卒後県外で働いていたが、定年退職した後郷里に戻って農業をやろうと思い、農業機械各種を中古で購入した。だがそのタイミングで震災に遭い、わずか一年間使っただけで全部津波で流された、と語ってくれた。それでも仮設で生活しているのは、自分が愛着を持っている土地（正確には愛着を持っている土地の近く）だからだ。

別な調査では、九州出身で大阪や東京で生活した後、農業をしたくて南相馬市へ移住してきた人や、隣県の出身で退職後に福島に移ってきた人などとも出会ってお話を聞いた。いずれも、たいへんな困難を経験してもなお、福島で生活したいと考えている人たちだ。さまざまな「交通」の結果として、震災、そして原発事故の時に「ふくしま」にいた人たちが、被災者となり、場合によっては「避難者」にもなっているということである。

今はたまたま「ふくしま」について書いたが、さまざまな地域から人が集まってきているのは、この場所ばかりではない。大都市部などは特にそうだろう。わたしたちは、ある土地を目にするとき、その土地で生活している人が何か均質な存在であるかのように考えてしまいがちだ。だが、近くに寄って目をこらし、時間をかけて観察していると、生活している人たちが多様な構成を持つことがわかってくる。

「よせあつめ」の人たちがつくる「ふるさと」

以前から長く土地で暮らしていた人、他の土地から結婚の時に移動してきた人、いったん地域の外へ出て、何かのきっかけで戻ってきた人、そのほか、さまざまな「よせあつめ」の人たちが地域を作っている。震災後の「ふくしま」に愛着をもち、「ふるさと」だと心を寄せる人たちは、そんな多様な人たちの集まりである。

小高区にあるJR小高駅から歩いて少しの場所には、作家の柳美里さんが移住して作った、自宅兼ブックカフェ「フルハウス」がある。二〇一八年四月のオープン。彼女もまた、この土地の新しいメンバーのひとりだ。

もちろん出ていく人、出ていった人たちもいるだろう。その人たちは出ていった先で「ふるさと」に出会えるだろうか。

『家路』で次郎と登美子が「ふるさと」に戻るのを見送った兄・総一は、映画の最後で、会津の農地を借りて、ふたたび農業を始めようとする。土地を逐われたときに停まった弟・次郎の時間が、母とふたりでの暮らしを始めることでふたたび動き始めたように、それまでは仮設で何をするでもなく、日々を過ごしていた彼の時間も動き出す。総一は新しい「ふるさと」を、自分の手で作り出すことができるだろうか。

おわりに

少し変わったしめくくりの言葉になるかも知れない。

この章のテーマは、実は筆者が最初考えていたものではない。二〇二二年秋に亡くなった同僚の加藤眞義氏が生前に、『大学的福島ガイド』のテーマとして、仮のものではあるが「福島の多様性と原発被災」というタイトルで提出していた、それを受けてのものである。

加藤氏と筆者は同じ年齢、同じ専門（社会学）で、震災前から調査や大学での実習を共同で受け持つこともあった。震災後も南相馬市で学生たちとともに、四回の調査実習を行っている。

離れて暮らすご家族にも、大災害を経験した福島のことを案ずる気持ちをたびたび語っていたという加藤氏が、どういう思いで書いたタイトルなのかは、亡くなった今となってはもはやわからない。だが、共同でまとめた調査報告書や、書かれた文字にはなっていないが、一緒に浜通りを回る中で話したことの内容などから、彼の思いをできるだけ復元しようと試みてみた。

だからこの章は、正しくは加藤氏と筆者との「共著」となるはずのものだ。本章の不十分な点は執筆した筆者の力不足によるものだが、ふたりの言葉の「よせあつめ」の中から、加藤氏の思いが読まれている方に届くことを願っている。

〔参考文献等〕
今井照『「平成大合併」の政治学』公人社、二〇〇八年
加藤眞義・髙橋準編『東日本大震災および原発事故によって生じた避難生活の実態と課題』（調査報告書）、福島県男女共生センター、二〇一三年
髙橋準・加藤眞義編『震災後の福島県における農家民宿と地域社会――2013年南相馬市調査から』（調

査報告書)、福島大学行政政策学類、二〇一四年
久保田直監督『家路』(映画)、二〇一四年

いわき市豊間の地域社会
——津波被災からの再生プロセス——

西田奈保子

1　地域社会は被災経験とどのように歩んできたのか

人が参観できる灯台は全国に一六基存在する。福島県いわき市の塩屋埼《しおやさき》灯台はその一つである。一八九九年に竣工、一九三八年に塩屋埼東方沖地震で損壊、一九四〇年に現在の鉄筋コンクリートの灯台に建替えられた。しかし、二〇一一年東日本大震災でレンズ室や灯台への通路が再び損壊した。地元の人が親しみを込めて「豊間《とよま》の灯台」と呼ぶ白い灯台は現在は修復され、見学可能だ。

灯台の展望台から南を見ると、弓状に三キロメートル弱の海岸が広がっている。砂浜で動いている黒い点はサーファーだ。海沿いの県道横には防災緑地が付帯し、陸側には新しい住宅が立ち並んでいる。この地域を歩けば、山を削った高台にも新しい住宅地があり、幅員のある道路と広めの公園が整備されていることがわかるだろう。子どもたちが遊具で遊んでいるかもしれない。ここは新興住宅地なのだろうか。

いや、そうではない。ここは、全国転勤を繰り返す灯台守の子どもと一緒に豊間小学校に通った記憶をもつ高齢者が今も暮らしている、江戸時代に豊間村と呼ばれていた地域である。二〇一〇年には、人口約二一〇〇人、約六五〇世帯が暮らしていた。一〇の町会を束ねた豊間区という住民の地縁組織があった。既に漁業は衰退しており、小名浜《おなはま》の工業地帯や平《たいら》方面や双葉《ふたば》郡の原発方面等に通う勤労者とその家族が暮らす場所に変容していたが、細い道に宅地の塀が迫る漁村集落の様相を残していた。早春に磯にマツモを採りに行くのを楽しみにするような、海と身近な暮らしがそこにあった。六〇代以上の住民の多くは北洋漁船や通信士や加工業等、海に関わる職業の経験者であった。二〇一一年三月一一日、三陸沖を震源としたマグニチュード九・〇の地震は大津波を引き起こし、豊間では七八名が亡くなり、七名が行方不明になった。住宅の全壊・半壊は全世帯のうち三分の二にあたる約四三〇世帯であった。二〇一九年三月、再建された豊間中央集会所の横に東日本大震災慰霊碑が建立された。「私たちには忘れようとしても忘れられない」に続く言葉と、震災前の豊間の空撮写真が刻まれている。

被災した住民はいわき市内に分散し、借上げアパートや旧雇用促進住宅や建設仮設住宅で避難生活を送った。豊間区では、二〇一一年七月に市が示した復興方針が高台への住宅地造成を含んでいないことへの不安や異議を契機に、復興まちづくりのプランを独自に都市計画の専門家に相談することとし、住民の希望を取り入れた計画づくりのため行政と調整を行う住民組織を立ち上げた。豊間区を母体としつつ、復興に特化した活動を機動的に担うふるさと豊間復興協議会（以下、協議会という）である。[1] 協議会はその後、設立から一〇年を超えて、復興事業の局面やその影響予測に応じて目標を再設定しながら、住民の意

（1） 豊間区・ふるさと豊間復興協議会（二〇二一）に詳しい。

見集約、行政等との連絡調整、自主活動の三側面において地域社会の再生に向けて取り組み続けた。

関東大震災、阪神・淡路大震災、東日本大震災のような大規模災害からの復興政策は、復興土地区画整理事業等、被災から完成まで比較的長期間が必要な大規模公共事業を中心に行われてきた。こうした復興事業には、元の暮らしに被災者を戻していくという、生活再建と呼ばれる基本的と思える目的だけでなく、被災地の防災機能を高め、行政にとって効率的と思える土地利用のあり方を実現しようとする目的も併存する。事業の作動様式によってはむしろ後者の目的が中心に見える現象もしばしば起こる。日本の融合的な中央―地方関係のもとで実施される復興事業は被災者と被災地にとって外在的になりがちである。それはどうしようもないことなのだろうか。阪神・淡路大震災後の神戸では、まちづくりの専門家が、住民組織であるまちづくり協議会からの需要を小地域単位の計画に反映させ、行政が計画を認定して事業方針を徐々に固めていく仕組みが基金を活用して積極的に展開されたが、東日本大震災ではそうした取り組みは希薄であった。そこで、津波被災した豊間地区の住民組織の取り組みを辿り、住民とその集まりである地域社会が復興の当事者になるとはどのようなことなのかを考えてみたい。

本章では、第一に、豊間で実施された行政による復興事業と協議会によって実施された復興まちづくりのプロセスの概要を紹介し、第二に、復興事業と復興まちづくりの相互作用の一端を示す事例として、土地区画整理事業に伴う小字単位の町名問題への豊間区の取り組みに着目する。

2 復興事業と復興まちづくり

表1は完成年度順に並べた復興事業の実施状況である。豊間区調べによると、土地区画整理や防災緑地等のハード事業だけで三六一億一〇〇〇万円が投入された。二〇一〇年の豊間の人口で割ると、一人当たり一七〇〇万円に相当する。

協議会は活動開始当初、行政とすり合わせた復興まちづくりプランの町会別説明会、ふるさと豊間だよりの発行、仮住まい先の訪問を通して、分散して暮らす住民との情報共有を行った。また、仮設の事務連絡所を建て、人が反復的・継続的に集まる場所を形成した。仮設店舗ができるまで月一回の日曜市を企画し、多くの住民が準備やイベントに集まった。こうして、借上げアパート等に分散避難した住民と、住宅も津波を逃れて豊間に暮らし続ける住民が、情報を共有し、頻繁に顔を合わせ、地域として何をめざしていくかを共有可能な基盤が形成されていった。協議会の事務局機能を担ったメンバーは、津波で被災した住民と津波を逃れた住民の両者であった。被災当時の豊間区長の「自分たちでできることは自分たちでやる」という言葉は、活動の指針のようなキーワードとして現在の地域の担い手層にも引き継がれている。そして、地元出身でない自らを、豊間にとっては「木っさし」と呼ぶ住民たちもまた、事務局やまちづくり会活動で重要な役割を担っている。

協議会は、復興事業の進捗に先んじて住民ワークショップや独自調査による住民の意見集約に取り組み、行政への要望をとりまとめるとともに、自ら取り組む目標を決めていっ

表1　復興事業の実施状況

復興事業	規模	完成年度	事業費（億円）
災害公営住宅	192戸（集合168戸，戸建て24戸）・3.1ha	2014（6月と10月から入居）	50.2
豊間漁港	防波堤，消波堤，物揚場等の復旧	2015	8.9
諏訪川護岸工事	451m，豊間橋	2016	12.5
海岸堤防	南側1420m，北側1018m	南側2016，北側2018	40
県道豊間四倉線	1650m，諏訪橋	2017	16
防災緑地	12.8ha	2018	54.2
豊間防災公園	8.2ha	2018	19.4
土地区画整理	55.9ha（計画人口：512世帯，1420人）	2018（宅地は6月）	159.3
豊間中央集会所	165.9m^2	2018	0.6
合計			361.1

出所：豊間区・ふるさと豊間復興協議会（2021）をもとに筆者作成

た。二〇一二年度、ワークショップを通してつくった目標は「若い世代、子どもが戻れる街を創る―できることから一つずつ着実に」であった。二〇一四年に完成した災害公営住宅には、協議会主催の入居説明会やグループ入居の呼びかけに応じて、高齢者が誘い合って戻ってきた[(2)]。復興土地区画整理事業における宅地引き渡しは二〇一六年から一部で始まったが、完了には二〇一八年まで七年間を要した。当初の見通しでは、換地された土地への戸建て住宅再建を予定する世帯は約二〇〇。しかし、学齢期の子ども等、各世帯には再建を急ぐ事情があり、市内の別の場所に再建する人も多かった。また、時間の経過とともに、高齢を理由に住宅再建を断念し、災害公営住宅を終の棲家に選択する人もいた。高さ七・二メートルの海岸堤防と、高さ一〇・二メートル、幅五〇メートルの防災緑地と、区画が作り替えられた平地と、地区で要望して実現した二か所の高台。安全で整備された住宅地に多くの人が戻ってくるという見通し

（2）　西田・小川・松本（二〇一四）

表 2　協議会目標の達成度合い

	提言	評価	補足説明
	【災害公営住宅（ハード編）】		
1	住棟周りの共用スペースをみんなで考え、つくる	△	・災害公営では一部のみ実現
2	集会所、その他の共用施設、設備をみんなで考え、つくる		→場は違うが，豊間中央集会所でほぼ実現
	【災害公営住宅（ソフト編）】		
3	コミュニティの再生につながる入居応募、募集の仕方にする	○	・グループ入居等の推進
4	元気な団地会（入居者管理組合）をつくる		⇒高齢化の進行と入居資格一般化で新たな課題
	【地域の生活と産業編】		
5	産業拠点、生活拠点をみんなの力で再生復興する	×	・仮設店舗の本設化ならず（産業戻らず） →女性ネットワークの維持形成と新たな担い手創出に結びついた
6	戻ってきて良かったと思えるコミュニティを再生復興する	△	・法人化，町会再編は○，住宅再建予定者の激減
7	地域のみんなで子どもを守り育てる街をつくる	○	・提言5・6・8の×△を受けて、2017年に目標の再設定 →多世代交流活動推進で150世帯（年10～15）増をめざす ⇒新住民急増への対応
8	みんなが誇れる若者も住みたくなる美しい街を創る	△	・定期借地や豊間版空き地バンクが初動期の住宅建設を促進

出所：筆者作成

は崩れ、とりわけ若い世代が戻らないことが明確になったのは二〇一六年のことであった。

再建数は一〇〇戸に届かず、未利用宅地が二五〇区画という予測の中、限界集落になる恐れが地域に愛着をもつ住民の間で広がり、新住民を迎え入れるための方策が検討された。区有地の定期借地化、市の取り組みに先駆けた豊間版空き地バンク等が実行に移された。とりわけ注目したいのは、いま活動できる高齢者層が中心になって始まった、二〇一七年からのまちづくり会活動である。地域で子育てを応援する活動として、田んぼの学校、獅子舞等の伝統行事の継承（とーちゃんの会）、伝統食の継承（いちごの会）、防災緑地等の桜やハマナス等の維持管理（花と緑の会）等の活動を多世代交流事業として実施することで、子育て世帯に住みよいまちとして徐々に認知されるのではないか、一〇年かけて一五〇世帯の定住をめざそう、という協議会活動の目標の再設定が行われた。ハードの復興事業が終わりに近づく中でのまちづくりの再スタートであった。表2は二〇一二年度に掲げた目標「若い世代、子どもが戻れる街を創る―できることから一つずつ着実に」の各提言と達成度合いに関する筆者の評価である。

復興まちづくりにおける協議会の機能はどのようなものであったか、ここで整理しておこう。第一に、住民ワークショップ等により住民の意見を集約する機能を持っていたこと、第二に、行政に住民を代表して要望等を伝え、行政からの連絡を受ける連絡調整機能を持っていたこと、第三に、「自分たちでできることは自分たちでやる」という考え方のもと活動の実施機能を有していたこと、の三点があると思われる。こうした機能は、地域で広く共有される目標をつくりあげ、目標に向けた行動を可能にした。また、協議会の形成と維持の要因として、行政との間に一種のコンフリクトが存在したこと、住宅再建者の激減という課題が顕在化したことも見逃せない。豊間には住民が集まる機会と場所が創出され、人と人のネットワーク、ソーシャルキャピタルが途切れず、ときに増幅された。このようにして、豊間の住民組織は復興に対して当事者化、主体化していったのである。

3　町名継承と土地区画整理(3)

「とよまの村」という地名は、古くは一三一五年の所領譲渡の譲状に登場し、一五九五年の検地高目録に「とよましほや村」という記載があるという。(4) 豊間区内には二七の小字があり、一八八三年の地籍図にも同様の小字が掲載され、宅地が多い小字は塩屋町《しおやちょう》、八幡町《はちまんちょう》、柳町《やなぎまち》、原町《はらまち》、下町《しもちょう》であった。

土地区画整理事業では、道路の拡幅や公園の整備、宅地の配置転換等が行われ、街区のかたちが従来とは変わるため、小字の町域変更はおのずと必要になる。町名は「名称について変更又は廃止をすることが必要となる場合」(土地区画整理法)に検討されるものである。

津波被災区域と被災を逃れた区域が混在する豊間の平地には、土地区画整理事業区域と事業区域外の地域が隣り合わせに存在する。平地は、被災前多くの住宅が立ち並んでいた場所で、町会と隣組で豊間区を構成し、未曽有の大災害時に地域をまとめ、地域の方向性を生み出してきた場所でもあった。事業区域に組み込まれた南北の二つの高台は山を削り新しく造成された場所であった。北側高台の土地の小字は平地と同じ柳町が多くの面積を占め、大作《だいさく》や番下作《ばんげさく》も一部含まれていた。南側高台の小字は平地と同じ兎渡路《とどろ》であった。

豊間区は、区画整理事業に伴う町界の変更を、町会の区割りと町会の再編成のタイミングという地域運営の課題として捉えていた。二〇一五年一一月、市及び事業委託を受けた

(3)　豊間区・ふるさと豊間復興協議会(二〇二一)に所収した筆者執筆の「検証D．町名・町界の変更」をもとに編集し直したものである。

(4)　平凡社地方資料センター編(一九九三)

独立行政法人都市再生機構（以下、URという）は「豊間地区の新町界と新町名について」という文書を豊間連絡所に持ってきた。文書には「新しく生まれ変わった区画整理後のまちに新たに町名・地番を設定する必要があります。つきましては地元の皆様方にご意見をお伺いして新しい町名を決定していきたい（以下省略）」とあり、新町界設定及び新町名について検討委員会を設立し、二〇一六年一月までの二か月で案を固めるよう説明があった。この他、「町名案作成ルール」、「豊間ネーミング計画（新町名までの決定過程）」、「【豊間地区】ネーミング資源の抽出（町名素案の検討）」の各資料に加え、事業地区を四つの区割りにし（諏訪川より北を高台と平地に分け、諏訪川より南を高台と平地に分ける案）、それぞれに新町名を付けたA案（一丁目～四丁目）、B案（波の里一丁目～波の里四丁目）、C案（山手北、浜手北、浜手南、山手南）が添付されていた。町名素案を評価する「町名案作成ルール」に示された六つのルールに「先進性」を追加した「【豊間地区】ネーミング資源の抽出（町名素案の検討）」資料では、既存小字名の評価が低かった。文書全体を通して現小字を廃止する前提が読みこめる内容であった。文書作成者にとっては、ニュータウン開発地の地名の検討と被災地の地名の検討とに差異はなかったのであろう。事業区域に隣接する区域外の地域、すなわち、多大な被害からは逃れた地域は文書内容に含まれず、それはつまり、区域外には関知せずその小字の変更はしないということを意味していた。豊間区にとっては、震災前の小さな自治と親睦の単位であった一〇町会五二隣組や事業区域内と区域外との関係への配慮は乏しい案に見えていた。

これを受けて区は、町界・町名に関する具体的検討を五か月にわたって行った（表3）。筆者を含む支援グループによる、検討委員会への情報提供や運営支援が初動を後押しした

表 3　町名検討の経緯

年月日	経緯
【2014】	・区、次年度からの検討開始を予定
【2015】	
4月29日	・区、定期総会で町内会再編を議題とし検討開始
7月17日	・区、第2回役員会で町内会再編を議題に
夏	・協議会、市等との行政機関等連絡調整会議（協議会主催）で市への働きかけ
10月17日	・区、第4回役員会で町名変更や町界を議題に
11月16日	・市・UR、区に町名変更の具体案・検討期限（2016年1月中）の提示
11月24日	・区、第4回役員会で新町名検討委員会の設置決定（検討委員36名）
12月15日	・区、第1回新町名検討委員会（30名）
【2016】	
1月　8日	・区、第2回新町名検討委員会（29名）
1月29日	・区、第3回新町名検討委員会（23名）
2月14日	・区、区主催で「説明と意見交換の会」全4回実施（112名参加）
2月27日	・区、第4回新町名検討委員会（25名）
3月4日	・区、第5回役員会で新町名検討委員会の経過報告
3月　7日	・市・UR、区に市の方針を説明に来訪（地元意向を尊重する旨の回答）
3月26日	・区、第5回新町名検討委員会（26名）
3月31日	・区、「区画整理後の町名・町界に関するアンケート」発送（配布646世帯）
4月15日	・アンケート返送締切　→集計（回収443世帯、回収率68.6%）
4月29日	・区、定期総会で新町名検討委員会の検討経過を報告、区の考えの提案（可決）
5月2日	・区、市長宛文書で新町名案を報告
～	・市、2016年3月～2018年6月に順次、土地区画整理事業区域の宅地引き渡し
【2019】	
3月2日	・市、土地区画整理事業の換地処分に伴い、町名・地番（住所）の変更

・網掛けはいわき市・URの動きを示し、その他は区・協議会の動きを示している。
出所：筆者作成

側面はあったが、震災前からの地域運営の基盤である区が前面に立ち、意思決定の過程にワークショップを活用する等、震災後に協議会で経験してきた手法が住民によって自主的に使いこなされ、地元の意思が明らかにされたプロセスであった。

まず、区は町会長とその指名メンバーで構成する三六名の委員会を設置し、二〇一五年一二月から二〇一六年一月末にかけて三回、検討を重ねた。第一回では市及びURから説明を受け、委員からは「事業区域内では震災前の町名を使えないのか」という疑問が出された。この点について相談を受けた支援グループは、第二回委員会に話題提供者として参加した。第二回では市及びURからの再度の説明に加え、支援グループから、地名に関わる法制度、地名を引き継ぐことを重視する人の主張と地名は変化するものを捉える人の主張、地名検討の事例などが紹介され、委員会は何を論点にどんな手順を踏むのかをまず決めた方がよいのではないか、という提案があった。そこで委員会は、意思決定手続きと論点を第三回の委員会内でワークショップ形式で検討した。その結果、より広く住民への情報提供の必要があること、意見交換会を行って意見分布を把握し、質問票調査も併用して結論を出す方向性が決まった。市は豊間からの返答期限を四月に延長した。

二〇一六年二月、区主催で従来の町会単位を目安に全四回に分割して「説明と意見交換の会」が実施され（一二二名参加）、ワークショップ形式の意見交換が行われた。南北高台には従来地名を活かした新しい名称という意見が多い傾向や、平地については合計で七七・一％が従来町名を支持しているものの、従来の小字単位の住民で傾向が異なることがわかった。また、事業区域外との整合性を支持する人が多い傾向も見えてきた。

第四回委員会では、意見交換会の結果を踏まえ、平地は従来町名の継承、高台は新町名の複数案を出す方向で、質問票調査内容を検討した。しかし、市の担当者の反応は「新町名が望ましいと考えており、従来町名でよいか庁内調整をするので調査実施は待ってほしい」というものであった。その後、市は従来町名を生かす案でよいとの回答を示した。

第五回委員会では、各高台の新町名候補について、北側と南側を代表する名称を生かした一案に絞り込んだ。提案理由等の説明文書付きの質問票を地区外に避難・移転している世帯も含めて発送した。回収率は六八・九％、各提案への賛成は、提案一「平場の町名の継承」九三・九％、提案二「平場のうち防災緑地等になる塩屋町、洞は八幡町と合体する」九一・二％、提案三「北側高台は『塩屋台』とする」九三・九％、提案四「北側高台は『二見台』とする」九四・八％であった。

区は二〇一六年四月末の定期総会で右提案を可決し、五月初頭に市長宛で検討結果を報告した。地元の意向は最終的には尊重され、二〇一九年に換地処分の公告があった。区は、土地区画整理事業区域内と区域外を一体的に考え、また、高台と災害公営住宅団地を含めた、新たな一二町会で活動を始めた。

4　新住民の増加とまちづくりの課題

年間一〇世帯程度の増加という協議会の予想は外れ、二〇二〇年頃から土地区画整理事業区域への住宅建設が進んだ。世帯数は震災前に近づきつつある（図）。豊間区調べによると、二〇二三年九月の世帯数は五九八世帯まで回復した。二〇一〇年の市統計を基準と

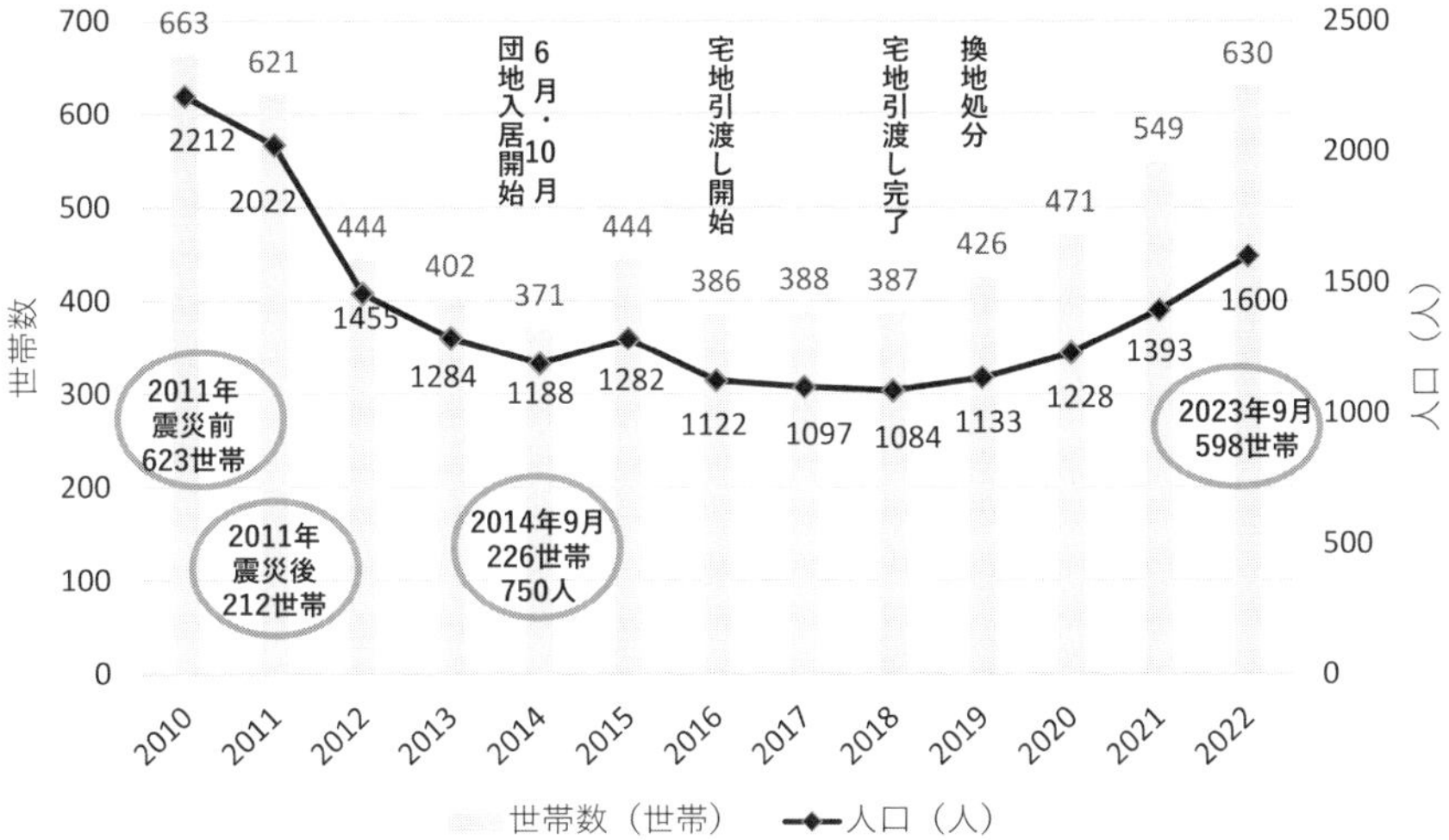

図　豊間の人口と世帯の推移
各年『いわき市の人口』の人口・世帯数により作成。○内は豊間区・ふるさと豊間復興協議会調べ

すれば人口回復率は七二%、世帯回復率は九五%。しかし、回復の意味はこれだけではわからない。そこで二つの数字を紹介しておこう。全域が防災緑地になった塩屋町の三〇世帯のうち、二〇一八年に豊間に戻ってきていたのは一四世帯。新規造成された塩屋台に二〇二二年四月に居住していた七五世帯の内訳は、転入世帯四七%（三五世帯）、再建世帯四一%（三一世帯）、不明一二%（九世帯）。世帯回復率は、従前居住世帯の戻りを示しているだけではなく、土地区画整理事業区域において新規転入世帯への入れ替わりが進んだことを示唆している。

豊間には建売業者が参入し、換地一区画分が分割され建売住宅が複数軒建った区画が数か所見られるようになった。こうしたビルドアップの状況が建売住宅と注文住宅のさらなる建設を後押しする状況が生まれた。豊間での住宅販売・建設経験のある不動産事業者三社への聞き取りによれば、市街地である平方面に近い地区に比べ、土地価格が格段に低いことが住宅建設の促進要因であり、主に二〇代、三〇代が入居しているとのことであった。筆者らが豊間区と共同実施した世帯質問票調査[5]によると、転入層（七七世帯）の四八・一％は四〇歳以上六五歳未満、三七・七％は四〇歳未満であったが、従来層（一五七世帯）では六五歳以上七五歳未満が四一・四％、七五歳以上が二四・二％である。また、転入層が豊間に住んでいる理由（複数回答）は、「比較的入手しやすい土地・住宅があったから」がもっとも多い回答（三九世帯）であり、次いで「住環境が気に入っているから」（二二世帯）、協議会が地道に取り組んできた多世代交流事業等の効果を見込んだ「子育てしやすそうだから」は七世帯にとどまった。

東日本大震災以降、津波被災者や双葉郡からの避難者による住宅再建に伴い、いわき市では宅地不足による地価高騰が起こり、家族形成期世代にとって住宅を入手しにくい状況が発生していた。市は津波被災地区における復興土地区画整理事業の完成を待つことなく二〇一五年末から、市街地に隣接する市街化調整区域においても一定の条件のもと地区計画制度による民間宅地開発を認めていたが、いわき市における宅地需要は復興土地区画整理事業区域にも及んだのであった。

豊間の住民層は転入層の影響により年齢層をはじめ近所づきあいに対する価値観等においても多様化がみられる。公園等の草刈りや清掃への参加、夏祭りへの参加は順調であるが、回覧板が回りにくくなった、ご近所の顔がわからない、という声もある。先の質問票調査によれば、津波警報が発令された際の避難先を決めていない人が転入層には二三・

（5）二〇二二年一二月実施。回覧板による配布、郵送回収、有効回収率四四％（二五六世帯／五八〇世帯）。

八％（一九世帯）いる。津波による被害を一〇〇年を越えて継承し将来の住民を守るために、三月の多世代交流活動では集会所に飾られるひな人形が津波から助かったものであることを子どもたちに伝えよう、そんな相談を協議会事務局ではしている。豊間区役員、協議会事務局やまちづくり会のメンバーは高齢化し、持続可能性のある活動への再編や新たな担い手を求めている。しかし、転入層や子どもたちへのまなざしはあくまであたたかい。筆者はそのまなざしに二〇一七年当時の彼ら・彼女らの決意を見る。豊間の地域社会では新たな目標が見つかりつつあるが、それを広く共有していけるのかはこれからにかかっている。

〔参考文献〕

豊間区・ふるさと豊間復興協議会『豊間 復興まちづくり 10年間の記録と検証』佐藤俊一編、二〇二一年
西田奈保子・小川美由紀・松本暢子「福島県いわき市における津波・地震被災者向け公営住宅の供給に関する考察—豊間地区におけるコミュニティ形成をめざしたグループ入居に注目して—」『都市計画論文集』vol.49(3)、日本都市計画学会、二〇一四年
平凡社地方資料センター編『日本歴史地名大系 第7巻 福島県の地名』平凡社、一九九三年

農家が主体となった原発事故からの復興の取り組み
――二本松市東和地域――

岩崎由美子

はじめに

福島県東部に広がる阿武隈地域は、浜通り地方と中通り地方の間に位置する標高二〇〇〜七〇〇メートルの丘陵地である（図）。夏は涼しくやませ（冷たく湿った北東風）による冷害にしばしば見舞われ、冬は少雪ではあるが冷え込みが厳しい。その気象条件が、凍み餅、凍み大根、凍み豆腐など、いわゆる「凍み文化」と呼ばれる独自の食文化を生み出してきた。

阿武隈地域では、冷害に強い農業を目指し畜産振興に力を入れ、一九六〇年代後半から草地開発事業や村営牧場建設事業が各地で盛んに行われた。稲作プラス畜産、あるいは養蚕や工芸作物（葉タバコ、コンニャク等）の複合経営化も進められたが、養蚕の衰退により桑園の耕作放棄地が増大した。それに替わって近年では、冷涼な気候を活かしたリンドウやトルコキキョウなどの花卉、高原野菜等の産地化が行われてきた。

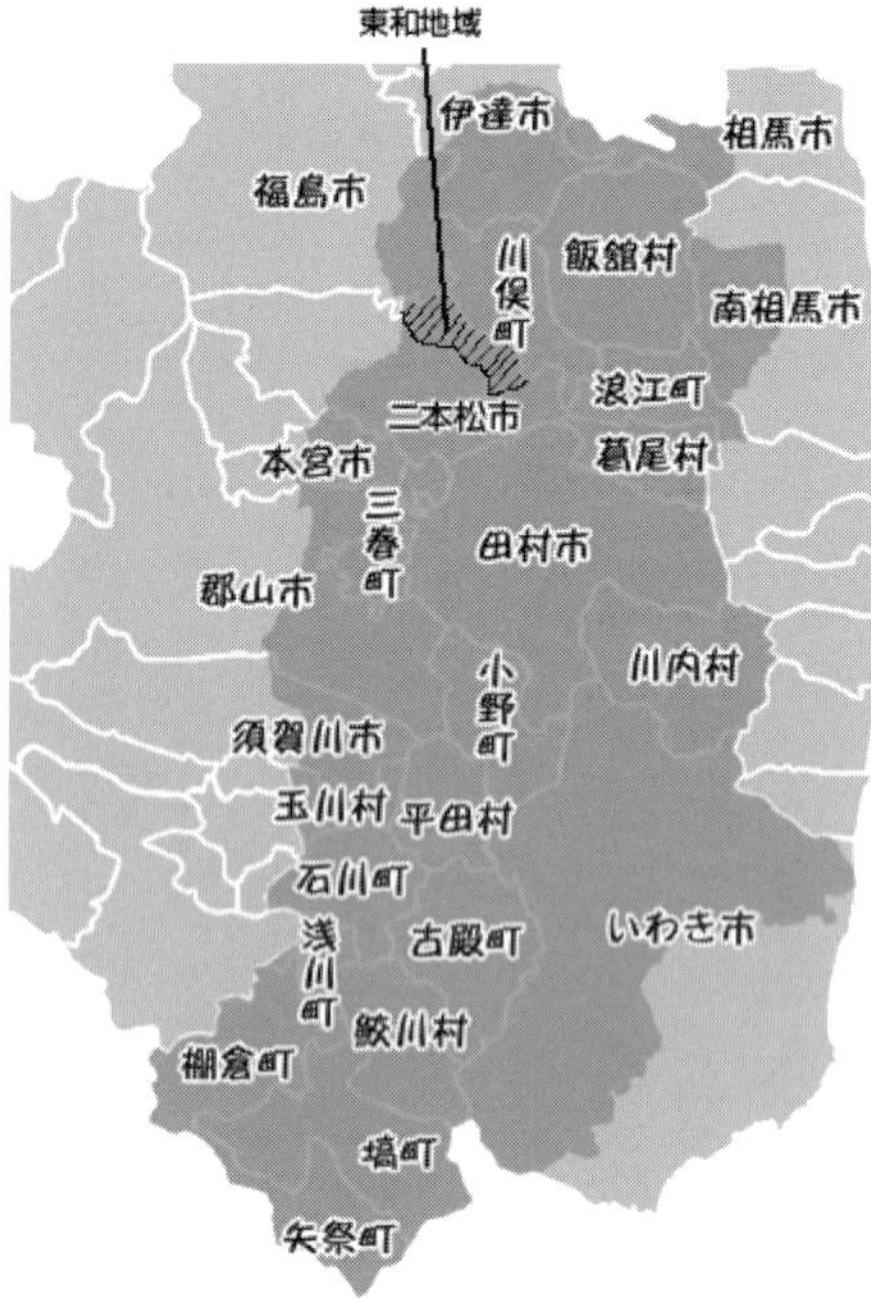

図　阿武隈地域（福島県阿武隈地域振興協議会ホームページ地図に加筆）

一九八〇年代中頃から二〇〇〇年代にかけ、阿武隈地域では、こうした自然環境や食文化を生かした地域活性化の取り組みとして、地産地消やグリーン・ツーリズム、有機農業による提携・産直運動など、食と農をベースとした地域づくりが進められていた。高速道路網や新幹線整備により首都圏から比較的近い割には「田舎らしさ」を味わえる場所として、都市から農村への新規移住者（Iターン者）や二地域居住者も増加傾向にあった。里山の丘陵地帯のため大規模農業に向かず、原発や工業団地などの開発からも取り残され、いわば「地域振興のはざま」に置かれていた阿武隈地域の農業者にとって、有機農業や産直により消費者と直接結びつき、顔と顔の見える信頼関係のなかで農産物を提供する経営スタイルは、中山間地域農業の維持・存続を図るうえで欠かせない取り組みであった。

しかしながら、二〇一一年三月に起きた東日本大震災・東京電力福島第一原子力発電所事故（以下、「原発事故」とする）は、その活動を支える山里の恵みを奪い、地域で培った食と農への信頼を一気に断ち切ったのである。

放射能汚染の現状把握も検査体制も情報公開も不十分な状況下で、消費者・生産者の不安が高まる中、阿武隈地域では、独自に食と農の安全を再生しようとする農業者や農業団体が存在した。彼らは、チェルノブイリ事故に直面したベラルーシやウクライナでの取り組みを参考に、農地や農作物の汚染を自主的に測定してその結果を公開し、独自の食品基準値を設定するなど、消費者との信頼関係の再構築に努めてきた。彼らにとって、土壌と生産物の測定を継続的に測定することは、生産物のみならず自らの身体的安全を守るためにも不可欠の取り組みであり、「測定して現実を知る」ことが原発災害からの地域復興の起点だったのである。

以下では、こうした取り組みの先駆けとなった二本松市東和地域（旧東和町）を取り上げて、地域づくりと復興の歩みをみていこう。

1　二本松市東和における地域づくりの取り組み

住民によるNPOの設立

二本松市東和地域は、阿武隈地域の北西部に位置し、阿武隈川東部の狭隘な谷間に沿って耕地が点在する中山間地域である。二〇〇五年一二月の市町村合併に伴い、東和町は旧二本松市、安達町、岩代町とともに二本松市となった。

東和地域の人口は五五六三名、世帯数は一七二四戸であり（二〇二〇国勢調査）、二〇〇〇年（人口八五〇七人、一九五三戸）と比較すると人口は約六五パーセントに減少している。

総農家数（二〇二〇農林業センサス）は八三六戸、うち販売農家数は四二九戸、自給農家数は四四七戸で、自給農家が五割を占める。

有数の養蚕地帯であった東和地域は、農薬散布を避けてきた土地柄でもあったことから、養蚕に翳りが見え始めた八〇年代初頭から有機農業が積極的に展開されてきた。二〇〇五年には、東和町が二本松市と合併するのに伴い、有機農業者や地元商店主、地域活動グループ等の地域住民が主導してNPO法人「ゆうきの里東和ふるさとづくり協議会」を設立した（会員約二五〇名）。初代のNPO理事長菅野正寿さんによれば、「市町村合併によって過疎に拍車がかかるのではないか」という不安が住民たちに強くあり、これまでの有機農業の産直を通した都市との顔の見える関係を継続していきたいとの強い思いから、「行政頼みの地域づくりから住民主体の地域づくりをめざし」NPOを立ち上げた[1]という。NPOは、「道の駅ふくしま東和」（写真1）の指定管理者として直売所の運営を行いながら、食品残渣等を利用した堆肥による土づくりから、野菜の生産振興、荒廃桑園の再生、桑の葉を加工した特産品開発等の収益事業のほか、グリーン・ツーリズム、移住者の受け入れ、健康づくり活動等にも取り組んできた。

写真1　道の駅ふくしま東和

里山再生プロジェクト

二〇〇九年、NPOは、①地域コミュニティの再生、

（1）菅野正寿「持続可能な環境・循環・共生の社会をつくるために―野良に子どもたちの歓声が響く里山の再生―」『農業法研究』五五号、農文協、七〇頁

②農地の再生、③山林の再生の「三つの再生」をテーマとする「里山再生プロジェクト五カ年計画」を策定した。「地域コミュニティの再生」としては、「地域住民の健康増進、環境保護、伝統文化の継承、道の駅や空き校舎の活用などを図り、都市との交流事業・農業宿泊体験の受け入れ、若者と高齢者の融合した『里山共生塾』開催など、地域創造のための結いの心とコミュニケーションの醸成」を掲げた。「農地の再生」とは、「四季折々の地域資源を活用した特産品の開発・加工販売、地域資源循環センターの土づくりをベースとした『東和げんき野菜・東和げんき米』、東和産の桑炭などの地域活性化、新規定住・就農者の受け入れ体制の充実、耕作放棄地再生事業などによる包括的な再生」である。その中心的な取り組みとして、NPOは「東和げんき野菜」の認証制度を開始した。①土壌の検査、②有機質肥料を五〇パーセント以上使用、③認定農薬の使用を慣行栽培の半分以下にする、④栽培履歴の記録と掲示、⑤葉物野菜の硝酸イオン残留量の確認、の五項目を満たしていれば「げんき野菜」のシールを貼って直売所に出荷することができるというものである。この取り組みから、「作り手（農家）の健康も大切」という認識が農家の間に広がり、保健師による健康相談会も開催されるようになった。

さらに、「山林の再生」としては、「農地水源の保護や落葉活用の堆肥づくり、桑材など間伐材による木工、炭、薪への活用及び商品化、きのこ栽培、山菜の保護など里山暮らしの文化継承、森の案内人育成などによる体験型交流と連動した山林の再生」を目指した。

こうした包括的かつ先進的な取り組みが評価され、地域づくり関連の全国表彰を相次いで受賞していた矢先の二〇一一年三月、原発事故に見舞われることになる。

2　農家が主体となった放射能汚染実態調査

実態調査に基づく検査体制の構築

福島第一原子力発電所から約五〇キロメートルに位置している東和地域は、事故による避難指示は受けなかったものの、避難区域となった川俣町山木屋地区に隣接し、飯舘村、葛尾村、浪江町とも近い。会員の農家から不安の声が相次いだことから、震災直後、NPOは、前述の「里山再生プロジェクト五カ年計画」をベースに、「里山再生・災害復興プロジェクト」を立ち上げた。具体的には①会員の損害賠償申請の支援、②会員の農産物の安全確認活動、③会員の生産圃場再生活動、④会員の農産物の販売拡大活動、⑤会員と家族の健康を放射線から守る活動を行うこととし、これらの実施にあたっては、様々な助成基金を受け、大学や研究機関との連携体制を構築した。

まずは、新潟大学の野中昌法教授ら有機農業研究学会の専門家とともに、土壌、農産物、山林、水の放射能汚染の実態調査と放射線マップづくりに取り組んだ。GIS（地理情報システム）により細かいメッシュで圃場ごとの汚染マップを作成し、田畑の表面放射線量、水源山林の放射線調査を実施するとともに、福島県県北地方の直売所の中で最も早く（二〇一一年八月）農産物の自主検査を開始した。出荷品目の測定結果を直売所の店頭やホームページで公開し、さらに、ベラルーシやウクライナの食品基準値[2]を参考に、放射性セシウムキログラム当たり五〇ベクレルという独自の基準値を設け、基準値以下のものにのみ

（2）　原発事故直後の二〇一一年三月一七日、食品の放射能汚染に関して厚生労働省が設定した「暫定基準値」（放射性セシウム対象）は、主食五〇〇ベクレル、野菜五〇〇ベクレル、飲料水二〇〇ベクレル（それぞれキログラム当たり）であったのに対し、チェルノブイリ原発事故を経験したウクライナの基準値は、それぞれ二〇ベクレル、四〇ベクレル、二ベクレルであった。

「東和げんき野菜」の認証シールをつけて販売した。このNPOの取り組みを契機として、他の直売所でも自主検査を求める声が拡がり、二〇一二年には、福島県事業「ふくしまの恵み安全・安心推進事業」の一つとして、農産物直売所における自主検査体制の整備が行われている。

農家にとっては、砂ぼこりを吸い込むことなどによる農作業時の内部被ばくも不安材料の一つであった。NPOでは、人体への影響を把握するためにホールボディカウンターの測定を継続的に行うよう補助金を出して会員の参加を促すとともに、「農作業被ばくと食事被ばくの生活影響度アンケート調査」を独自に実施して、土壌、農産物、人体を関連させて放射能汚染の実態を把握する取り組みを進めた。

土を信じて種をまく

「ゆうきの里東和」でいち早く実態調査・検査体制の整備が進んだ背景には、震災以前から「げんき野菜」認証制度を設けるなど、安全管理を行う体制が整っていたことが大きい。「地域の主人公は地域の住民だ。けっして国や県ではない。国の復興の指示を、口を開けて待つわけにはいかない」(菅野氏)として、測定して現実を知ることを復興の起点とし、この地を子や孫に自信をもって引き継いでいくために模索を続けた。

放射能汚染で大きな打撃を受けたのは、NPOとして栽培に力を入れてきた桑の木であった。リンゴのように木の表面を洗浄しても桑の木は表面積が多くセシウムの低減を図ることが難しい。そこで、東京電力の賠償金で一万四〇〇〇本の桑の木の改植に踏み切った。

水田に関しては、東和の土壌の多くは雲母が含まれており、これがセシウムを土中にとどめ、作物への移行がほとんどなかったこと、また、里山の汚染対策として木材チップを播くとそこに生育する菌がセシウムを集めてくれることなどが明らかになった。有機的な土壌ほどセシウムが吸着、固定化されるため、「農地を耕すことによって必ず土も再生できる」という野中教授の言葉は、東和の農家に希望をもたらした。

二〇一二年、菅野氏の水田土壌は三〇〇〇ベクレル／キログラムであったが玄米は不検出であり、棚田の用水もセシウムが山林に固定化されて水田への流入も激減していった。わらともみ殻には五〇～一〇〇ベクレル／キログラムが検出されたが、二〇一五年からはこれも不検出となっていく。

この土の力とイネの力を菅野さんは次のように詠う。

野菜はつくれるの　と君が言う
たがやす　たがやす　僕はたがやす
土を信じて種をまく
原子の鬼を土くれに封じ込め　たがやす
土へんに鬼と書いて塊という
原子の鬼を塊にして埋葬するんだ
君がうなずく　土の力のふところを
土を信じて僕はたがやす　土は生きてる

稲はつくれるの　と君が言う

どんな冷害も　どんな旱魃も
乗り越えて三、〇〇〇年　種は生きている
原子の鬼を塊にして　葉が　茎が　籾が
種を守り　実を結ぶ
君はうなずく　稲の力のふところを
瑞穂の国の豊かさの　田んぼの力は生きている

（すげの正寿「土の力　稲の力」より）

3　都市住民との協働による里山集落再生

写真2　ぬのさわビオトープ

農家民宿・ビオトープ

震災から一二年が経過した現在、NPOの創設に関わった地域リーダーたちは、地元の集落に活動の軸足を置き、中山間地域等直接支払（以下、中山間直払とする）[3]等の日本型直接支払制度を活用した農地管理・集落活性化の取り組みに力を入れている。

菅野さんが暮らす布沢集落は、人口約八〇名、戸数二〇戸、水田一二ヘクタールの小規模な集落である。菅野さんが耕す三・五ヘクタールの圃場は、中山間地

（3）　農業の多面的機能の維持・発揮のための地域活動や営農活動に対して支援する制度。二〇〇〇年に導入された中山間地域等直接支払、環境保全型農業直接支払（二〇一一年）、多面的機能支払（二〇一四年）からなる。

域の棚田のため一枚五〜六アールの水田が五〇枚以上にのぼる。同集落は二〇〇五年より中山間直払に取り組み始め、農道や用水路の補修、景観作物の植栽、共同での草刈り作業等を全戸参加で行い、さらに機械利用組合を設立して共同作業を行っている。

菅野さんは、福島の現実の姿を知ってほしいという思いから、二〇一六年に妻のまゆみさんとともに農家民宿を開業し、多くの都市住民を受け入れてきた。さらに、集落の棚田の真ん中に「ぬのさわビオトープ」（写真2）を整備し、地元の小学生が参加する生き物観察会やホタル観察会も行うようになり、交流人口が広がった。

棚田の芸術祭

写真3　布沢の棚田

二〇二一年に布沢の棚田は、棚田地域振興法（二〇一九年成立）に基づき、布沢集落を含む旧太田村を指定棚田地域として国からの指定を受けた（写真3）。それを契機に、布沢では今後の取り組みについて話し合いを行った。集落の将来像として、①農地一筆ごとの将来の見通しを話し合う、②集落外にいる子どもにも声をかける、③農道草刈り、雪かき、見守りなどの声掛け隊の検討、④機械利用組合、作業受託組合など農地維持の体制づくり、⑤女性や子どもたち、お年寄りの参加する行事・コミュニティ活動、の五点を掲げ、農業生産だけではなく、生活・コミュニティの面から集落の持続性を高める方

写真4　布沢棚田の芸術祭

写真5　案山子づくりコンクール

針を打ち出した。そのキーパーソンとして登場したのは集落の女性たちであった。

集落の話し合いは主に世帯単位で行われ、女性が集落運営の企画段階から主体的に参画する機会は多くない。そこで菅野氏は、集落の三〇代から五〇代の女性に集まってもらい、集落の現状と課題について話し合いを行った。女性たちから「コロナ禍でイベントやお祭りが縮小され、人々のつながりが薄れている」、「他の地域から来たお嫁さんは同じ年代の人との交流が少ない」、「一人暮らしの高齢住民が増え、気軽に近所に行けず家に閉じこもりがちになっている」等の声があがったことから、まずは日本型直接支払の交付金を活用して、住民が徒歩で気軽に集える小さなイベントを開催することにした。「集落に天女が舞い降りて布を織った」という布沢集落の伝説にちなみ、集落の女性グループ「天女の会」が新たに結成された。彼女たちは、二〇二一年一〇月に「布沢棚田の芸術祭」（写真4）を開催し、案山子づくりコンクール（写真5）、籾殻燻炭《もみがらくんたん》アート（写真6）や陶芸体験等を行った。二〇二三年一〇月に開催された三回目の芸術祭では、布沢の棚田ウォー

写真6　籾殻燻炭アート

クを新たに企画し、地域外からも多くの参加者を得て好評を博した。

「天女の会」のメンバーの一人であるSさんは、布沢で生まれ育ち、都内の大学を卒業後帰郷して、6次化産品の加工会社に勤務しながら子育てをする三〇歳代の女性である。女性が中心になって何かできることはないかという菅野さんの提案をうけて、「自分の子どもも、菅野さんのビオトープ見学会に参加させてもらっていた。自分の故郷でありこれから子どもたちが育っていく場所でもある布沢を、さらに盛り上げていける力になれたらと思って参加した」という。これからの布沢集落についてSさんは「これぞ里山という場所であり続けてほしい」という。彼女は天女の会の活動のほか、同年代の東和の女性や移住者たちによる「つながりマルシェ」にも参加し、地域の伝統食づくり体験や子ども交流の場の運営にも関わっている。

おわりに

以上のように布沢集落では、集落女性の話し合いと参画の場を積極的に設けて集落活性化に取り組んでいるが、それと関わる関係人口や地域外のサポート人材とのネットワークも集落活動の厚みにつながっている。

菅野さんの経営耕地には、「マイ田んぼ」という都市の消費者が作業をする田んぼが含まれている。首都圏の企業グループや家族、大学教員や学生などが五〜六アール区画の水田で米作りを行う。田植え、草取り、稲刈り、ハザ掛け、脱穀の各作業に来られるときに来て、それ以外の育苗や耕うん、代かき、水管理などをする管理料として三万〜三万五〇〇〇円を菅野さんに支払う。「預かる田んぼが増えて手が足りないのを、消費者に手伝ってもらう」仕組みである。

筆者のゼミの大学生も布沢に通って田んぼで作業を行い、ちまきづくり体験、ビオトープやホタル観察会、かかしコンクール等に参加している（写真7、8）。ちまきづくりは菅野さんの妻のまゆみさんが講師として教えてくださった。体験に参加した学生の一人は、「以前は私の家でも、旧節句の時期になると祖父が笹を取ってきて、祖母と一緒にちまきを作っていたが、原発事故もあり、祖父母が亡くなってからは作り方がわからず止めてしまっていた。家族に『東和でちまき作りを習ってきた』と話すと、『これでまた作れるね』と、私の家で繋がってきた技術がまた蘇ろうとしている」という。学生たちは、住民が温かく自分たちを受け入れてくれたことへの感謝を込め、集落の魅力を内外に発信する情報紙「布沢新聞」の発行に取り組んだ（写真9）。

菅野夫妻は、青年団活動の経験をもち、そこでの共同学習の蓄積が地域づくりの原動力となってきた。高齢化が進む地域で、バトンを渡す次世代の人づくりが大きな課題であるが、例えば、彼らの青年団活動時の仲間で、二本松市の集落支援員を務めている引地知子さんは、ふだん集まる機会のない地元の若い女性たちが農や食・地域づくりをともに学ぶ場を提供し、「女性の視点を活かした暮らし」と「なりたい自分の実現」を応援しようとしている。東京から夫と共に実家に新規就農した果樹農家の女性や、青年海外協力隊員として南米で活動し、帰国後有機農業を目指している女性、地元の土建会社の社員で健康食に関心のある女性など参加者の経歴は多様であるが、いずれも、「地元に若者が少ないので、話せる場、仲間がほしかった」と口を揃える。

菅野さんは、「私たち農家は米や野菜だけをつくっているのではないということにも気づかされた。棚田の風景やたくさんの生き物、そして子どもたちの豊かな体験、そういった里山の価値を丸ごと消費者や都市の住民につたえなければならない…美しい里山も美しい棚田も先人の気の遠くなるような長い年月の汗と労苦の結晶と思うのだ。それをたかだ

写真7　稲刈り体験

写真8　ちまきづくり体験

布沢新聞

布沢棚田の芸術祭！

―多くの人が訪れ、大盛況―

布沢新聞

No.1

写真9　布沢新聞

か原発の時代の五〇年で汚してしまった罪は重い。だからこそ私たち大人は次代の子どもたちのために土とふるさとを再生しなければならない。」という。[4]

三・一一後の福島をはじめとした真の農山村再生を構想するためには、農山漁村に生きる人びとと都市住民との間の確かな共感・信頼関係の上に立つ都市─農村関係の構築がいまこそ求められている。原発事故の記憶は風化し、福島の問題は福島だけのローカルな問題となりつつあるが、廃炉作業の対応やＡＬＰＳ処理水の海洋放出の問題をみても、原発事故からの復興はいまだ途上にある。復興を被災者自らの手に取り戻し、個々人の自己決定と他者との協働によるオルタナティブな復興の道筋を描くためにも、一層の実践の積み重ねと研究の深化が求められている。読者の皆さんも、ぜひ福島を訪れ、地域住民が主体となった小さな復興のプロセスに目を向けてほしい。

（4）菅野前掲書、七六頁

●写真1～9は筆者撮影

〔参考文献〕
岩崎由美子「中山間地域における農地管理と地域自治の展開─福島県東和地域を事例に」楜澤能生・文元春編『持続可能な農地利用のための農地法制の研究』成文堂、二〇二三年
塩谷弘康・岩崎由美子『食と農でつなぐ　福島から』岩波新書、二〇一四年
菅野正寿・原田直樹編著『農と土のある暮らしを次世代へ　原発事故からの農村の再生』コモンズ、二〇一八年

飯舘村の復興と大学

鈴木典夫

はじめに

二〇一一年三月一一日、東日本大震災による家屋の倒壊・津波が発生し、福島県は「浜通り」を中心に甚大な被害を被った。[1] その余波として東京電力福島第一原子力発電所の事故により全町（村）避難含め多くの人が故郷を離れる避難を余儀なくされた。飯舘村も全村避難を強いられた自治体の一つである。

飯舘村は、ＮＰＯ法人「日本で最も美しい村」連合の会員（二〇一〇年加盟）であり、高地の豊かな自然と日本の里山の景観を残す、どこか目に優しい心の癒しの村である。その村も、震災の影響を受けて、この十数年は復興への歩みを刻んできた村でもある。

（1）本章では浜通りを中心としたが、ダムの決壊や土砂災害によって中通り地方でも尊い命が失われている。

1　飯舘村とは

村の地勢と成り立ち

飯舘村は、福島県の「中通り」と「浜通り」を分ける阿武隈山地の県北部にあたるところに立地する。海には面してはいないが「浜通り」に区分けされる（相馬郡）。面積は約二三〇平方キロメートル（琵琶湖の約三分の一であろうか）で、大まかに表現すれば、ほぼ円形の村である。震災当時（二〇一一年）の人口は約六六〇〇人の規模であった。「中通り」にある県庁所在地福島市、「浜通り」の中心都市のひとつである南相馬市のほぼ中間地にあたり、北に隣接する伊達市から浪江町津島地区へ南北に抜ける国道三九九号線、西に隣接する川俣町から南相馬市原町区へ東西に抜ける県道一二号線がほぼ村を十字に走る。福島市と南相馬市を結ぶアクセス道路として（浜通りの復興を支える道路として）は、県道一二号線が主要道路となるであろうか。

歴史的には相馬藩山中郷と称され、飯樋《いいとい》に陣屋が置かれ、草野は宿場を形成した。その当時から中通り（二本松藩）と浜通り（相馬藩）の中継地としての要衝であった。戦中一九四二年、飯樋地区を中心とする「飯曽村」と草野地区を中心とする「大舘村」となったが、一九五六年その二村が合併し、それぞれの一文字をとって現在の飯舘村となった（昭和の大合併）。小規模自治体の財政効率化を唱えられた平成の合併の折りでは、飯舘村も当時の原町市、鹿島町との「法定合併協議会」に参加はしたが、二〇〇四年議会・村長選で「自立の道」を選択し現在に至っている。飯舘村は、各種行政計画への住民参加や住民主体の地区別計画に取り組むなど「顔の見える関係」からの地域づくりを目標に掲げていたように、合併より自立の道を選択したのである。その住民主体の村づくりは、飯舘村の特性を表している。

村の産業

飯舘村の産業は、農林業を中心として、稲作はもちろん炭焼き、かつては養蚕業も盛んであった。村は、阿武隈山地の高地に位置しているため（平均標高は四五〇メートル）、夏はヤマセと呼ばれる低温気象に見舞われ、たびたび深刻な冷害がもたらされていた。そこで、冷害に強い新たな産業として一九八三年の村営牧場を口火にして、「飯舘牛」の肥育化が進められた。会員制による全国牛肉宅配事業「いいたてミートバンク」、都市の消費拡大のための交流事業「いいたて山がっこう」などの取り組みで、「飯舘牛」はブランド化が図られていったのである。また、飯舘村は古くから御影石《みかげいし》が村の特産品であった。しかし、外国産の安い石材の増加によって、石材業は衰退しているが、村役場のアプローチに敷石が用いられていたり、様々な標柱に用いられていたりして、村の景色

写真1　村境の標石

に石材の歴史を刻んでいる（写真1）。最近では、高冷地の条件に合う高原野菜や、とりわけトルコギキョウなどの花卉《かき》栽培が村の特産となっている。凍み餅《しみもち》も、冬には零下一〇度にもなる気候を生かした美味なる郷土特産品であろう。また、「どぶろく特区」に県内初で認定された（二〇〇五年）のもユニークである（「気まぐれ茶屋ちえこの館」のオープン）。

までいな村づくり

小さな自治体として里山の中で、そして人と人との関係を大切にする中でゆっくりと時が流れる。そのような空気感の中で村づくりを進めるブランド語として「までいライフ」という言葉が「第五次総合振興計画」(2)（二〇〇五年〜二〇一四年）に登場する。「までい」は、福島県県北地域の方言であるが、言説としては「真手《しんて》」を意味するという。「真手」は両手という古語からの言葉であるが、例えばお茶を配る時に片手で差し出すのではなく、両手で添える手の所作、その手を「真手《まて》」とも読む。「丁寧に細やかに心を込めて」という意味に通ずる（例えば「までな人だな」との言い回し）方言である。飯舘村のそれは、人間本来の生き方であり、地域文化を活かしたゆったりとした暮らしを表すのであろう。また、丁寧な協働と参加を促す素地《そじ》なのであろう。

「第五次総合振興計画」の以前からも、女性の主体性の契機となるよう海外への派遣事業である「若妻の翼」（一九八九年：女性活躍推進の先取りとも言える）や、村に本屋が無いことからの教育・文化振興のための「ほんの森いいたて」（一九九五年：全国初の村営書籍店）など、ユニークな事業が数々起こされていたが、「までいライフ」によっても数々の事業が生まれている。「までい子育てクーポン」は、三人以上の子どもさんがいる家庭への経

（2）　この計画の中では、「教育部会」「保健医療・福祉部会」「地域産業部会」「くらし部会」での専門アドバイザーに福島大学教員が関わった。震災後の「第六次総合振興計画」でも「健康・福祉・環境部会」「産業・観光・移住部会」「教育・文化部会」「防災・建設・行財政部会」に学識者として部会に参加している。筆者もその一員として参加した。

済的支援を村独自に行い、教育にかかるお金や村の商店での買い物に役立てる事業（子育て支援・地元経済での還流）であった。また、村の悲願であった医療の要となる診療所を一つに統合し、公設民営型の「いいたてクリニック」を新設し、小さな村ながらも複数診療科と医療系福祉サービスの拠点とした。震災後になるが、相手が打ち返しやすい球を打ち合いラリーの回数を競うオリジナルスポーツの「までいラリーピンポン交流会」は、「までい」の心を分かち合う競技になっている。

2　東日本大震災で全村避難となった飯舘村

東日本大震災・東京電力福島第一原子力発電所事故災害によって、村民の生活は一変する。飯舘村は浜通りからの避難者を受け入れる一方で、空間放射線量の上昇により原発事故直後から自主避難や乳幼児・妊婦の避難は先行して進んでいった。二〇一一年四月「計画的避難区域」に指定され、避難生活のリスクを考えて特別養護老人ホーム「いいたてホーム」と地元産業維持の特別措置の「菊地製作所」等一部事業所以外の村民はすべて村外避難となる。県内避難は二七市町村へ五九六〇人、県外避難は五三六人、二〇ある地区（行政区）もばらばらになった。福島市・伊達市・国見町・相馬市には九つの仮設住宅が作られた。役場機能も福島市飯野地区に移転し、保育所・幼稚園・小中学校も川俣町・福島市飯野地区の仮設校舎での学習を余儀なくされる（福島市に移転していた相馬農業高校飯舘分校は二〇一〇年休校に）。「飯舘牛」は、肥育牛の移動もままならず、販売の要であった「ミー

表　飯舘村避難生活関連経過

年	月	事項
2011	3	東日本大震災・原発事故（11日）
		30キロ圏内　屋内退避区域に指定（15日）
		栃木県鹿沼市の避難所へ一部村民緊急避難（19日）
	4	計画的避難区域に指定。全村避難へ
		幼小中の川俣町等仮校舎へ
	5	「負げねど！村民の集い」（事実上の避難イベント）
	6	役場機能、福島市飯野地区に移転
		（各地仮設住宅・民間アパート等見做し仮設へ）
		いいたて全村見守り隊発足
	8	「いいたてまでいな復興プラン」検討開始（第5版まで）
	9	憩いの場「いやしの宿いいたて」（福島市飯坂）を設置
		「絆つながる『までいな一日』」松川第1仮設住宅で開催
	10	松川第1仮設住宅に高齢者サポート拠点「あづまっぺ」開所
2012	6	「帰還困難区域」等に避難区域見直し
2013	6	農林水産省農地除染対策実証実験開始
	8	「いっとき帰宅バス」開始
		村営復興公営住宅（戸建）福島市飯野町に完成
	12	子育て支援センター「すくすく」福島市に開所
2014	8	小宮地区仮設焼却炉施設開設
	8	交流センター「ふれあい館」開所
2016	1	蕨平地区減容化施設稼働（災害廃棄物・除染廃物焼却施設）
	9	いいたてクリニック再開
2017	3	帰還困難区域除き避難指示解除
	4	福島大学との「までいな家」協力協定締結
	8	いいたて道の駅「までい館」オープン
2018		長泥地区環境再生事業開始
2020	4	4小中学校を統合　義務教育学校「いいたて希望の里学園」開校
2023	5	長泥地区帰還困難区域の特定再生復興拠点地区避難指示解除

トプラザ」は閉鎖となり、ブランドの危機に陥った。「ほんの森いいたて」も、新設したばかりの「いいたてクリニック」も、農家民宿もすべて閉鎖となる。農作物は全村生産見送りとなり、土地は荒れ、除染のため耕作地・家屋敷地土壌が掘削され、除染土の仮置き場のフレコンバックでいたるところが覆われ、里山の景観も一変した。二〇一二年六月国の避難区域見直しが行われ、村北部の佐須地区等四つの行政区が「避難指示解除準備区域」[3]、草野地区・飯樋地区・深谷地区・比曽地区など一六の行政区が「居住制限区域」[4]に、長泥地区が「帰還困難区域」[5]に見直され地区の入り口にはバリケードが設置された。

二〇一一年五月からの全村避難から一二年の歳月を経て、九六%にあたる面積の避難指示が解除された。二〇二三年一二月現在で、村の人口は四六九三人と震災当時と比べて二〇〇〇人近く人口が減少している。その内村内居住者は一五二三人で居住率は三二%に留まる[6]。多くは復興公営住宅含む避難先での生活を構築しつつある。しかし、「第六次総合振興計画」策定作業では、村外居住者からも「こんな村であって欲しいとふるさとに対する思いの声」が多く聞かれた。農業をはじめ産業づくり、小さな村だからこその人つながりの生活づくり、新たな挑戦、移住者との交流、飯舘村の空気である住民主体の「むらづくり」は歩みをとめない。

3　元気と未来を見る飯舘村

震災の苦難を乗り越え希望を持つ人たちが飯舘村にはいる。新しい姿を見ることができ

(3)　年間積算放射線量が二〇ミリシーベルト以下となることが確実であることが確認された区域

(4)　年間積算線量が二〇ミリシーベルトを超えるおそれがある区域

(5)　避難指示区域のうち、五年間を経過してもなお、年間積算線量が二〇ミリシーベルトを下回らないおそれのある区域

(6)　その内帰還者は一二〇九人であるので、六六〇〇人の避難のうち帰還率は一八%となる。移住者は二五七人。

る場所がある。その一端をトピックで紹介する。

いいたて道の駅「までい館」

二〇一七年八月、帰還困難区域を除いた地域の避難指示解除が解除されて五か月。県道一二号線沿いの深谷地区に道の駅「までい館」が華々しくオープンした。福島大学の学生たちもそのセレモニーのおもてなしの協力で参加した。商業施設もまだ十分ではない環境で村民の拠り所を作る目的と、飯舘村を通りかかるお客さまの立ち拠り所として村の物産を取り扱っている。隣接する新しい住宅地と「までい館」のお客さまが共用できる広大な広場（遊び場「ふかや風の子広場」）は解放感にあふれる。ドッグランも併設されている。また、村民が創作したメニューと「飯舘黒毛和牛」を使った食事もできる場所も設けられている。村唯一のコンビニエンスストアも同居する。そして、この道の駅の「売り」と紹介したいのは、天井空間を緑で飾る植物たちである。ありがちな造花ではなく、生花が映える。村は、花卉《かき》産業に力を入れている。生花だからこその目に鮮やかな色どりと季節の香りが癒しとなっている（写真2）。隣接のハウスは成果栽培所となっており、その見学も可能である。

写真2　道の駅「までい館」の生花かざり

までい工房美彩恋人《びさいれんと》

村オリジナルの品種「いいたて雪っ娘《ゆきっこ》」かぼちゃを使っ

た数々の商品がある。もともとは、二〇〇五年「イータテベイクじゃがいも研究会」が発端である。かぼちゃの品種改良から品評、土壌の工夫、オリジナル商品の開発・加工、みな飯舘の母ちゃんたちが紡いできたものである。「までい工房美彩恋人《びさいれんと》」はその加工所の名前である。しかし、震災がその壁になる。村での生産がかなわなくなり、避難先の福島市で土地を借り、生粋の「いいたて雪っ娘《ゆきっこ》」かぼちゃの種をつないでいく苦労があったことは想像できる。代表の涙と熱意がこのかぼちゃへの愛着を感じさせる。福島大学小規模自治体研究所は避難した女性農業者の就業支援のため「かーちゃんの力・プロジェクト」を起ち上げ支援したが、代表をはじめその家族そして全国に広がった支援者（ファンクラブ）の力が今に至るほぼすべてのように感じる。育種・生産・加工・販売まで、まさに飯舘に育ったかーちゃんの力である。「いいたて雪っ娘《ゆきっこ》マドレーヌ」「レトルトのカレー」などぜひ手に取っていただきたい（「までい館」でももちろん販売している）。

いいたて希望の里学園

震災の間、子どもたちも仮の校舎を学び舎とした。福島市内界隈にちりぢりになった子どもたちは川俣町の小学校、福島市飯野地区の中学校に登校するため、朝早くからスクールバスに乗り込む姿を見てきた。帰村してからは、元の学校を知らない子どもたちも含め一堂の学習の場が再スタートしている。それが「いいたて希望の里学園」である。学年を超えた交流・飯舘のふるさと教育が特色と言える。この学園の校歌「孤高の星」は、作詞を俳人である黛まどかさん、作曲はシンガーソングライターの南こうせつさんが手掛けている。「美しい村飯舘に、阿武隈の高原に煌《きら》めく希望の星を咲かせ、灯し、歩み続けよう」

写真3　いいたて希望の里学園

写真4　長泥地区環境再生事業　農地再生盛り土

そんな歌詞がつづられている。「いいたて希望の里学園」は、ほぼ円形の村の中心となる伊丹沢《いたみさわ》行政区に位置する。そこには、村役場、「いいたてクリニック」、福祉施設の「いいたてホーム」、そして「いいたてスポーツ公園」が立地する。界隈は御影石がふんだんに使われている。季節になると白いはなみずきの花が清廉に咲き誇る。学校に踏み入ることははばかられるが、その一角に立ち寄り子どもたちの元気な姿を見守って欲しい（写真3）。

長泥地区環境再生事業

環境再生事業とは、環境省が進める事業で、飯舘村で発生した除去土壌を再生活用し、農業の再生を目的とした実証実験事業である。土壌の再生資源を盛り土して遮へい土を施して農地を造成し、水田実験、露地栽培実験、花卉《かき》等のハウス栽培実験を試みている。原発災害の現在の地点をうかがい知れる場所でもあるが、これは営農再開への「夢」につながる事業でもある。長泥行政区の住民の方の働く楽しみも生み出す「希望」でもある。見学会も催されているので、機会と関心があれば参加されるのも飯舘村での過ごし方である（写真4）。

おわりに

震災を機に、昔の村と様変わりしたところはあるにせよ、訪問者にとっては昔とかわらぬ、ゆったりとした空気を飯舘村に感じることができると思う。住民間の変わらぬ故郷への思いも続くし、村での出会いも新たに生み出されていく。原発事故による影響を考えることもしばらくは続くと思うが、飯舘村にかかわらず中山間地域の人口減少・少子高齢社会に向けた住民の村づくりへの挑戦がそこにある。そして、村の暮らしの創生のモデルを見たいと願っている。

二〇二三年六月には、宿泊体験館「木こり」がリニューアルオープンし、宿泊場所も再開した。被災地へのツアー企画もある。までい工房美彩恋人《びさいれんと》で紹介した産品以外にも、お酒（どぶろく）をはじめスウィーツ、郷土料理などもある。「飯舘牛」のブランド再興の動きもある。飯舘村は、東日本大震災・原発事故災害から「前へ進む」ことを私たちに見せてくれる「村」なのである。

●写真1～4は筆者撮影

〔参考文献〕
境野健兒・千葉悦子・松野光伸編著『小さな自治体の大きな挑戦』八朔社、二〇一一年
渡邉とみ子著『「いいたて雪っ娘」ものがたり』二〇一八年

飯舘村『までいの村に陽はまた昇る　飯舘村全村避難4年半の歩み』二〇一五年
飯舘村「飯舘村第五次総合振興計画」二〇一〇年
飯舘村「飯舘村第六次総合振興計画」二〇二〇年

column

にぎやかな空間と場をつくりだす——広野町の人的交流促進と関係人口創出

廣本由香

広野町の被災と住民避難

双葉郡広野町は温暖な気候であることから「東北に春を告げる町」として知られ、五社山や夕筋海岸の景勝地をはじめ山と海に囲まれた自然豊かなまちである。

三・一一は社会・生活基盤の破壊だけでなく、地域コミュニティの衰退を招いた。福島第一原子力発電所から二〇～三〇km、第二原子力発電所から町の一部が一〇km圏内に位置する広野町でも、二〇一一年三月一三日に全町民に町長による避難指示が発令され、住民は各避難所に一次避難した。同年九月三〇日に広野町の緊急時避難準備区域が解除され、翌年三月三一日に町独自の避難指示が解除されたものの、除染やインフラ復旧が進まない状況において住民の帰還が進むことはなかった。多くの住民はいわき市内の応急仮設住宅や借り上げ住宅で避難生活を続けた。広野町の住民帰還が進むのは仮設供与期間が終了した二〇一七年三月末であり、半年後には帰還率が約七〇%に達した。

「わいわい」のコットン栽培

下浅見川地区の根本賢仁さんは、一次・二次避難を経ていわき市内の常磐応急仮設住宅に入居した。根本さんは広野町の応急仮設住宅の管理人兼世話人を任され、高齢者の見守りサポートや住民が集まれるお茶会の開催、小物雑貨の工作教室などに取り組んだ。先の見えない避難生活の中で気軽に集い、言葉を交わす場があったのは、とりわけ単身高齢者には心の支えとなった。

根本さんはいち早く二〇一三年一二月に妻とともに広野町に帰還した。沿岸近くの自宅は地震と津波で全壊したため、半壊した長男宅を修理して住むことにした。

根本さんは震災からの復興を願う住民有志らとともに、二〇一六年四月にNPO法人「広野わいわいプロジェクト」（以下、「わいわい」）を立ち上げ、津波被害のあった沿岸で「ひろの防災緑地の森づくり」（復興庁「新しい東北先導モデル事業」）に取り組み始めた。

写真１　コットンを収穫する福大生（2022年11月3日、筆者撮影）

さらに、「わいわい」は「ふくしまオーガニックコットンプロジェクト」（二〇一二年始動）に加わるかたちで、津波被災による塩害で耕作放棄地となった二〇アールの土地を活用し、オーガニック・コットン（以下、コットン）の栽培を始めた。コットンは塩害に強いだけでなく、放射能汚染の風評被害も回避できる作物であったからである。そのうえ、世界各地で綿栽培の環境負荷や健康被害、労働環境を訴える声があがっていることもあり、農薬や化学肥料を使用しない環境に配慮したコットン栽培は津波被害地区に託された再生の望みでもあった。

「わいわい」では日本の在来種である和綿を栽培している。茶色の和綿は白い洋綿に比べて小ぶりで、生成りの温かみがあるのが特徴である。毎年、五月上旬に種をまき、一〇月下旬から一二月にかけて収穫する。広野で収穫したコットンは、連携しているNPO法人「ザ・ピープル」（いわき市）で種子と綿を分離させる綿繰り機にかけられる。その後、綿は紡績工場で糸にされ、最終的にタオル等の商品となる。

「わいわい」ではコットン栽培に県内外の大学生や企業のボランティアなどにかかわってもらいながら、広野町の被災と復興、地域再生を学んでもらうことで、まちの交流促進や関係人口の創出につなげようと試みている

写真2　まちなかマルシェの様子（写真提供：もじゃ先生）

（写真1）。被災地への関心が薄れていくなかで、広野の「共事者」（小松 二〇二一：一七九）とともに「にぎやかさ」を取り戻そうと奮闘しているのである。

「ぷらっとあっと」での「まちなかマルシェ」

広野の「多世代交流スペースぷらっとあっと」（以下、「ぷらっとあっと」）は合同会社ちゃのまプロジェクトの青木裕介さんらが、目的なく集まれる居場所をつくろうと二〇二一年に立ち上げた。「ぷらっとあっと」はJR広野駅から徒歩三分のところにあり、普段はパソコン教室が開かれ、レンタルスペースとしても利用されている。広野小中学校や福島県立ふたば未来学園の児童・生徒には学習スペースや遊び場として開放されている。カフェを思わせるようなナチュラルな内装とオフィス家具のほとんどがDIYであり、居心地の良い空間をつくりだしている。天然パーマの髪型から「もじゃ先生」と呼ばれる青木さんの気さくな性格も空間をいっそう明るくさせ、訪れる人を笑顔にしてくれる。

「わいわい」は「ぷらっとあっと」で毎月第四日曜日に「まちなかマルシェ」を開催している。屋外では焼きそばなどのキッチンカーと「天空のさとやま」（いわき市四ッ倉の市民農園）の野菜販売があり、屋内では「ザ・ピープル」の古着販売と「ぷらっとあっと」の駄菓子販売、子ども向けのゲームを楽しむことができる。小学生からお年寄りまで思いのままに自由に過ごせる、にぎやかな場となっている（写真2）。

震災と避難によって人と人とのつながりが薄れてしまった広野だからこそ、青木さんらは人が人を呼び、人を育てるような場づくりに取り組んでいる。広野が「復興」から「まちづくり」へと少しずつ移行していく段階において、「今、ここ」の住民同士の交流やつながりがまちづくりの起点あるいは足場になるにちがいない。

〔付記〕
本コラムは科研費（21H00780）の成果である。

〔参考文献〕
小松理虔『地方を生きる――都市と地方の間で考える』筑摩書房、二〇二一年

column

災害から地域の歴史・文化を護り、継承する

――ふくしま史料ネットと福島大学――

阿部浩一

今日の地方国立大学に求められる重要な役割の一つは、学術を通した地域社会への貢献である。地域の歴史・文化を護り、後世に継承していく活動もその一つである。殊に近年は、全国で大規模な自然災害（地震、津波、台風、豪雨など）が相次いでおり、それによって地域のあゆみや特質を語ってくれる様々な資料が滅失の危機に晒されている。災害の中から資料を救い出し、記録化を進めながら調査・研究を進め、その成果を地域と共有していく活動が、歴史学による地域貢献として重視されている。

今日の歴史資料保全活動の嚆矢となったのは、一九九五年の阪神・淡路大震災の際に設立された史料ネットワークである。大学の教員・学生、博物館の学芸員、行政の文化財担当者、震災資料をアーカイブする図書館職員、一般市民が「資料を護り伝える」という共通の目的のもとで緩やかに結びつき、資料保全活動を展開する取り組みは、大規模災害に遭った被災地に広がり、現在では全国で約三〇の「史料ネット」が結成され、活動を続けている。

東日本大震災とふくしま史料ネット

二〇一一年三月一一日に発生した東日本大震災は「千年に一度」といわれる未曽有の大災害であったが、福島県の場合はさらに福島第一原発事故が重なり、地震・津波・原子力の複合災害が今なお多くの住民を苦しめている。警戒区域の設定にともなう強制避難が続き、未だ故郷に帰還できずにいる人たちも少なくない。そして地域の歴史・文化は、担い手である住民の不在によって一気に消滅の危機に晒されることになった。

写真1　原発被災地の資料館から救出した資料を安全な施設内に運ぶ福島大学学生たち（筆者撮影）

写真2　被災地から救出した資料を記録整理する福島大学学生たち（筆者撮影）

福島県では東日本大震災発生前の二〇一〇年一一月、㈶福島県文化振興事業団（現在は（公財）福島県文化振興財団）、福島県立博物館、福島県史学会、福島大学の四者を呼びかけ人として、文化財関係者と行政・市民の広範な連携体としての「ふくしま歴史資料保存ネットワーク（ふくしま史料ネット）」が発足していた。福島大学は史料ネットの一員として、地震で被災した建物から古文書などの資料を救出し、保全する活動に取り組んだ。具体的には、被災家屋から運び出した古文書を一時預かりし、クリーニングして埃を掃ったのち、バックアップとしてデジタル撮影し、リストを作成し、専用の封筒と箱に収めて所蔵者に返却するというものである。この活動は学生を中心に、市民ボランティアも参加するかたちで今なお続けられている。

原発被災地の資料を護り、歴史・文化を継承する活動

人の立ち入りが極度に制限された警戒区域内でも、福島県や自治体関係者を中心に、全国からの支援を得て、双葉・大熊・富岡の三町の資料館から収蔵資料を救出する「文化財レスキュー事業」が行われた。その後、福島県立博物館が地元自治体などと連携し、震災の記録と記憶を後世に伝える「震災遺産」の収集・展示活動に乗り出した。富岡町は役場内にプロジェクトチームを立ち上げ、行政主導で民間所在の資料の保全活動を推進した。記録整理には福島大学とふくしま史料ネッ

トも協力し、その成果はとみおかアーカイブ・ミュージアムへと結実した。
故郷からの強制避難を余儀なくされた住民たちの間では、自らの手で身近な地域の歴史や文化、生活や記憶を書き残そうという動きが生まれた。『大字誌』と呼ばれるこの一連の取り組みは、やがて専門家たちと手を携え、さらに本格的な地域史叙述へと展開していった。

相次ぐ自然災害と資料保全活動

東日本大震災後も、福島県は二〇一九年の東日本台風（台風一九号）、二〇二一・二〇二二年の福島県沖地震、二〇二三年の台風一三号と、相次ぐ大規模自然災害に見舞われた。この間、ふくしま史料ネットと福島大学は地域住民や地元の関係者、文化財関係の専門家と連携し、資料保全のために現地に赴き、地域の歴史・文化を護り、継承する活動を続けてきた。近年は地域の歴史・文化の消滅を危惧する市民有志によって「そうま歴史資料保存ネットワーク（そうまネット）」が立ち上がるなど、新たな広がりをみせつつある。ふくしま史料ネットは宮城歴史資料保全ネットワークとともにそうまネットと連携し、活動を支援している。
地域の歴史・文化を語る資料は、一度失われてしまうと、後世に何も伝えられなくなってしまう。その苦しみは、強制避難で故郷と切り離された原発被災地および自然災害の被災地の住民が最も強く感じていることであろう。われわれが役に立てることはごく僅かかもしれないが、資料保全活動を通じて大学の持てる知的・人的資源を最大限に活かし、地域に寄り添う地方国立大学のあるべき姿を追求していかなければならないと思っている。

〔参考文献〕
阿部浩一・福島大学うつくしまふくしま未来支援センター編『ふくしま再生と歴史・文化遺産』山川出版社、二〇一三年
阿部浩一「福島の歴史・文化遺産の記録　福島大学学生による文化財レスキュー」『ＢＩＯＣＩＴＹ』八五、二〇二一年
天野真志・後藤真編『地域歴史文化継承ガイドブック』文学通信、二〇二二年

第5部

福島を文化から探り、楽しむ

福島県の図書館とその歴史をめぐる

――新藤雄介

はじめに――変化していく図書館、変化してきた図書館

現在、図書館はインターネットという電子化との融合が図られ、新たな変化の途上にある。電子書籍の普及に伴い、それを蔵書に加え貸出する動きが着実に広まっている。また、著作権の保護期間が満了した書籍を電子化し、デジタルアーカイブとして公開する動きも進んできている。実際に福島市では、二〇二三年二月から電子書籍の貸出を開始し、ものによっては図書館へ出向くことなく、書籍を借りることができる。福島市はそれを「福島市電子図書館」と名付けたように、もはや図書館という物理的実態や空間を必要としないものだとも言える。

だが、その一方で図書館のあり方は、電子図書館とはまた異なった形で変化し続けている。二〇二二年六月に建築史家の倉方俊輔による「時代を映す図書館建築十選」という連載が、『日本経済新聞』に掲載された。初回は一九〇四（明治三七）年に建設された大阪府

立中之島図書館から始まり、徐々に現代へと近づいていく。興味深いのは、連載の九回目と一〇回目で紹介されている「みんなの森 ぎふメディアコスモス」と「太田市美術館・図書館」である。ぎふメディアコスモスは、図書館と市民活動交流センター・展示ギャラリー・多目的交流プラザなどを兼ねた施設となっており、様々な活動をつなぐものの一つとして図書館がある。また、群馬県の太田市美術館・図書館は、建物自体が散策路のようになっており、図書館と美術館だけでなく、一階のカフェやショップを含めて同じような雰囲気の空間として一体化している。

こうしたことをふまえた時に、私たちは図書館という場所を、単に本を収蔵し棚に配置している場所や、ただ来館者が本を静かに読んだり借りていくだけの場所、として考える必要はない。明治以降、図書館は常に時代とともに変わってきたのだし、これからも変わっていくはずである。そこで本章では、福島県のいくつかの図書館に焦点を当てつつその歴史をひも解くことで、図書館というものがいかに変化してきたのか、そして現在へと至る時代の変化の中でどのような図書館が誕生してきたのかを、見ていくこととしたい。

1　会津若松市立会津図書館

福島県内で最初に設立された公立図書館が、会津若松市立会津図書館である。会津若松市では市立図書館に先立って、一八九三（明治二六）年に私立の若松図書館が、若松基督《キリスト》教会内に設置されていた。その後、一九〇〇（明治三三）年に青年の有志団体である会津

写真1　明治時代の会津図書館（出典：『会津若松市立会津図書館百年誌』）

写真2　現在の会津図書館（筆者撮影）

漆園会が図書館設立のための組織を作り、その会長に会津若松市の初代市長である秋山清八が就いた。この組織が母体となって設立のための寄付金などを徐々に集め、一九〇四（明治三七）年二月に、会津若松市立会津図書館が開館した。

　市立の図書館といっても、現代の私たちが想像するものとは大きく異なるので、注意が必要である。図書館の閲覧室は一二坪（畳換算で約二四畳）しかなかった。また、現在では公立の図書館は無料で利用できるのが当たり前になっているが、このころは一回一銭の閲覧券を購入して、利用する必要があった。加えて、一二歳未満の子供はそもそも図書館の利用ができず、また館外貸出ができたのは市立学校の教員、図書館に書籍や金銭を寄付して優待券を持つ者、優待券保持者が保証した者だけであった。『若松市立会津図書館一覧 明治四三年』によると、開館した一九〇四（明治三七）年の総閲覧人数は五四八五名で、一日あたり一九・一一人であった。このうち、学生が四六七六名、官吏が二八名、教員が一八四名、実業家及徒弟が三四二名、その他が一五五名となっていた。このように、利用者の八五・三%が学生によって占められており、学生が勉強のための場所として図書館を利用していたのだと考えられる。

また、現在の会津図書館には、一九一一(明治四四)年一月から一九三二(昭和七)年一二月まで書き継がれてきた日誌や、断続的ながら大正期を中心とした公文書綴などが残されている。(1) その中でも残された興味深い資料として、一九三七(昭和一二)年から記載が始まる『廃棄図書簿』がある。廃棄理由として「盗難」や「貸与紛失ス」などもあるが、一九四二(昭和一七)年六月二四日では、元・京都帝国大学教授で著名なマルクス主義経済学者だった河上肇の『第二貧乏物語』が、「若松警察署特高課ニ渡ス」と赤字で記されている。また、これ以前にも一九四〇(昭和一五)年には、『マルキシズムの擁護』という本が「若松警察署没収」となっている。これらは、当時の警察がマルクス主義を危険思想として厳しく取り締まった状況を、垣間見せてくれる。

とはいえ、戦前の国家主義的な観点からの取り締まりは、社会状況が変化すれば、今度は国家主義が取り締まりを受ける側へと入れ替わってしまう。日本が第二次世界大戦で敗戦した後の一九四六(昭和二一)年六月には、『宣戦の大詔』・『海洋学読本』・『興亜の大義』の三冊が、「若松市ヲ通ジ米軍ノ没収」もしくは「若松警察署ヲ通ジ米軍ニ没収」と記されている。こうしたことは、少なくとも一九四七(昭和二二)年七月まで行われていたようであり、この月には『大義』・『思想戦を語る』・『馬と特務兵』の三冊が「連合国軍最高司令部没収」と記載されている。

このように、福島県内で最も早くに設立された公立図書館の会津若松市立会津図書館は、現在と異なり利用料を徴収したり、開館直後では学生が圧倒的に利用し、戦中・戦後には図書の没収が行われるなど、戦前・戦後をくぐり抜けて現在でもその資料を伝え続け

(1) この日誌や『廃棄図書簿』などを含め、ここで紹介しているいくつかの資料の閲覧については、図書館に特別な閲覧申請が必要となる。

ている。

2 福島県立図書館

次に、福島県立図書館の歴史をひも解くことで、徐々に現在へと近づいていこう。県立図書館を設立しようという動きは、一九二二（大正一一）年からあったが、一九二七（昭和二）年に福島県教育会・福島県連合青年団・福島市連合青年団の総会で、昭和天皇の即位を祝う大典記念事業として、県知事に対する県立図書館の設立の建議が決まり、動き始めた。一九二八（昭和三）年七月には、県参事会で予算が可決され、図書館の建設が本格化していく。その一方で、県立図書館をどこに設置するかも課題であった。これについては、福島市が県立図書館を市内に設置することを望み、旧物産陳列館（福島市杉妻町二〇番地）を改修し活用することとなった。これを実現するために、県立図書館と引き換えに福島市立図書館を廃館とし、市立図書館の予算数年分として見立てた四万円を、福島市が県立図書館の費用として寄付した。加えて、福島市立図書館の蔵書や器具についても、県立図書館に引き継がれた。こうして福島県立図書館は、一九二九（昭和四）年一〇月に開館した。

その後、第二次世界大戦を経て連合国軍による占領下では、米国占領軍政府福島駐在官から、図書館の運営に関して助言や指導が行われた。その中でも特に注目すべきなのが、開架式の導入を駐在官が強く要望したことであった。開架式とは、現在ではあたり前となっているが、利用者が出入りできる場所に本を配置することで、利用者が自由に本を手に取ることができる方式である。この要望により、一部の教育図書については開架式で閲覧できるようになった。このことは逆に言うと、戦前において県立図書館は閉架式を採用しており、利用者が本棚にある本を自由に手に取ることができなかったということがわかる。

その後、図書館の老朽化により倒壊の危険性があるとのことで、一九五四（昭和二九）年八月に協議会が設置され、新しい図書館の建設案が持ち上がった。そのため、同年一二月には旧県議会議事堂（福島市杉妻町一五番地）に、一時的に県立図書館が移転した。最終的には、福島市公会堂（福島市松木町一番地）を解体し、その場所に新たに県立図書館を建設することが決まった。こうして一九五八（昭和三三）年一二月に、新たな県立図書館が開館した。

ところが、この新図書館も一〇年ほどを経ると、蔵書の収容能力が限界に近づき、利用

写真3　最初の福島県立図書館（出典：『福島県立図書館30年史』）

写真4　一時移転時の福島県立図書館〔旧県会議事堂〕（出典：『福島県立図書館30年史』）

写真5　松木町時代の福島県立図書館〔現在の福島市立図書館（本館）〕（出典：『福島県立図書館50年誌』）

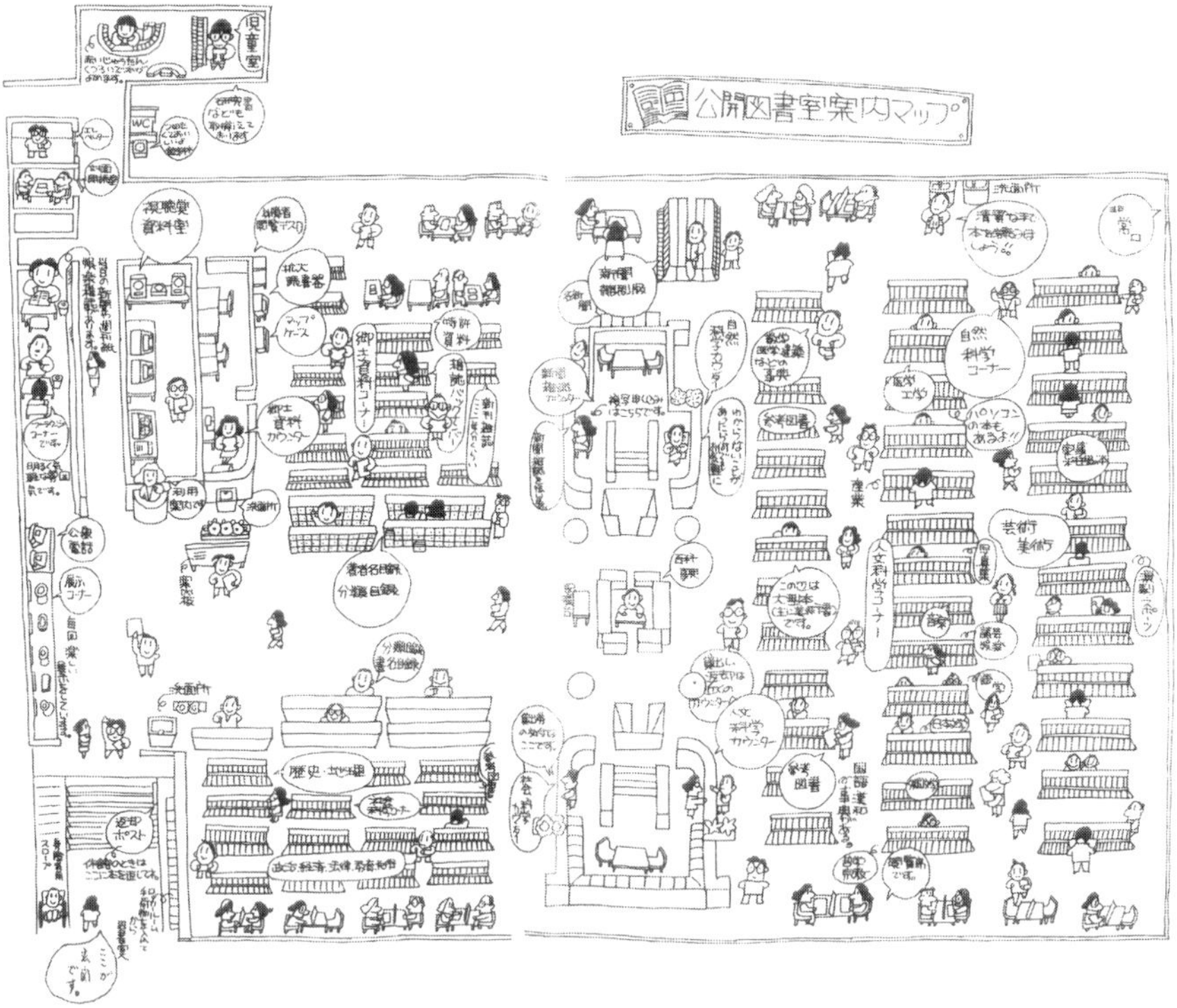

図　現在の福島県立図書館の開館時のフロアマップ（出典：『あづま』35巻1号、福島県立図書館蔵）

写真6　現在の福島県立図書館（筆者撮影）

者の閲覧スペースも狭いとのことで、再び新たな図書館建設の声が出始めた。一九七七（昭和五二）年には県立図書館の改築案が提唱され、一九七九（昭和五四）年には福島県立図書館建設委員会が設置され、同年一二月に建設の報告書が提出された。[2] 図書館の用地がやはり課題となったが、当時の福島大学には経済学部と教育学部の二つだけがあり、位置が離れて別々に存在していたため、大学はキャンパスの統合を模索していた。統合後には経済学部の土地が空くことから、そこに県立図書館を設立することとなった。そして、一九八四（昭和五九）年七月に、県立図書館は県立美術館とともに新たな建物での移転開館となり、現在でも同所に存在している（福島市森合字西養山一番地）。その一方で、県立図書館があった建物は福島市に譲渡され、福島市立図書館として引き継がれた。

このように、福島県立図書館は、旧物産陳列館から始まり、一時的に旧県会議事堂に移り、その後は福島市公会堂の跡地、さらには福島大学経済学部の跡地に、新たな建物が作られ移転していったのだった。

（2） 佐藤昌志「ごあいさつ」『館報あづま』三五巻一号、一九八四年、二頁。

3　福島市立図書館

ここでは、一九二九（昭和四）年に廃館となった福島市立図書館が、再び設立されることになる経緯を見ていこう。

福島市立図書館の設立へとつながる要望は、一九七六（昭和五一）年から大きくなる。六月に地域家庭文庫連絡協議会福島支部が市立図書館設置の請願書を提出し、また八月に

写真7　現在の福島市立図書館（筆者撮影）

は図書館問題研究会福島支部も市立図書館設置の陳情書を提出した。この二団体が元となり、九月に「福島市民の図書館をつくる会」が結成された。その後一一月〜一二月にかけて署名活動が行われ、一万四一六〇名の署名を福島市長に提出した。

　この署名活動の中心となったのが、地域家庭文庫を開設していた女性たちだった。この活動以前から、チューリップ文庫（藤田浩子）が一九六七（昭和四二）年に、山際子ども文庫（木村珪子）が一九七二（昭和四七）年に、蓬莱第一文庫（新田琴子）と蓬莱第二文庫（島貫のぶ）が一九七四（昭和四九）年に開設されていた。これらは、週一日開き、山際子ども文庫は町会の地域文庫として運営されていたが、他の三つは個人の自宅を開放する形で営まれていた。[3]

　福島市民の図書館をつくる会は、特に藤田浩子が中心となり『会報』を発行した。[4]一九七六（昭和五一）年一二月の第一号では浦和市立図書館と盛岡市立図書館を見学して、県庁所在地にある市立図書館の運営について報告している。加えて、『福島民報』の一一月二四日の論説欄に掲載された「福島に「市立図書館」は不要だ」という記事に対して送った抗議文の全文を掲載している。同じく一二月の第二号では、一万四一六〇名の署名を渡した際の市長の談話と、一二月一日に公民館で行った「福島市民の図書館を考えるつどい」の報告を掲載した。そこには、辺見教育長が「県立図書館が移転した場合は大改造して市立図書館にする　県に行くたびお願いしているがじれったく思っている　福大が松川に行

（3）「福島市地域家庭文庫の現状」『福島市民の図書館をつくる会発足当時資料』年月日不詳、福島県立図書館蔵。

（4）『会報』を含めた福島市民の図書館をつくる会の資料は、福島県立図書館に収蔵されている。

くので跡地とのかねあいも考えたい」[5]と回答したことを掲載し、さらに、市立図書館の設置までの暫定措置として陳情の要望に応じて、移動図書館車の実施に向けて準備を進めているると答えたことが記されている。また、この号では、どういった経緯で市立図書館を不要とする記事が『福島民報』に掲載されることになったのかについて、社に直接出向いて話を聞いた内容が掲載されている。翌年一月の三号では、『福島民報』の不要論への抗議に対する図書館界からの支援の声が掲載され、三月の四号では、移動図書館車の予算が市議会で承認されたことを報告している。

実際に一九七七（昭和五二）年七月に市民の強い要望を受け、移動図書館「しのぶ号」の運用が開始され、図書の貸し出しの取り組みが開始された。[6]とはいえ、広い面積と人口約二五万人の福島市を移動図書館のバス一台で十分にカバーすることは困難であり、以後も市立図書館の設置が要望され続けた。その後、教育長の言葉通りの展開となり、県立図書館の新築移転に伴って建物が福島市に譲渡されたため、これを市立図書館として使用することが決まった。最終的に福島市立図書館は、一九八五（昭和六〇）年四月に開館した。

このように福島市民の図書館をつくる会は、それぞれが身近な地域文庫から活動を始め、やがて一つにまとまることで福島市役所に市立図書館の設置の要望書を提出し、それまでの間として移動図書館車の運営へとつなげたのであった。こうした活動を経て、市立図書館が再び設置されたのである。

（5）「福島市民の図書館を考えるつどい」報告」『福島市民の図書館をつくる会会報』二号、一九七六年一二月、ノンブルなし（三頁）

（6）福島市立図書館を育てる市民の会『身近な図書館を求めて その1――福島市の図書館白書 1988』福島市立図書館を育てる市民の会、一九八八年、五頁。

4　須賀川図書館

次に、現代へとつながるものとして、須賀川図書館を見てみよう。須賀川図書館の始まりは、一九一二（大正一）年に須賀川第一尋常高等小学校内に、小学校と商業補習学校の職員の寄贈を元にして、明治天皇を記念するための文庫を作ったことから始まる。その後、一九一五（大正四）年に大正天皇の即位を記念して文庫を拡張し、須賀川町立図書館と改称し、小学校の旧講堂内に書庫と閲覧室を作った。さらに一九二七（昭和二）年になると、小学校の構内に二階建ての建物を新築した。

写真8　須賀川町時代の図書館（出典：『須賀川図書館施設経営概要』）

戦後には須賀川市立図書館となり、一九七三（昭和四八）年に二階建ての新たな図書館が建てられた。しかし、二〇一一（平成二三）年の東日本大震災の頃には蔵書の増加により手狭になり、また建物も老朽化が進んでいた。そのため二〇一三（平成二五）年に、新図書館を含めた須賀川市民交流センターの設立に向けて、計画が立て始められた。設立に当たっては公募を行い、提出された事業者の企画案を審査して、その中で最も優れた案の事業者と契約するプロポーザル方式が採用された。

これによって基本設計を市民ワークショップとして開催

写真9　tette（筆者撮影）

することになり、合計二五回行われ、六グループ約一〇〇人が参加した。この基本設計を受けて、二〇一九（平成三一）年一月に須賀川市民交流センターtette（テッテ）が開館した。この施設は図書館に加え、こどもセンター・市民活動サポートセンター・円谷英二ミュージアム・ウルトラFMスタジオ・交流スペース・チャレンジショップ（将来、須賀川の中心市街地で出店開業を目指す人の支援ショップ）などが入った複合施設となっている。

tetteの図書館として特徴は、蔵書の分類の仕方にある。通常は日本十進分類法による本の配置を行うことが多いが、tetteではテーマ配架へと変更した。日本十進分類法では、0．総記、1．哲学、2．歴史、3．社会科学、4．自然科学、5．技術、6．産業、7．芸術、8．言語、9．文学という一〇の分類のいずれかに、図書を振り分け、さらにその中で細かく分類を作っていく（たとえば、9．文学では、日本文学、英米文学、中国文学、ドイツ文学などに分け、さらに日本文学の中で細分化させていく）。だが、tetteの場合はテーマ別であるので、「であう」、「あそぶ」、「わくわく」、「はぐくむ」、「まなぶ」、「つくる」、「うごく・かなでる」、「しらべる」、「あつまる」という九つのゾーンに館内を振り分け、その中でさらにテーマを設定し配置している。[7] これによって、本と本の新たな出会いを生み、そこから人と本の新たな出会いを生み出す仕組みとするのだった。

（7）　菅野佳子「「ここにしかない図書館を…」」『みんなの図書館』五一六号、二〇二〇年三月、二五—三一頁。

とはいえ、tetteの設計者である畝森《うねもり》泰行が指摘するように、ワークショップに参加しているのは人口の〇・一二%に過ぎず、残りの九九・八八%の声は聞こえない。また、ワークショップを通して得られた声の重さを何によって測るかも容易ではない。それは、「「参加」や「共同」というワークショップが纏《まと》う一見美しい形式によって振り落とされた隠れた問題」でもある。(8) だからこそ、そうしたことへの気付きを得て、見えない部分を想像し、見えるものとの間で往復することが、見えるものを現実に近づけ、見えないものに輪郭を与えるのだとする。

このように、須賀川市中央図書館が入っているtetteは、設立の基本計画から地域の住民が関わり、その議論を経て徐々にtetteという新たな場が形作られていくのだった。

(8) 畝森泰行「集団の想像とそのスタディ」10+1 website、二〇一七年(二〇二三年一一月五日取得、https://www.10plus1.jp/monthly/2017/02/issue-03.php)

おわりに――歴史を刻印する図書館、変わり続けていく図書館

本章では、会津図書館、福島県立図書館、福島市立図書館、須賀川図書館(tette)を紹介してきた。戦前の図書館では、利用料が必要だったり、子供が利用できなかったり、自由に本を手に取れなかったりと、現代とは大きく異なる運営がされていた。このことを現在から未来へと延長すれば、私たちの今ある図書館も今後様々な形へと姿を変えていくのだと、気付かせてくれる。過去からの変化を知るために、福島県立図書館の跡地をたどってみて、現在どうなっているのかを見てみるのもいいだろう。再整備が検討されている福島市立図書館の今後の動向に注目してみるのも、様々なことを考えるきっかけとなる。また

実際にtetteと街の様子を見に行ってみれば、新たな気付きをもたらしてくれるに違いない。

最後に、福島県内の変わりつつある他の図書館も簡単に紹介しておこう。tetteの設計者たちも参考にしたという柔軟な本の分類と配置の南相馬市立中央図書館（日本図書館協会建築賞）、福島県建築文化賞を受賞した白河市立図書館、少ない財源を逆手に取り全国の埋もれている本の寄贈を呼び掛けて五万冊以上が集まった矢祭もったいない図書館、三角帽子の屋根が特徴的な塙町立図書館などがある。また、図書館ではないが、安藤忠雄の設計による絵本美術館「まどのそとのそのまたむこう」（学校法人いわき幼稚園）もその建物を含めて、本だけに留まらない新たな出会いとなるだろう。図書館には、様々な形がある。何も新築だけが良いわけでもない。その歴史をどう取り込むかも、また図書館の姿の一つの変え方である。

〔参考文献〕
五十嵐太郎・李明喜『日本の図書館建築』勉誠出版、二〇二一年
須賀川図書館『福島県須賀川図書館施設経営概要』須賀川図書館、一九三六年
福島県会津若松市立会津図書館『会津若松市立会津図書館百年誌』福島県会津若松市立会津図書館、二〇〇四年
福島県立図書館『福島県立図書館30年史』福島県立図書館、一九五八年
福島県立図書館『福島県立図書館50年誌』福島県立図書館、一九八〇年
『図書館へ行こう!!』洋泉社、二〇一六年
「特集 おすすめの図書館」『ソトコト』一五巻五号、二〇一三年
「特集 福島の図書館」『みんなの図書館』五一六号、二〇二〇年
「特集 融合施設はまちを変えるか 須賀川市民交流センターtette 開館1周年」『ＬＲＧ』（『ライブラリー・リソース・ガイド』）三三号、二〇二〇年

ここどこかを結ぶ――鑑賞と交流の場としての福島県立美術館

――田村奈保子

はじめに

令和五年四月、新しい博物館法が施行された。[1] 七〇年ぶりの改正である。博物館法は、博物館だけでなく、規定を満たしたその他の施設、つまり本章で扱う美術館にも適応されるものである。大きく変わった点として資料のデジタルアーカイブ化の推進がまずあげられるが、地域との連携を強めることに力点が置かれたことも着目に値する。これは、筆者たちが二〇〇九年に立ち上げた「美術館とまちづくり研究会」(福島大学地域未来デザインセンター登録研究会)の活動趣旨と大きく重なっている。[2] 当研究会は、福島市にある福島県立美術館(以下、県立美術館)との連携協力を主たる目的とし、クリエイティブなまちづくりやアートのある生活の提唱を掲げて発足した。本章では、筆者がこの研究会活動をとおして関わってきた県立美術館を、地域の文化的生活に資する場、そして、時空を超えてここどこかを結ぶ場として紹介したい。

(1) 文化庁ホームページ博物館法の一部を改正する法律(令和4年法律第24号)について―文化庁(bunka.go.jp)

(2) 研究会の発足経緯や趣旨、二〇一二年までの主な研究・活動については、『文化資産としての美術館利用―地域の教育・文化的生活に資する方法研究と実践』(辻みどり・田村奈保子・真歩仁しょうん著、福島大学ブックレット『二一世紀の市民講座』、公人の友社、二〇一二年)に詳しい。

1　県立美術館バーチャル訪問

県立美術館はJR福島駅から約二キロのところにある。福島大学が現在の福島市金谷川に統合移転する前に経済学部があった地に福島県立図書館とともに建設され、一九八七年に開館した。現在の福島大学は福島駅から二駅の金谷川が最寄り駅である。物理的距離はしばしば心的距離を生む。県立美術館は福島大学に所縁の地に建てられたにも関わらず、残念ながら現在福島大学生たちが足を向ける機会は少ないようである。もちろん、本学学生のみでなく、多くの人に訪れてほしいことは言うまでもない。ともあれ、まずはバーチャルに県立美術館を訪ねてみよう。

美術館に赴くには福島駅からの二つの公共交通手段を知っておくとよい。車での来館も可能であるが、人気の高い企画展では駐車場に入るのに時間がかかることもある。交通手段の一つは飯坂温泉を終点とする福島交通飯坂線である。二駅目が最寄り駅「美術館図書館前」で、県立美術館には徒歩二分ほどで到着する。もう一つは福島駅前からの福島交通バスである。五分ほどで最寄りのバス停「県立美術館入口」に着き、県立美術館にはそこから徒歩三分ほどである。しかし、徒歩でもJR福島駅から約三〇分である。季節がよければ散歩がてらと道すがらを楽しむのもよい。道はバスの経路と同じで、駅から北にほぼ直進である。映画館フォーラム福島を超え、森合緑地——小鳥がとまった装飾のある車止めが可愛い——の辺りからが美術館ゾーンであると、筆者は考えている。この辺りには、

写真1　福島県立美術館外観（写真提供：福島県立美術館）

写真2　美術館正面入口（写真提供：福島県立美術館）

洒落た雑貨店やカフェ、菓子店などが点在し、思わず足を留めたくなる。最寄りのバス停は直進してきた道を少し右折したところにある。バス停を背中に駅からの道に合流した向かい側には、古参の喫茶店「いちょう並木」がある。そして、T字路の先の正面に、信夫山を背に翼を広げたような建物が見えてくる。福島県出身の建築家大高正人氏の設計で、建物自体への評価や人気も高い。向かって右側が県立図書館、左側が県立美術館である。両翼を結ぶ中央には併設のレストランがある。街路樹のいちょうの枝の下を進んだ先に見える横広がりの館の佇まいには、視界が開けた解放感からか、腕を広げて歓迎されていると感じるのか、はたまた到着の安心感からか、毎回清新な驚きや喜びの感を覚える。後ろに控える信夫山は福島市のシンボル的な地である。春には桜の薄紅を点在させ、初夏には緑、秋には濃赤や黄や茶を纏い、季節ごとの装いを見せてくれる。季節ごとと言えば、館に導く道の植物も同様で、初夏にはツツジやシャクナゲが両脇を彩り、夏にはいちょうが涼しい木陰を与えてくれ、秋にはそのいちょうが頭上と足元を黄色で埋める。

館に歩を進めよう。門を入ると、館には周囲から裏手まで広い庭がめぐらされ、ここの散策だけでも訪れる価値があると感じる。庭への立ち入りは無料である。近隣住民の憩いの場として、犬の散歩や子どもたちの遊びの場ともなっている。この庭もまた季節ごとの変化がよい。早春には水仙やユキヤナギ、初夏にはサツキ、梅雨時には紫陽花、秋には錦木やヤマモミジなどの紅葉のグラデーションが楽しめる。一角は日本庭園風の設えとなっており、小川が流れ、池や東屋もある。館を囲む植物の中で特筆したいのが竹である。常緑で丈高く館を囲む竹はそれだけでも美しいが、筆者には館の中から見た時に一層美しく見える。一階企画展示室の休憩室から見える竹は、窓枠で切り取られたためか、一幅の絵のようである。筆者の個人的な感覚ではあるが、海外も含めて、美術館での鑑賞の合間に

写真3　福島県立美術館池（筆者撮影）

写真4　福島県立美術館東屋と小川（筆者撮影）

窓からふと見えた外の風景が美しいと、特別な感慨を受けることがある。その風景自体の美しさに加え、閉ざされた空間で作品に触れていることを思い出させてくれるからかもしれない。庭に戻ろう。館入り口に向かって左手にフェルナン・レジェの《歩く花》が置かれている。高さ6メートルという大きさで、見落とすことはないが、それゆえ遠くから一瞥して終わらせてしまわないだろうか。近づいて角度を変えて観てみると、確かに花が力強く一歩を踏み出しているように見えるから不思議である。《歩く花》は子どもたちのボール遊びの格好の的となっていたと聞いたことがある。確かに脚には何やら黒い跡がついていた。作品が館とともに歩んだ歳月の証ととればレジェも許してくれるかもしれない、と思っていたところ、二〇一三年に鮮やかな色に塗り直された。新たな一歩を踏み出した《歩く花》は、これまで以上に館の顔としての存在感を増している。レジェの作品は版画集『サーカス』も収蔵され、二〇〇九年には［特集展示］も行われた(3)。

館に入ろう。ホール手前の右手に絵葉書やグッズ、カタログなどを販売するショップがある。その後ろには美術全集などが並んだ図書コーナーがあり、全国の美術館・博物館のポスターやチラシも置かれている。入口左手には館のスタンプが置かれ、その横に作家や収蔵作品解説などのビデオ視聴コーナーがある。奥に向かって広がるエントランス・ホールは高い天井が印象的である。ここはミニ・コンサートや年賀状展などの会場ともなる。ホールには、マリノ・マリーニの大型の彫刻《騎手》が置かれている。常設展示室の入り口や出口付近にも立体作品や彫刻がある。足を止めて鑑賞したい。一階展示室は年五回ほどの企画展会場となる。常設展会場は、受付奥のなだらかに坂になった廊下を上った二階にある。常設展は通常年四回、テーマにそって選ばれた収蔵品が展示される。

（3）美術館とまちづくり研究会では、福島大学学生団体の吹奏楽演奏とジャグリングのイベントを企画、また筆者は翻訳と講座で、この特集展示に協力した。

2　県立美術館の来歴と活動

次に、作品収集・収蔵・公開などの活動を、同館の歴史をたどりながら紹介したい。(4)開館に当たっては一九七七年に準備委員会が発足し、一九八四年七月に開館の運びとなった。現在では、地元福島に因んだ作品から海外の銘品まで、絵画、版画、彫刻、染色、陶芸など四〇〇〇点近くが収蔵されている。

(4)　県立美術館の来歴や活動については、同館のホームページ（fcs.ed.jp）並びに同館X（@fukushima_kenbi）を参照した。

地域に根差した収集・展示活動

まず、作品収集と展示の面で地元福島に目を向けた活動から取り上げたい。

地元に目を向けた活動は地域の文化施設の重要な責務の一つであり、県立美術館へのこの点での周囲からの期待は開館準備期から高かったことが推察される。ホームページで特筆されている版画家斎藤清（福島県会津坂下町出身、以下括弧内の地名は現市町村名による出身地）からの多くの作品寄贈（現在四〇〇点以上）にもそれが強く感じられる。地域が誇る芸術家斎藤から多数の作品を寄託されたことは、同館の役割に対する期待が込められた象徴的な出来事と言えるだろう。斎藤の作品は二階の常設展会場に、ほとんど常時展示されている。同館が誇るコレクションとして位置付けられていることに間違いはない。

県立美術館が作品を収蔵する福島県出身の芸術家は他にもいる。酒井三良（三島町）、佐藤玄々（相馬市）、関根正二（白河市）、吉井忠（福島市）などの作品も収蔵し、県出身作家として紹介している。そこには、地元の芸術家の存在やその作品を知るだけでなく、地域特有の光景や風景を作品の中に見出す楽しみもある。例えば、酒井三良の《雪に埋もれつつ正月はゆく》には、大正期の静かな正月の様子が描かれている。画中には、母と子らだろうか、猫とともに囲炉裏端に座る三人の姿があり、頭上には会津の小正月に見られる団子さしが描かれている。地域特有の年中行事が絵画の中に見出され、郷愁を誘う。収蔵作品は、上記の通り年四回展示替えされ、季節感にそった展示も組まれている。例えば、二〇二三年の第Ⅰ期のテーマは「春から初夏の日本画」で、秋から初冬の第Ⅲ期には斎藤清の〈会津の冬〉シリーズが展示されている。各期に展示される作品リストはホームページで見ることができる。常設展とはいえ、常にすべての収蔵作品が展示されているわけではない。企画展に訪れた後に鑑賞するだけでなく、年間を通して各期ごとに単独で訪れる価値がある。

また、先にもふれたが、収蔵作品を中心に企画した「特集展示」も行われている。「特集展示」とは、県立美術館収蔵作品を中心とした企画展示で、同館の特徴的なコレクションにふれることができる機会である。そこでは、個々の芸術家の作品への着目のみならず、「よみがえるオオカミ　飯舘村山津見神社・復元天井絵」（二〇一六年）や「みんな大好き！福島ねこづくし展」（二〇二二年）といった地域の文化的遺産にも展示対象を広げている。この二特集は動物をテーマにしたものであるが、県立美術館には他にも、猫、鼠、牛、うさぎ、馬、鳥、リスなど多くの動物をモチーフとした魅力的な作品が多く収蔵されている。「アートになった動物たち　二十世紀彫刻にみる動物表現」（二〇〇一年）が開催されたことがあるが、いつか絵画なども含めた動物の「特集展示」が催されることを期待している。

地元への目配せは収集・展示活動のみに限らない。各地への巡回展をとおして、鑑賞の機会を県内各地に提供してもいる。二〇一五年の長期休館中には、近隣施設である福島県文化センターをはじめ、須賀川市立博物館、二本松市大山忠作美術館などを回った。

また、地域の文化的アイデンティティーの発信活動も行っている。東日本大震災後に行った企画展「がんばろう福島　生きる力・美の力展」（二〇一一年）、「被災地からの発信　ふくしま三・一一以降を描く」（二〇一六年）は、文字通り文化の力による地域復興や意気発揚の企画となった。

このように、県立美術館は地域固有の芸術作品や文化の収集・保全、研究、公開、発信活動を行ってきた。

外国文化にふれる場

一方、県立美術館が地域を眼差すのみではなく、広く芸術文化一般への視野と理解に基づいた活動を行っていることは言うまでもない。外国作品の各企画展や、海外作家の作品収集も意欲的に行われている。中でもアメリカ二十世紀の絵画はそのコレクションの重要な一翼を担っている。アンドリュー・ワイエスの作品収集は、開館準備時から計画されていたという。ベン・シャーンのコレクションも特筆すべきものだろう。日本人に人気の高い印象派の絵画も、オーギュスト・ルノワール《帽子を被る女》、カミーユ・ピサロ《エラニーの農園》、クロード・モネ《ジヴェルニーの農園》などが所蔵されている。その他、ポール・ゴーギャン、ジョルジュ・ルオー、パブロ・ピカソ、シャガールなどの著名な外国人画家の作品、ある時代やテーマに焦点を当てての作品の収蔵、展示が行われている。

企画展では、一九九八年の「ピカソ回顧展」で「六七、一二五人の観覧者」との記録が残されている。上述のとおり県立美術館はピカソ作品を収蔵しているが、九八年の回顧展は規模の大きい特別な企画展であったと思われる。海外の有名作家の展覧会に、記録として残されるほど多数の観覧者を集めたことから、県立美術館が外国の高級芸術に触れる地域の文化的核として大きな役割を果たしてきたことがわかる。

また、外国文化を扱った日本人作家の作品にも興味深いものがある。その中から、柄澤齊の木口木版画を紹介したい。〈肖像画〉シリーズとして、作家や芸術家などを描いた作品である。肖像画と言っても、そこには柄澤が解釈した芸術家像が描かれている。大きな黒い羽根の下に顔が描かれたエドガー・アラン・ポーは物語詩『大鴉』を思い起こさせる。顔の下半分に海を蓄えたようなアルチュール・ランボーには「永遠」が、ガラス片のようなものが漂う中でこちらを見据えるシャルル・ボードレールには「悪いガラス屋」が、それぞれ背景の詩として想起される。柄澤の深く豊かな解釈と優れた技術に感嘆しながら、これらを入り口に外国文化や外国文学にふれることもできるだろう。柄澤の作品は他に譚画集『迷宮の潭』なども収蔵され、県立美術館を代表するコレクションとなっている。

サブカルチャー・現代アートとの出会いの場

ここまであげたのは高級芸術分野の作品がほとんどであったが、大衆芸術やサブカルチャー分野でも、県立美術館は地域住民に文化的娯楽を与える場となっている。二〇〇四年の「アート オブ スター・ウォーズ展」には七七、六〇一人の観覧者を記録したとホームページで特筆されている。その後も、「ムーミンと白夜の国の子どもたち」(一九九七年)、

「五味太郎作品展［絵本の時間］」（二〇二一年）、「THEドラえもん展 FUKUSHIMA二〇二一」（二〇二一年）、「写真展 岩合光昭の世界ネコ歩き2&どうぶつ家族」（二〇二二年）など、子どもたちを含む家族や広い年齢層向け、またサブカルチャー分野の作品の観賞価値を示す企画が行われている。

ここで二〇一一年二月から開催された「ジブリ・レイアウト展」を取り上げたい。やはり広い世代に人気の高いテーマで、多くの観覧者（七四、三七八人）が訪れた。しかし、取り上げる理由は観覧者数ではない。それは、この企画展が文化の力を示した点にある。同展は会期中に発生した東日本大震災によって一旦中断された。そして、主催者の厚意により当初の予定より会期が引き伸ばされた。四月末の再開館時には多くの観覧者が訪れたという。震災後の交通その他の状況を考えれば、来館者のほとんどは福島県在住者であったことだろう。行列を作り入館を待つ人たちには笑顔が多く見られたという。このことは、非常時に文化による癒しがいかに求められていたかを物語っている。

上述した「THEドラえもん展二〇二一」の際の筆者の試みも紹介したい。筆者は担当ゼミ生とともに同展を鑑賞した。「ドラえもん展」とはいえ、同展には現代美術作家が独自な解釈をとおして創作した作品が並び、学生たちが親しんできたのとは一味も二味も違う「ドラえもん」が展示されていた。鑑賞後、学生に一番好きだった作品の感想を書かせると、長年慣れ親しんできたドラえもん像とかけ離れた世界観に意外にも順応し受け入れていた様子がうかがわれた。ちなみに、学生の間で一番人気が高かったのは（参加者二〇名中八名）、奈良美智の《依然としてジャイアンにリボンをとられたままのドラミちゃん@真夜中》であった。アイデンティティーのひとつである大切なリボンをとられたという悔しさの感情を奈良特有の少女の表情で表現した作品に、アニメとは異なる人間的な一面を見た、その視線に時間がたっても収まらない怒りや憎悪を感じた、など、学生たちはアニメのドラミちゃんにはない人間性、作品に流れる時間や物語といった厚みや深みを感じていた。参加者の中に初めて美術館を訪れたという学生がいた。その学生はこの鑑賞を機に美術館を訪れるようになったと後に聞いた。身近なテーマの鑑賞が、ともすれば敷居が高いと感じさせる美術館への抵抗をなくしたのではないだろうか。

また、岩合光昭の写真展では、市民から募った「ねこ自慢」写真が四一四枚集まり、一階のホールに展示されたことも記しておきたい。愛猫、つまり市民が日常愛情を寄せるものをとおして美術や美術館とつながるよい企画であった。

このように、県立美術館はサブカルチャー的な芸術鑑賞を提供する場としても、地域で重要な役割を果たしている。

地域住民や他地域との交流の場

県立美術館はこのように近隣住民を緩やかに文化でつないでいる。そして、広く他地域との交流の場ともなっている。それは、他地域の美術館から貸し出されるコレクション展開催に見られるのはもちろんだが、震災後の企画展に強く感じられることとなった。県立美術館は文化的支援を受ける場となったのである。「ルーヴル美術館からのメッセージ：出会い」（二〇一二年）、「若冲が来てくれました　プライス・コレクション　江戸絵画の美と生命」（二〇一三年）、「フェルメールとレンブラント：十七世紀オランダ黄金時代の巨匠たち」（二〇一六年）、「東日本大震災復興祈念　伊藤若冲展」（二〇一九年）など、複数回にわたって震災復興としての企画展が開催された。どれも大規模な企画展となり、遠方からの来館者も多かったようである。周辺地域の観光への呼び水にもなったことだろう。福島駅近辺の商業施設や交通機関では連携企画も行われた。東日本大震災という未曽有の災害とその後の復興に大きな役割を果たしたのは県立美術館に限るわけではないが、文化が地域に大きく貢献し、県立美術館がその核となったことに間違いはない。

文化施設が地域で果たす役割が見られるのは震災のような非常時のみのことではない。しかし、それらの活動の意味を再確認し、私たちは文化施設の功労への感謝の念を新たにすべきである。そして、常日頃からこうした施設を文化的生活の充実のために積極的に利用したい。

おわりに

最後に、今昔を問わず自地域と他地域それぞれの文化を所蔵・公開展示する美術館は、「ここ())ことどこか（ici et ailleurs）をつなぐ」場であることを確認したい。上述の通り、県立美術館は、福島の芸術・文化の核としてのトポスとなり地域の文化的アイデンティティーの保全と発信を行っていると同時に、日本の他地域や外国との交流の場ともなっている。大震災後という非常時には、他所からの支援や協力によって新たな絆や結びつきが生まれる場ともなり、訪れる人に癒しを与えた。美術館が収蔵する芸術作品について考える時、英語やフランス語の《art》と言う語が「美術」や「芸術」だけを意味するものではないということに思いが及ぶ。この語の原義には「技術」の意味もある。西洋においてかつての画家や彫刻家たちは、教会や王侯貴族らに依頼され制作するいわば職人であった。時代が下り、技術の粋が凝らされたことはもちろん、作家個人の営為や思いが込められたものが現在見る芸術作品なのである。世界に唯一または限られた数しかないそれらは、長い年月、様々な場所で、多くの人々が鑑賞してきた。鑑賞者は、作品を通じて、時代も場所も超えて、制作した芸術家や鑑賞した数えきれない人たちとつながっているのである。それが展示される美術館は、まさに時空を超えて私たちがいる「ここどこか」をつないでくれる。私たちはそこで、地域へのまなざしを新たにし、また同地を離れずともどこかとだれかとつながり、自身の世界を豊かに広げることができる。そうした場としての県立美術館を訪れることを強く勧めたい。

福島県北地域の映画館を歩く

――久我和巳

はじめに

一瞬訪れる漆黒の闇を切り裂いて、一筋の光が駆け抜けると、スクリーンにもう一つの宇宙が現れる。笑ったり、怒ったり、時には涙ぐんだりしながら、私たちは次第にその宇宙の中に飲み込まれていく。スクリーンの向こう側に私たちは、自分たちのものとは違う、もう一つの世界を発見し、それを自らのものとして体験する。四国の映画館を舞台にした、山田洋次監督の『虹をつかむ男』では、『ニュー・シネマ・パラダイス』を観た後で、地球の反対側のイタリアで作られた映画に、四国にいる私たちが何でこんなに感動するんだろうとつぶやく客に向かって、主人公の映画館主は、それが映画だ、と胸を張る。そして、ある場面では、それを可能にするのは映画館だ、とも。

1　映画館という空間

一八九五年、撮影、映写、焼き付けといった三つの機能を備えたシネマトグラフの特許を取得したのはフランスのリュミエール兄弟。彼らは、時を隔てずして、二人の撮影技師を日本に派遣し、今から一二〇年以上も前の日本の風景や人々の姿をフィルムに収めている。身繕いや食事の風景、稲刈りや田に水を送る水車、芝居や踊りや剣術の稽古、アイヌの人々の姿などなど、今日でも私たちは遙かな時間を超えて彼らの風貌とその背景に点在する建物や乗り物や景色を目にすることができる。それらのフィルムは、当時においても、既存の芝居小屋などを会場として、一般公開されている。鏡の中に初めて自分自身の姿を認識した赤子のように、当時の人々は目を凝らし、息を飲んで、スクリーンと向かい合ったことだろう。

映画は、脚本を作ったり、撮影をしたり、編集作業を終えたりしただけでは完結しない。できあがったフィルムを鑑賞する観客を必要とする。シネマトグラフで撮影と焼き付けを行ったフィルムを用いて、何度かの試験上映を繰り返した後、リュミエール兄弟が最初の商業上映の場として選んだのは、パリのレストラン「グラン・カフェ」の地階「サロン・アンディアン」と伝わっている。上映される映画に対し、一般の観客が料金を支払い、それを鑑賞するというシステムは、まさにこの時に始まった。それからわずか八年後の一九〇三年には、貿易会社として営業しながら、その後、幻灯機の販売や映画の巡回興行を手がけていた吉沢商店によって、日本初の常設映画館「浅草電気館」が開館する。翌年の日露戦争にあたっては、吉沢商店は現地に撮影隊を派遣、その上映には数多くの観客が詰めかけ、戦意高揚に一役を担ったと伝えられる。その観客の中には、戦地に赴いた我が子の姿を探し求める、親たちの濡れた瞳もあったかもしれない。

フィルムや映写機器を背負って全国を渡り歩いていた巡業隊による映画興行と並行しつつ、「浅草電気館」に始まる映画館による興行は、日本全国に広まっていった。弁士（映画説明者）という花形を生み出した無声映画（サイレント）の時代から、カラー・フィルムやクロース・アップで捉えられ、台詞を語り、時には歌声さえ聞かせる俳優たちからなるスター・システムのトーキーへ、映画技術や興行システムの大いなる変遷を経験しながら、映画館は人々の大衆娯楽の中心を担った。一般社団法人日本映画製作者連盟が公表している「日本映画産業統計」によれば、映画館数（スクリーン数）の最盛期は一九六〇年の七四五七館、この年の映画館の入場者数は、一〇億一四〇〇万人を超えている（入場者数の最高は、一九五八年の一一億一二〇七万人余り）。しかし、この年、七〇ミリのアメリカ映画『ベン・ハー』のロングラン上映開始、大島渚監督が『青春残酷物語』を発表し、松竹ヌーヴェルバーグの嚆矢となるなど、日本映画をめぐる状況は曲がり角を迎えていた。高度経済成長期は、私たちの娯楽の形態の変遷期でもあった。一九五三年に本放送が始まったものの、当初は庶民には手が出ないほどの高額だったテレビ受像器は、国民所得の向上とともに次第に身近なものとなり、皇太子成婚や東京オリンピックといった出来事を直接、お茶の間に届けることによって、たちまち家庭に浸透していく。やがて、ビデオ機器やレンタル・ビデオ店の普及を始め、映画の視聴形態の多様化も進む。この間も、映画技術にはさまざまな革新が見られたが、映画館がそれに対応するには、上映素材を構成する技術に見合うだけの上映設備を備えなければならない。観客数の減少と入場料金の高騰化、既存映画館そのものの老朽化とも相まって、従来型映画館が経営を継続していくには幾重もの困難が伴った。先の「日本映画産業統計」によれば、一九九三年、日本の映画館数は一七三四館、観客動員数は一億一三〇〇万人余りにまで減少している。

ＤＶＤや携帯電話、さらには、インターネットが広まっていく中で、もはや映画館はその役割を終えたかに思われた。しかし、九〇年代に、最新鋭の映写設備、良好な鑑賞環境を備えるとともに、ショッピング・モールや駐車場施設と近接しているシネマ・コンプレックス（複合型映画館、マルチプレックス・シアター）が登場し、それは瞬くうちに全国規模に拡大し、大手映画会社の影響力のもと製作・配給・興行が一連の流れを形成していた、従来のブロック・ブッキングというシステムは過去のものとなる。一九九三年を境として、映画館数は再び上昇傾向を示し、東日本大震災の年を除けば、映画館人口も徐々にではあるが回復している。二〇二二年の映画館数は三六三四館、スクリーン数は三二二八という数字にまで戻した。二一世紀に入ると、二〇〇一年の『千と千尋の神隠し』（宮崎駿監督）、二〇一六年の『君の名は。』（新海誠監督）など、多くの大ヒット作品も次々と公開され、コロナ禍直前の二〇一九年には、年間の観客動員数は一九四万人余りに回復している。それでも、映画館を取り巻く環境は依然として厳しい。デジタル化やその他の技術革新はめまぐるしく進行し、従来型映画館はその対応に苦慮している、テレビ・ビデオだけではなく、衛星放送や動画サービスなど観客の視聴方法も多様化する、まして、どの作品に収入を期待し、どの作品がそうでないのかを見極める材料は乏しい。

そんなことは十分に承知しつつ、ついつい映画館が気になってしまう、映画が始まるあの一瞬前の時間が好きだ、映画が終わって、見知らぬお客さんと黙って交わすあの満足感の共有がたまらない、古い友人のこんな言葉、「テレビで見て面白かったら、映画館で観たら感動するだろう、テレビで見て感動したら、映画館で観たら人生を変えるかもしれない」もいつも心に残っている。何度となく人生を変えられてしまったかもしれないけれど、いつだってきっとそれが良い方向に向かっていたと信じたい。

そんなふうに考えつつ、二〇二二年、福島大学の二年生と一緒に、とりわけ、県北地域の映画館事情の調査に取り組んでみた。

2　フォーラム福島の場合

私たちは、コミュニティシネマセンターが公開しているデータをもとに、全国の映画館事情と東北および福島県の映画館状況を比較することから取りかかった。コミュニティシネマセンターは、地域の映画・映像文化を担う組織から構成され、映画環境の多様な豊かさを想像するために、二〇〇九年に設立された組織である。

それによれば、二〇二二年の映画館人口は一億五二〇〇万人余り、一人当たりの映画鑑賞回数はおよそ一・二回で、二〇一九年の数値からは減少しているが、コロナ禍の始まった二〇二〇年の一億六〇〇万人からは、四三パーセントほどの回復を見せている。全国的に見れば、一スクリーン当たりの人口三万四〇〇〇人に対し、一スクリーン当たりの観客

表 1　東北地方の映画館

	映画館数	スクリーン数	一スクリーン当たりの人口	1スクリーン当たり観客数	一人当たり年間映画鑑賞回数
青森	7	36	33,455	23,889	0.7
岩手	7	23	51,327	24,348	0.5
宮城	10	77	29,605	32,468	1.1
秋田	5	18	51,663	34,444	0.7
山形	8	54	19,277	34,444	1.8
福島	5	32	55,913	32,500	0.6

出典：コミュニティシネマセンターのホームページより

数は五万四〇〇〇人弱ということになる。以下は、コミュニティシネマセンターの二〇二二年のデータをもとに作成したものである。

二三〇万人近い人口を抱える宮城県が映画館数、スクリーン数において他を上回るのは当然としても、人口一八〇万人近い人口の福島県より、およそ一〇四万人の山形県の方が映画館数、スクリーン数ともに圧倒している。さらに注目すべきなのは、山形県は一人当たりの年間映画鑑賞回数の全国平均一・二回を遥かに上回り、一・八回と、東京の一・九回に次いで、全国で二番目の数値である。福島県では全国平均の半数ほどの〇・六回に過ぎない。また、一スクリーン当たりの人口は、山形県が一万九二七七人に対し、福島県では五万五九一三人となっており、この数値は全国的に見てもかなり高い。すなわち、地域住民にとって、映画館という存在が身近なものではないということを示している。

県内の内訳を見てみよう。

人口一二万人弱の会津若松市、七万五〇〇〇人の須賀川市、六万人弱の白河市と南相馬市にも、営業を続けている映画館は、もうない。やはり、映画館はその役割を終えて

表2　福島県内の映画館

所在地	映画館名	スクリーン	種別
福島市	イオンシネマ福島	9	シネマコンプレックス
福島市	フォーラム福島	6	シネマコンプレックス ミニシアター
郡山市	郡山テアトル	6	シネマコンプレックス
いわき市	ポレポレシネマズいわき小名浜	9	シネマコンプレックス
いわき市	まちポレいわき	2	既存興行館

出典：コミュニティシネマセンターのホームページより

しまったのか、終えつつあるのか、私たちの間にそんな空気も漂い始めた。データを眺めていると、さまざまなものが見えてくる。数値の背後にある地理的、自然的条件、商圏や交通網などの経済的条件、さらには、各地域が固有に歩み、身につけてきた歴史的、文化的条件など、多くの観点を関係づけながら分析していくことも可能だ。同時に、データだけでは見えてこない課題もあるはず、そんなふうに考えて、私たちは、県北地域のいくつかの映画館を歩いて、そこに携わっている人の思いをすくい取ってみようと思い立った。二〇二二年、コロナの騒動は依然、進行中、参加していた学生の中にはコロナ禍が始まって以来、映画館に足を運んだことがないという方も多かった。だからこそ、自分の目で見て、感じ取ることから始めよう。

東北本線福島駅からおよそ徒歩五分、今では国内の全スクリーン中、九割を占めるとも言われるシネマ・コンプレックスの一つ、九スクリーンを擁する「イオンシネマ福島」がある。ショッピング・モール、大型駐車場と映画館が結び付き、最新の上映設備と快適な鑑賞環境を備える、今では、すっかりおなじみの映画館形態。そこからさらに北に、徒歩五分、映画館「フォーラム福島」のこぢんまりとした建物が見えてくる（写真1）。前述のコミュニティシネマセンターによる種別では、

写真1　フォーラム福島

「フォーラム福島」は、シネマ・コンプレックスとミニシアターの両方に分類されていた。ミニシアターとは、一九六八年の岩波ホールの開館を嚆矢として、大手映画会社から独立し、独立性の高い単館系の映画館を指すことが多い。とりわけ、八〇年代には渋谷ユーロスペース、シネヴィヴァン六本木など、数多くのミニシアターが開館を重ね、多くは、ヨーロッパやアジア、ラテン・アメリカやアフリカなど、当時、大手の映画館では上映されることの少なかった作品を次々と上映し、ヴィム・ヴェンダース監督の『ベルリン・天使の歌』などのヒット作を生み出した。音楽や美術、ファッションなどと結びつき、若者文化の発信地として一世を風靡したが、やがて、スクリーン数を拡大したシネマ・コンプレックスでもそうした上映を行うようになり、閉館を迎える映画館も少なくない。ミニシアター系映画館の先頭に立っていた岩波ホールも、惜しまれつつ、昨年、閉館した。

「フォーラム福島」がシネマ・コンプレックスにも、ミニシアターにも分類されているのには、いくつかの理由がある。東北地方で映画館経営を展開する「フォーラム・シネマ・ネットワーク」の出発点は、一九七九年、山形を舞台に映画好きの若者たちが集い、「山形えいあいれん」という組織を結成し、自主上映活動を展開していたことに始まる。それから、五年間にわたって、上映した作品はおよそ二〇〇本、とても常識では考えられないような活動だった。一九八四年、若者たちは次のステージへと踏み出す。日本初の市民出資による「市民の映画館を建設する会」が誕生、約三〇〇〇万円の市民出資をもとに「山形フォーラム」が開館する。前述の山形県における映画鑑賞活動の隆盛の理由の一つは、このような文化的伝統、文化的遺産の産物なのかもしれない。八七年には、その活動の場は福島に広がり、「フォーラム福島」として結実する。ちょうど、大手映画会社の直営館が福島から撤退していく時期と重なり、現在は、六スクリーンにて運営している。年間の上映本数は平均二〇〇〜二五〇ほど、邦画やアメリカ映画のヒット作を上映しつつ、本来のミニシアターに比べれば上映期間が短いのは仕方がないにしても、ミニシアターが上映していたような作品も上映する。シネマ・コンプレックスが先行する映写設備や映画環境の充実にも配慮しつつ、映画の持つ多様な豊かさを追及しようとする姿勢も忘れない。駐車場が依然として借地なのはやむを得ないか。

「フォーラム福島」の総支配人は、かつて「山形えいあいれん」の若者たちが掲げていたポリシーは今の「フォーラム福島」にも受け継がれていると語る。それは、「地域に根差した文化の発展に寄与」し、「優れた映画の上映を中心に活動し、映画文化状況の改善を図る」ことである。映画館に行くことはめったにないという、一人の学生が質問の挙手をする。シネマ・コンプレックスの拡大や動画配信サービスの普及が進む中、映画館は生き残っていけるのか、あるいは、映画館の優位性はどこにあるのか、と。総支配人はこう答えた。「これまでもテレビやビデオの普及で追い込まれた時期もあったけれど、大画面、ワイドスクリーンの存在によって、映画館は生き残ってきた。映画館のアナログ的な空間には、動画配信サービスでは生み出すことのできない、お客様の集中度がそこにはある」

スマホの画面とスクリーンの大きさを比較しつつ、椅子の座り心地を確認した後で、「フォーラム福島」のロビーに出て、切符売り場の様子をうかがう。そこには、今観たばかりの映画の感想や次に観たい映画のリクエストをする観客に、笑顔で応えるフォーラム・スタッフの姿があった。

3　本宮映画劇場の場合

周防正行監督の『カツベン!』やNHKの朝の連続テレビ小説『エール』などのロケ地になったのは、福島市民家園にある国指定重要文化財、旧「広瀬座」。明治時代、当時の伊達郡梁川町に町の有志によって芝居小屋として建設され、昭和二〇年代には映画館として改装を施された。一九八六年の広瀬川氾濫の被害を受け、取り壊される予定だったが、現在の福島市民家園に移築された。畳敷きの客席に腰を下ろしてみると、熱を帯びた弁士の語りや観客のどよめきが今でも聞こえてきそうな気がする。タナダユキ監督の『浜の朝日の嘘つきどもと』の舞台になったのは、現在の南相馬市にある「朝日座」。一九二三年に「旭座」の名前で芝居小屋兼映画館として開館し、一九五一年には「朝日座」と改称して、映画館として改装された。一九九一年、閉館を余儀なくされたが、今でも不定期に上映活動が行われている。「朝日座」の前に立ち、ふと上方を見上げてみれば、「ASAHI ZA」というネオン看板に魅了されること、間違いなし。時の流れはかつてあったものの姿を変えていく。それでも、残されたものから、かつての面影を垣間見て、かつての輝きを想像し、もしかしたら、何らかの形での再生を試みることも可能だろう。

福島県中通りの中部にある本宮市。一九五〇年代半ば、教師や母親、そして、当時二つあった映画館の一つ、本宮中央館の館主が中心になって、良質な映画作品を選んで上映し、こども、母親、教師が作品を鑑賞した後でそれについて話し合うという活動が展開されていた。世に、これは「本宮方式映画教室」と呼ばれている。やがて、この活動を通じて、当時の本宮町民が全面協力した、吉村公三郎監督の『こころの山脈』という映画まで生まれることになる。もちろん、親や教師が選定する映画だけが、良質な映画とは限らない。自分自身を振り返ってみても、時には背伸びをしたり、時には暴力が醸し出すカタルシスを味わってみたり、時には任侠の世界をのぞき込んでみたりしたものだ。何より、映画館経営は、上映を継続するに足る興行収入なしには始まらない。

写真2　本宮映画劇場

学生と一緒に、かつて本宮にあったもう一つの映画館、「本宮映画劇場」を訪ねた。本宮駅から徒歩五分、木造三階建て、ネオ・バロック風の正面部分はモルタル塗りの建物である（写真2）。一九一四年に「本宮座」という名称で、芝居小屋兼公民館として開館した。当初は、映画、芝居などの興行を行うほか、公民館としての役割も果たしていた。一九四七年には映画専門館「本宮映画劇場」と改称する。一九五五年、本宮町をはじめ、県内各地でロケを行った久松静児監督の『警察日記』が公開され、大ヒットを記録する。それはまさに、日本映画界の最盛期でもあったのだ。五〇年代、映画界の黄金期、そして、六〇年代からの急激な衰退を、身をもって体験し、時に猥雑な映画も上映しながら、一九六三年八月に閉館する。館内に足を踏み入れると、そこは閉館時のまま保存されている、安全面を考慮して、現在でこそ二階席、三階席は封鎖されているが、それらを解放すると、最大収容人数は一〇〇〇人近くであったという（写真3）。コンクリート打ちっ放しの床面、ロビーには昔懐かしい、名優たちのポスターが張り巡らされている。そう、「本宮映画劇場」の劇場主は閉館後、六〇年にもわたって、その劇場のあるがままを保存・維持してきたのである。何より目を惹くのは、黒光りするほど磨き上がられた、一九五七年製、二台のカーボン式（アーク式）映写機（写真4）、二本並べたプラスとマイナスの炭素棒（カーボン）を燃焼させ、それを光源として、三五ミリフィルムに光を、映画に生命を与えるのだ。田村

写真3　本宮映画劇場内部

写真4　アーク式映写機

優子によれば、「カーボン棒は約三〇分しか発光できない。・・・九〇分の映画では六本使う。・・・映画が途切れないよう上映するのには、二台の映写機が必要だ」[1]という。五〇年代には主流の映写機ではあったけれど、実際に、それが作動して、スクリーンにフィルムを映し出す様子を目撃したのは、私にとって、初めてのこと。現役のカーボン式映写機なんて、おそらく世界中を探したって見つからないんじゃないだろうか。劇場主はゆうに八〇歳を越えているが、コロナ禍が過ぎ去ったら、まだまだこれを使って、上映会を行いたいと若い学生たちに静かに語りかけた。

(1) 田村優子、二〇二一年、二〇頁

おわりに

映画館をめぐる旅は、どうやら、尽きることはないようだ。この文章を書きながら、クエンティン・タランティーノ監督『イングロリアス・バスターズ』を思い出していた。幼い頃、ナチのユダヤ・ハンターに家族を奪われた少女ショシャナ。彼女は成長して、ナチ占領下のパリで、叔父から受け継いだ映画館主となっている。ドイツの国威発揚映画のプレミア上映を託された彼女は、戦火の中、守り通してきた映画館を舞台に復讐を企てる、それも映画館ならではの方法で。そう、映画館は、知恵と人生経験と色褪せぬ感性のせめぎ合う場所。

いつか、映画館で会いましょう。

●写真1～4は筆者撮影

〔参考文献〕

田村優子『場末のシネマパラダイス　本宮映画劇場』筑摩書房、二〇二一年
日本映画製作者連盟「日本映画産業統計」映連データベース―一般社団法人日本映画製作者連盟（eiren.org）
コミュニティシネマセンターJapan Community Cinema Center（jc3.jp）

データから見る福島県の清酒

佐々木康文

はじめに

都道府県の中で三番目に広い面積を有する福島県は、太平洋に面し比較的穏やかな気候と海の恵みがある浜通り、東北新幹線と東北自動車道が貫き人口も多い中通り、磐梯山や猪苗代湖などの自然に加えて歴史と文化のある会津の三つのエリアから構成されている（図1）。この広大な福島県では、以前から三つのエリアで清酒造りが盛んに行われてきたが、福島県で醸される清酒は、全国新酒鑑評会で九回連続の金賞受賞数日本一という偉業を成し遂げたこともあり、近年ますます注目を浴びるようになっている。ここでは、魅力的な地域資源の一つである福島県の清酒の特徴をできるだけデータを参照しながら述べてみたい。

国土地理院承認 平14総複 第149号

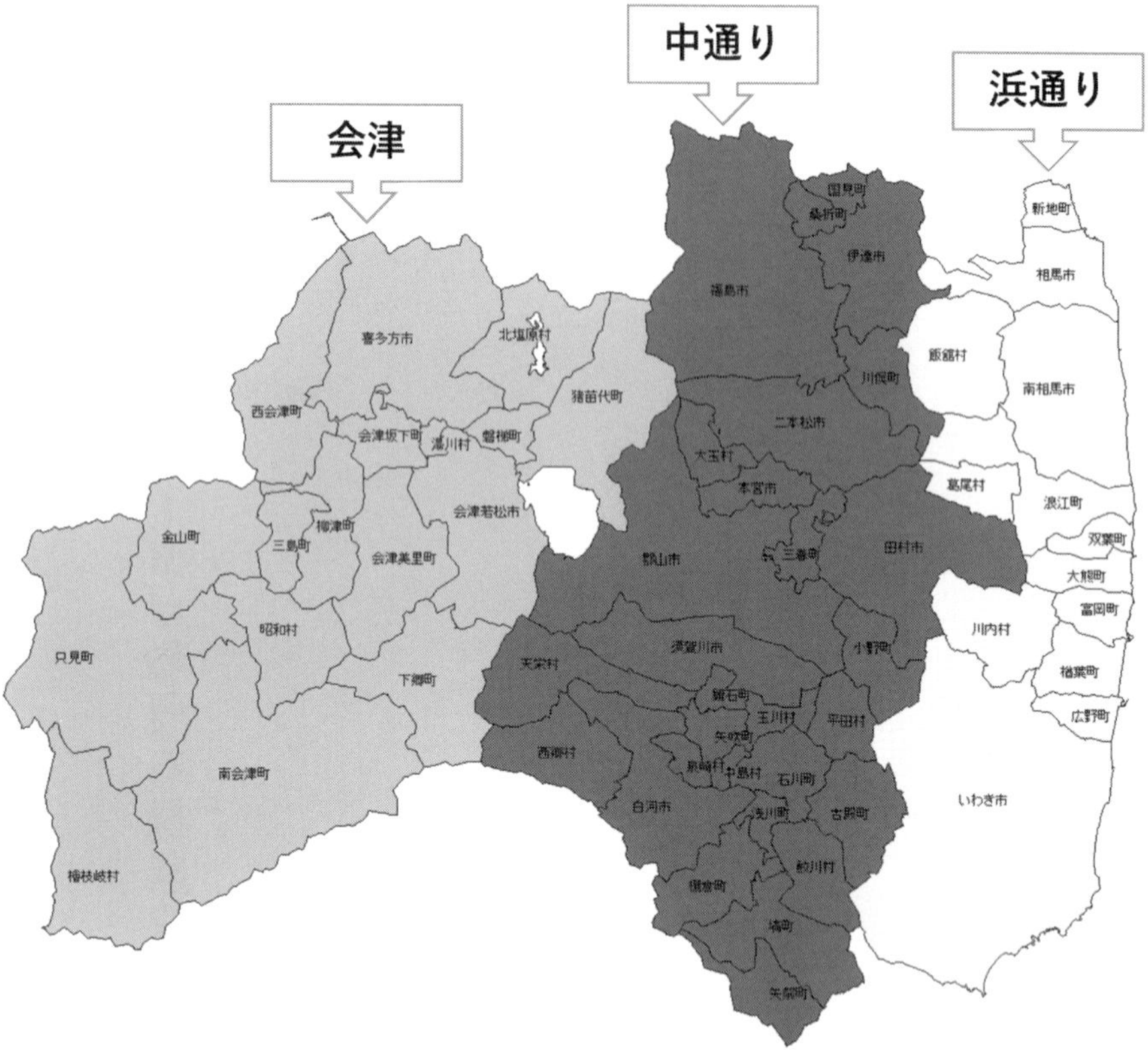

図1　福島県（白地図KenMapの地図画像を編集）

1　日本の清酒産業の現状

長期的な減少

まず本節では、福島県の清酒に関して述べる前に、日本の清酒産業がおかれている状況を確認してみたい。図2は、昭和二四年度から令和三年度までの清酒課税移出数量の推移である。清酒の課税移出とは、酒税の対象である清酒を製造場から移出（出荷）することであるが（高橋二〇一八）、図2を見ると、清酒課税移出数量は、戦後復興と高度経済成長の時期に急速に増大し、昭和四八年度にピークを迎えている。その後、バブル期と重なる昭和の終わり頃から平成の初めにかけてやや持ち直したものの、その先は長期的に減少している。図2の元データ（国税庁）を確認すると、令和三年度の清酒課税移出数量は三九九千KLであり、最も多かった昭和四八年度の一七六六千KLから大幅に減少し、

図2　清酒課税移出数量の推移

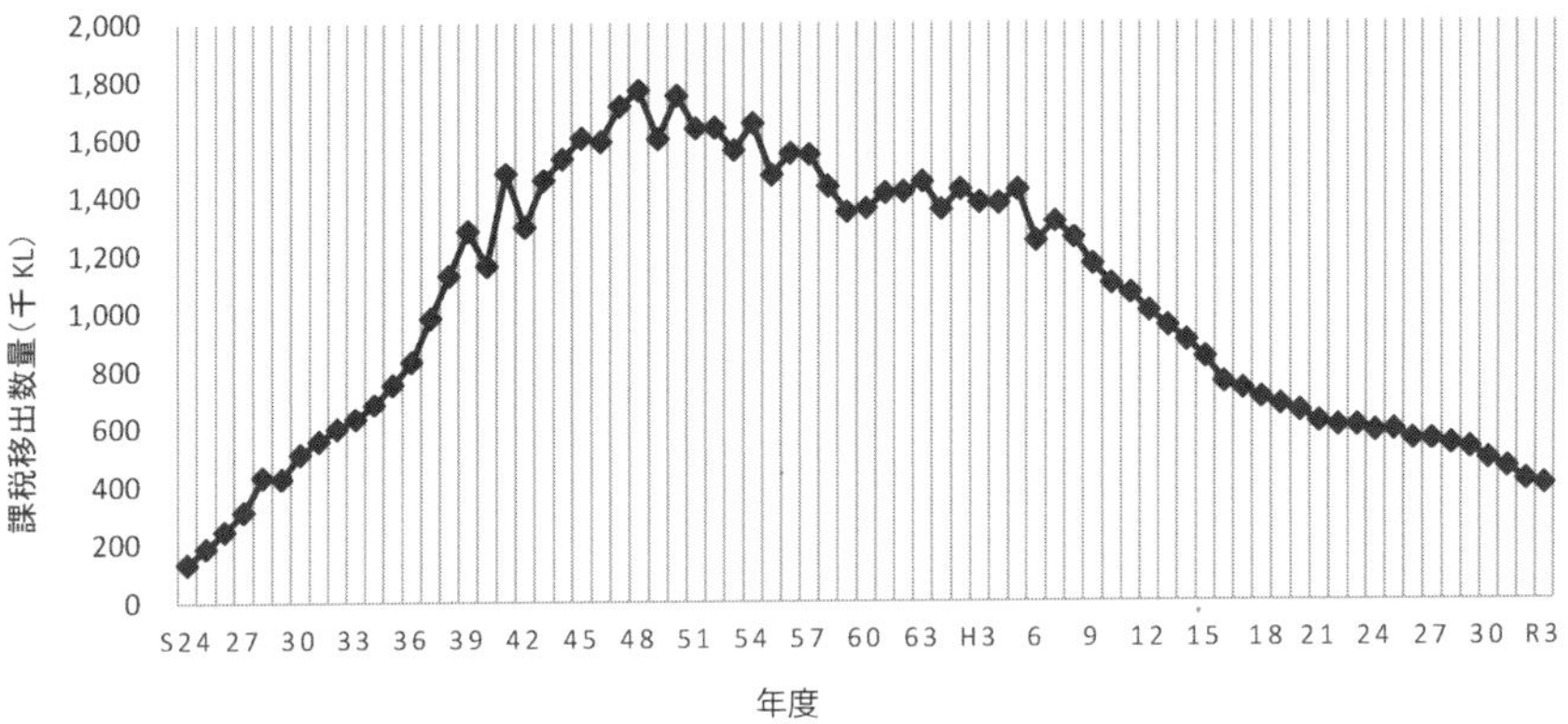

（出所：国税庁『長期時系列データ 酒税』より作成）

図3　清酒課税移出数量とその内訳の推移

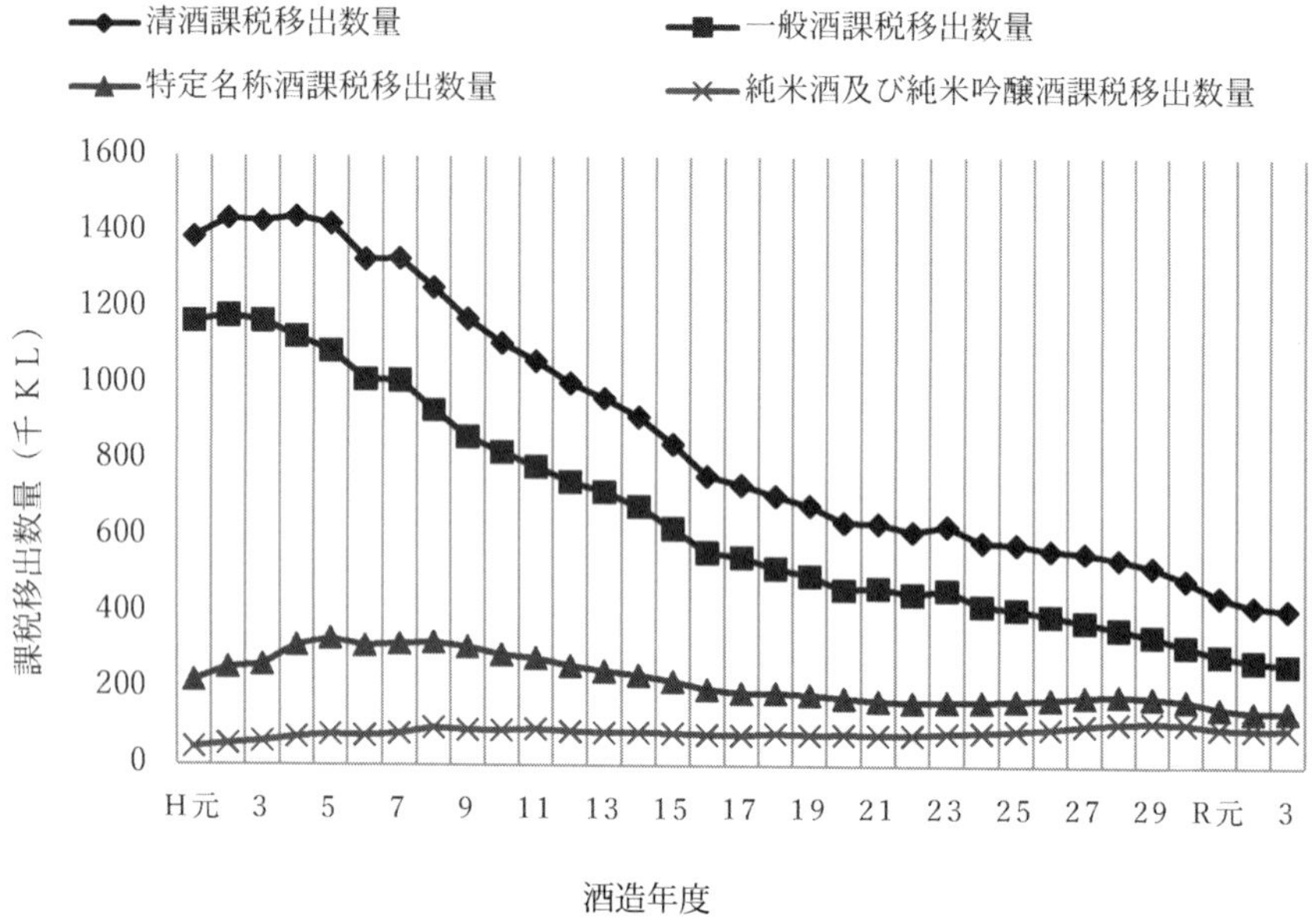

（出所：国税庁『清酒の製造状況等について』令和5年4月より作成）

ピーク時のわずか二割程度にまで落ち込んでいる。日本の清酒産業は長く厳しい状況にある。

高付加価値な清酒が占める割合の上昇

しかし、清酒全体の長期的な落ち込みとは別に、清酒産業には、注目すべきもう一つの傾向がある。それは、特定名称酒と呼ばれる高付加価値な清酒の清酒全体に占める割合が上昇しているという事実である。清酒は、大別すると、一般酒と特定名称酒に分けられる。このうち特定名称酒は、吟醸酒、純米酒、本醸造酒のことであり、原料や製造方法等の違いによって、さらに吟醸酒、純米酒、大吟醸酒、純米吟醸酒、純米大吟醸酒、特別純米酒、本醸造酒、特別本醸造酒の八種に分類される（国税庁『「清酒の製法品質表示基準」の概要』）。これに対して、特定名称酒以外のものが一般酒となる。すなわち、一般酒と特定名称酒の数量の合計が清酒全体の数量になる。

これをふまえた上で、図3を見て欲しい。この図は、平成元酒造年度[1]から令和三酒造年度までの一般酒と特定名称酒の課税移出数量のそれぞれの推移と、両者を合計した清酒課税移出数量の推移を表したものである。加えて、特定名称酒の中に含まれる純米酒と純米吟醸酒の課税移出数量の推移も確認できる。この図を見ると、平成元酒造年度は、清酒課税移出数量に占める一般酒の割合がかなり大きい。この図の元データ（国税庁）を確認すると、平成元酒造年度の一般酒の課税移出数量一一六六千KLに対して、特定名称酒の数量は二二一千KLであり、両者の合計である清酒課税移出数量の一三八七千KLのうち一般酒の割合は八四％もある。それに対して特定名称酒は一六％程度にとどまっている。しかしそれ以降を確認してみると、一般酒の課税移出数量は大きく減少し、それとともに清酒全体の数量も大きく減少しているが、特定名称酒は一般酒ほどの割合では減少していない。むしろ、平成時代の後半には、横ばいや数年連続でわずかに増加した部分もある。しかも、特定名称酒の中から純米酒と純米吟醸酒を取り出して、その変化を見てみると、平成の後半にかけて安定的に推移し、この図の中では平成二九酒造年度に最大数量を記録している。結果として、令和三酒造年度は、清酒課税移出数量四一三KLのうち一般酒が二六八KLで約六五％を、特定名称酒が一四五KLで約三五％を占め、平成元酒造年度と比べると、高付加価値な特定名称酒が清酒全体に占める割合が上昇している。

（1）酒造年度とは、毎年の七月から翌年の六月までの期間のことである。

表1　福島県内の清酒製造場の所在地と数

会津（合計35）	中通り（合計25）	浜通り（合計6）
喜多方市11、会津若松市9、南会津町4、会津坂下町3、会津美里町3、磐梯町2、猪苗代町1、只見町1、西会津町1	郡山市6、二本松市5、白河市4、天栄村2、田村市1、平田村1、福島市1、古殿町1、三春町1、本宮市1、矢吹町1、矢祭町1	いわき市4、浪江町1、双葉町1
福島県全体の合計66		

（出所：仙台国税局『東北酒蔵マップ（清酒）』令和4年11月1日現在版より作成）

このように、日本の清酒産業は、全体として長期的に大きく縮小する一方で、その内訳を見ると、純米酒や吟醸酒などの高付加価値な特定名称酒の存在感が増してきている。後に見るが、福島県の清酒産業も全体が縮小する中で特定名称酒の割合を高めてきている。

2　福島県の清酒産業の現状

清酒製造場の数と位置

ここでは、福島県の清酒産業の現状を確認してみたい。まず製造場の数であるが、国税庁『令和3年度3間接税 酒税』を見ると、福島県の清酒の製造免許場の数は六七となっている。[2] これは、新潟県（一〇二）、兵庫県（九〇）、長野県（八五）、福岡県（六八）についで全国五番目の数で、東北地方の中では最も多い。[3]

次に、県内における製造場の位置を確認してみたい。仙台国税局『東北酒蔵マップ（清酒）』（令和四年一一月一日現在版）を見ると、福島県には六六の清酒製造場がある。表1で、その内訳を確認してみると、福島県を構成する三つのエリア（浜通り、中通り、会津）のうち、会津には三五、中通りには二五、そして浜通りには六の

（2）　ただし、このすべてが実際に製造しているとは限らない。

（3）　二番目は山形県の五五である。

表 2　清酒主産地の出荷量推移（日本酒造組合中央会調、単位 KL）

順位＼年	2018年	2019年	2020年	2021年
1	兵庫　123,633	兵庫　115,407	兵庫　106,849	兵庫　107,439
2	京都　92,305	京都　88,066	京都　81,345	京都　78,569
3	新潟　39,735	新潟　37,773	新潟　34,265	新潟　33,018
4	千葉　20,997	埼玉　20,524	埼玉　20,450	埼玉　20,948
5	埼玉　20,780	千葉　20,141	千葉　18,094	千葉　17,908
6	秋田　18,742	秋田　17,811	秋田　16,183	秋田　15,851
7	愛知　14,186	愛知　12,913	愛知　11,878	愛知　11,447
8	福島　12,701	福島　12,333	福島　11,125	福島　10,203
9	長野　10,357	長野　9,798	山梨　8,772	長野　8,305
10	山梨　9,970	山梨　9,368	長野　8,388	山梨　8,192

（出所：日刊経済通信社『酒類食品統計月報』2023（令和5）年1月号より作成）

製造場がある。酒どころとして有名な会津に半数を超える製造場がある一方で、中通りにも多くの製造場があり、浜通りも含めて福島県の三つのエリアすべてで清酒が醸造されていることが分かる。

このように福島県は、全国的にみても、東北地方の中でも、多数の製造場を有する県であり、また、会津を中心としつつ、県内の様々な場所で清酒の製造が行われているのである。

清酒の出荷量と出荷先

ここでは、福島県で製造された清酒の出荷量を確認してみたい。表2は清酒主産地の清酒出荷量の推移であるが、福島県の清酒は、二〇一八年から二〇二一年まで全国八位の出荷量を維持している。ＣＭなどで認知度が高い大手メーカーが生産する兵庫県や京都府、淡麗辛口で一世を風靡した新潟県などには及ばないものの、福島県の清酒の出荷量は、東北では秋田県に次いで第二位であり、全国でも上位に入っている

表 3　2021 年特定名称酒出荷量上位 5 府県（日本酒造組合中央会調、単位 KL）

順位	特定名称酒	（純米吟醸酒）
1	新潟　23,135	新潟　7,059
2	兵庫　16,339	山口　3,393
3	京都　9,288	福島　2,567
4	秋田　7,593	山形　2,434
5	福島　6,090	秋田　2,226

（出所：日刊経済通信社『酒類食品統計月報』2023（令和5）年1月号より作成）

のである。

次に、高付加価値な特定名称酒における福島県の清酒の出荷量を確認したい。先ほどの表2の出荷量の数字は、一般酒と特定名称酒の両方が合算された清酒の総出荷量であった。ここでは、特定名称酒の出荷量だけを取り出してみたい。表3は、二〇二一年の特定名称酒出荷量の上位五府県の順位である。この表から分かるように、福島県は、高付加価値な特定名称酒の出荷量で、先ほどの八位から順位を上げて全国五位となる。しかも、特定名称酒の中に含まれている純米吟醸酒の出荷量だけに着目してみると、さらに順位を上げて全国三位になる。出荷量が全国で上位ということは、それだけ需要があり、評価も高くなっていると考えられるが、福島県の清酒は、高付加価値の清酒の中でこれだけ上の位置にくるのである。

それではこのような特徴を持つ福島県の清酒は、どのような地域に出荷されているのか。国税庁『酒類製造業及び酒類卸売業の概況』（令和五年六月）に、調査票調査の結果に基づいて[4]、福島県の清酒が課税移出された移出先の割合が記載されている。これを見ると、福島県の清酒は、五〇％が自県内に移出されており、福島県を除く東北五県に四・八％、残りの四五・二％が東北以外である。要するに、福島県の清酒は、五割が県外に出荷されており、しかもその多くが東北以外の地域ということになる。

特定名称酒の占める割合が大幅に上昇

すでに確認したが、日本の清酒産業は、全体の出荷量を長期的に大きく減らしている一方で、純米酒や吟醸酒などを含む高付加価値の特定名称酒が全体に占める割合を高めてき

（4）　福島県は六六の製造者数に対して回答者数が五八であった。

表4　福島県の清酒課税移出数量の推移（単位L）

年	清酒全体の課税移出数量 A	特定名称酒の課税移出数量 B	Bの対前年比	清酒全体に占める特定名称酒の割合	吟醸酒の課税移出数量 C	Cの対前年比
平成19年	18,972,997	5,702,952	—	30.1%	1,688,619	—
平成20年	18,394,221	5,876,791	103.0%	31.9%	1,773,693	105.0%
平成21年	16,898,250	5,726,013	97.4%	33.9%	1,769,287	99.8%
平成22年	15,561,998	5,526,160	96.5%	35.5%	1,683,588	95.2%
平成23年	15,673,926	6,442,082	116.6%	41.1%	2,028,570	120.5%
平成24年	14,940,452	6,151,185	95.5%	41.2%	1,945,472	95.9%
平成25年	14,275,952	6,215,403	101.0%	43.5%	2,021,615	103.9%
平成26年	14,047,884	6,292,213	101.2%	44.8%	2,107,508	104.2%
平成27年	13,864,161	6,711,040	106.7%	48.4%	2,484,496	117.9%
平成28年	13,629,018	7,025,598	104.7%	51.5%	2,807,806	113.0%
平成29年	13,226,122	7,057,280	100.5%	53.4%	2,893,441	103.0%
平成30年	12,729,411	7,071,258	100.2%	55.6%	3,063,575	105.9%
令和元年	12,332,014	7,008,056	99.1%	56.8%	3,239,896	105.8%
令和2年	11,124,987	6,282,417	89.6%	56.5%	3,116,172	96.2%
令和3年	10,209,080	6,094,863	97.0%	59.7%	3,076,670	98.7%

（出所：福島県酒造協同組合から提供を受けた統計表より作成）

ている。例えば令和三酒造年度には、一般酒が全体の約六五%であったのに対して、特定名称酒は約三五%となっていた。このように全体の出荷量が大幅に減少する中で、全体に占める特定名称酒の割合が高まる状況は、福島県の清酒についても同様に確認できる。つまり表4(5)で、平成一九年から令和三年までの福島県の清酒課税移出数量の推移を見てみると、令和三年の清酒全体の課税移出数量は平成一九年の数量の半分近くにまで減少している。このように清酒全体としてはかなり厳しい状況にある。しかし他方で、特定名称酒の課税移出数量に関しては、令和にコロナの影響を受けたと思われる減少があるもの

（5）単位はKLではなくLになっている。

の、この間に増加していることが分かる。結果として、福島県の清酒全体の課税移出数量に対して特定名称酒の数量が占める割合を計算すると、令和三年は約六〇％に達しており、平成一九年の約三〇％から大幅に上昇している。

ところで、表4には、特定名称酒の中に含まれる吟醸酒の課税移出数量の推移も記載されており、また、特定名称酒と吟醸酒の数量の対前年比の増減が確認できる。これらを見ると、後述する福島県の金賞受賞数日本一の九連覇が始まった平成二四酒造年度あたりから、特定名称酒とそれに含まれる吟醸酒の数量が対前年比で増加する年がしばらく続いており、特に平成二七年と平成二八年に関しては大きく伸びている。断定はできないが、この伸びには、平成二三年に発生した東日本大震災と原発事故の被災地への応援消費などに加え、金賞受賞数日本一の連覇のニュースが関係している可能性がある。

3　福島県の清酒の質の高さを支える要因

ここまで見てきたように、福島県の清酒産業は、高い割合で高付加価値の特定名称酒を出荷する構造に変化してきた。ここでは、この変化を可能にした福島県の清酒の質の高さを支える要因について述べてみたい。

このような要因として、まず推測されるのは、酒造りに適した気候や風土および水などの存在に加え、個々の酒蔵の独自の力と取り組みなどであろう。しかし実は、個々の酒蔵の力と取り組みなどからくるものだけではなく、福島県の清酒製造技術を広く底上げするような、県全体としての取り組みや酒蔵同士のつながりなど、個々の酒蔵を越えた要因も福島県の清酒の質の高さを支えている面がある。以下で紹介したい。

周知のように、福島県の清酒産業は、平成二四酒造年度から令和三酒造年度まで、酒類総合研究所が開催する全国新酒鑑評会という歴史ある鑑評会で、九回連続金賞受賞数日本一という前例のない偉業を成し遂げた。この鑑評会で金賞を受賞するということは、偶然を除けば、金賞を受賞した酒蔵が、鑑評会で高く評価される品質の清酒が醸造されるように酒造りをコントロールする技術を有している証である。しかも他の都道府県との激しい競争の中で、金賞を受賞した酒蔵の数が日本一になり、加えてそれを九回連続で達成できたということは、金賞レベルの清酒の醸造を何度も再現できる技術を持つ酒蔵が複数存在している可能性が高い。また、すでに確認したが、福島県の清酒は、鑑評会だけで評価されているのではなく、付加価値の高い特定名称酒の出荷量が全国上位であり、加えて、清酒の五割が福島県外に出荷されているという調査結果があることをふまえると、消費者からもその質の高さが評価されていると推測できる。それでは、このように外部から評価される福島県の清酒の質の高さを支える要因は何か。福島県の清酒産業のレベルを向上させた功労者の一人である鈴木賢二氏が二〇一七年に行った講演の記録（鈴木二〇一七）が、福島経済同友会の会報『ふくしま経済同友』（No.15）に掲載され、同会のＨＰで公開されている。この講演において、鈴木氏は、福島県産酒が躍進した要因として以下の三つを挙げている。

一つ目の要因は、酒造りの現場責任者である杜氏の高齢化に対する懸念から、地元で杜氏を養成するために設立された「清酒アカデミー」である。この清酒アカデミーは、一九九二年に福島県酒造協同組合と福島県ハイテクプラザが設立したもので、初級・中級・上級の三年課程において酒造りに関する講義と実習を受けるものとなっている（高橋二〇一八）。鈴木氏によれば、「卒業生は二五〇名を超え、杜氏養成者は県内五五製造場中三六人」であり、[6]しかも清酒アカデミーの生徒の大半が酒蔵の従業員であるため、蔵人同士のつながりが生まれ、技術交流が盛んに行われ、それが福島県全体の底上げにつながっているという（鈴木二〇一七）。

二つ目に鈴木氏が挙げる要因は、「高品質清酒研究会」（通称「金取り会」）の存在である。この会は、全国新酒鑑評会で金賞の獲得を増やすために県内の蔵元たちによって一九九五年に結成されたものであるが、そこでは、自分の蔵の醸造技術を門外不出にするのではなく互いに教え合い、各自の酒を比べ合うなど、情報交換と技術共有によって全体のレベルアップを図っているという（高橋二〇一八）。

最後に三つ目は、「吟醸酒製造マニュアル」の存在である。これは、ある年の全国新酒鑑評会の結果が良くなかったため、蔵元たちと反省を行った際に、その意見がバラバラだったことから、指針となるものの必要性を感じた鈴木氏が作成したものである。最も金賞を取りやすいと鈴木氏が考える製造法とポイントが列記されており、毎年内容の一部を更新して酒造講習会[7]で配布されている（鈴木二〇一七）。

以上のように、福島県の清酒産業が高品質の酒を醸造する背景には、清酒アカデミーのように酒造りの担い手を育成しようとする県全体としての取り組みに加え、そこで一緒に学ぶことで培われた人間関係や金取り会のような場があることで、それぞれの蔵が互いに交流して、教え合い、情報交換する文化が形成されていることが要因としてある。また、

(6) これは講演当時の数字であるが、清酒アカデミーで学んだ二五〇名を超える卒業生のうちの三六人が杜氏として現場で活躍しているという意味だと思われる。

(7) 酒造講習会では、その年の米の溶けやすさとそれに合わせた酒造りの提案や、前年の酒造りの反省点に加え、様々な研究成果の紹介が行われている（鈴木二〇一九）。このような講習会も福島の清酒の品質向上に貢献していると思われる。

表5　SAKE COMPETITIONに出品された会津清酒と出品酒全体の比較

区分		酸度	アミノ酸度	グルコース	酢酸イソアミル	カプロン酸エチル	イソアミルアルコール
純米酒	全体の平均	1.4	1.1	1.5	2.6	2.4	140.5
	会津清酒の平均	1.5	1.3	1.9	3.8	2.8	126.0
純米吟醸酒	全体の平均	1.4	1.1	1.7	2.4	3.6	132.5
	会津清酒の平均	1.5	1.3	2.0	3.7	4.6	119.0

（出所：会津若松市『市政だより』2019年12月1日号より作成）

酒造講習会を開催して、県内の酒蔵に最新の情報を伝え、製造マニュアルを配布することで、経験や勘だけに頼るのではなく、できるだけデータに基づいた科学的で再現性のある酒造りが可能になっている点も要因の一つであると言えるだろう。

4　福島県の清酒の味わい

最後に、福島県の清酒の味わいについて述べたい。福島県には数多くの酒蔵があり、各蔵が個性を持っている。また、仮に同じ蔵でも、造り方、麹菌や酵母、米、水、火入れと生の違い、原酒と加水の違い、熟成などによって味の違いが出る。それ故、福島県の清酒の味わいは多様であるとしか言いようがない。しかし他方で、これは筆者の主観になるが、複数の酒蔵の清酒を飲み比べる中で、共通する福島らしさを感じることがある。このように、福島県の清酒の味わいを語るのは容易ではない。だがここでは、諦めるのではなく、何らかの手がかりとなるイメージを得るために、酒どころとして有名な会津の清酒に焦点を絞って、客観的な分析による味わいの特徴を紹介したい。もちろんこれは、「SAKE COMPETITION」という市販酒を審査対象とするコンテストに出品された、ごく限られた範囲の会津清酒の成分の平均値から得られた味わいのイメージである。それぞれに個性を持つ福島県の清酒の一つ一つの味わいを説明できるものではない。しかし、酒どころとして有名な会津の市販酒であれば、清酒に興味のある人々が味わう機会が多くなり、結果として、福島県の清酒の味わいとしてイメージされる酒質に近い可能性があるため、この分析を取り上げてみる。

表5は、会津若松市の『市政だより』(二〇一九年一二月一日号)に掲載されたものであり、開催年は不明であるが「SAKE COMPETITION」に出品された会津清酒とコンテストの出品酒全体の成分の平均値を福島県ハイテクプラザが分析した結果である。この市政だよりによれば、酸度は酸味、アミノ酸度はうま味、グルコースは甘味、酢酸イソアミルとカプロン酸エチルは吟醸香の指標であり、それぞれの数値が高くなると、酸味、うま味、甘味、吟醸香が高くなり、それぞれの数値が低いとその逆になる。また、香りのベースとなるイソアミルアルコールは、数値が高いと味が重くなり、低いと軽くなる(会津若松市二〇一九)。これをふまえて、表5を見ると、会津清酒の成分の平均値は、全国の平均値に比べて、酸味、うま味、甘味、吟醸香に関連する成分の数値が高く、イソアミルアルコールの数値は低くなっている。つまり、この分析結果から想像される会津清酒のイメージは、全国平均より高めの甘味とうま味を、少し高めの酸味が支えることで、しっかりした味がある上に、フルーティーな吟醸香もあるが、軽快で飲みやすい酒ということになろうか。もちろんこれは、限られた範囲の清酒から得たイメージにすぎないが、福島県の清酒の味わいを考える上での手がかりの一つになるだろう。

おわりに

福島県の清酒は、全体としての出荷量が減少する一方で、高付加価値な特定名称酒の数量を増やして、全体に占めるその比率を大幅に高めた。また、全国新酒鑑評会で九連覇を果たしたことで、注目を浴び、全体のイメージとブランド力を向上させた。高級酒と言える純米吟醸酒の出荷量が全国上位であることなどに、福島県の清酒の質に対する評価や期待が表れていると思われるが、福島県の清酒に興味がある二〇歳以上の方々は、数種類の福島県産酒から、その多様性とともに、そこに存在するかもしれない共通性を探しながら、福島県の清酒の質を確かめてみるのもよいだろう。

また、福島県の清酒を醸造する酒蔵の個性や目指す酒造りの方向性を知ることも重要だと思われる。これらを理解すると清酒の味わいが一層深くなる。あくまでも私見だが、例えば酒質では、少し甘めで味があり、穏やかで優しく飲みやすい清酒を目指している蔵が多いと感じる。また、先述の会津清酒のイメージとも重なるが、より洗練し、きれいな甘さとうま味を含むやわらかくてキレのある酒質を目指していると感じる蔵がある。香りに関しては、銘柄によって様々だが、フルーツのような香りや風味を出そうとする蔵がある。また、香りは控えめにして、うま味と酸味があり熟成や燗にも向く酒質を目指す蔵もある。

造りでは、生酛や山廃などの伝統的な手法を得意とする蔵、四段仕込みの手法により甘口できれいな酒を造る蔵、仕込みに木桶を使う蔵などがある。無農薬米を使うなど自然志向の蔵、地元の食材や料理に合う酒を意識して造る蔵、地場の原料を使い酒蔵を取り囲む地域の風土を酒に表現しようとする蔵もある。

これ以外には、福島県が独自に開発した「うつくしま夢酵母」や「うつくしま煌酵母」という酵母や、「夢の香」や「福乃香」という酒米を使用した清酒を造る蔵がある。加えて、これは福島県の酒蔵だけの話ではないが、冬から春にはフレッシュな「しぼりたて」や「にごり」、秋には熟成し落ち着いた「ひやおろし」というように季節ごとの酒を出して楽しませてくれる蔵もある。

清酒は福島県にとって重要な地域資源である。福島県の清酒を大切な文化的資源の一つとして守り育てていくには、それに関する知識と情報を普及させ、広大な福島県の豊富な食材や料理との相性も含めて、清酒の幅広い楽しみ方を地域文化として根づかせていくことが重要だと思われる。

〔付記〕本章を執筆するにあたり、五ノ井智彦氏に聞き取り調査を行い、多くのヒントを得た。また、福島県酒造協同組合からは統計データの提供を受けた。深くお礼を申し上げたい。

〔参考文献〕

高橋宏幸「確かな品質が認められてきた福島県の清酒」とうほう地域総合研究所『福島の進路』No.435、二〇一八年一一月

鈴木賢二「福島県産酒の躍進 その理由について」福島経済同友会『ふくしま経済同友』No.15、二〇一七年七月

鈴木賢二「福島県産酒、金賞受賞数6年連続日本一の軌跡とこれからの課題について」日本環境衛生センター『生活と環境』Vol.64、No.4、二〇一九年五月

〔参考資料〕
国税庁『長期時系列データ 酒税』
国税庁『清酒の製造状況等について』令和五年四月
国税庁『「清酒の製法品質表示基準」の概要』
国税庁『令和3年度 3 間接税 酒税』
国税庁『酒類製造業及び酒類卸売業の概況』令和五年六月
仙台国税局『東北酒蔵マップ（清酒）』令和四年一一月一日現在版
日刊経済通信社『酒類食品統計月報』二〇二三（令和五）年一月号
福島県酒造協同組合から提供を受けた統計表
会津若松市『市政だより』二〇一九年一二月一日号

column

福島県に二つの地元紙が存在する理由

新藤雄介

二つの県紙は珍しい

二〇二三年現在、福島県には二つの拮抗する地元紙（県域新聞）が存在する。それが、『福島民報』と『福島民友』の二つである。二つあるのがどうしたの？　と思う読者がほとんどだろう。だが、実はこれはかなり珍しい。全国のほとんどの都道府県では、全国紙（読売・朝日・毎日・日経・産経）のみか、そこに一つの県紙が加わって購読者の大多数を占めるという状況になっている。その原因となったのが、一九四〇年代の第二次世界大戦下で流言飛語（根拠のない情報や噂）の抑制と物資不足による用紙の節減に加え、戦争遂行の世論形成を目的として行った新聞統合による一県一紙体制というものである。ここでは、その一県一紙体制の前後を中心に、二つの県紙が生まれることになった経緯を、手短に見ていくこととしよう。

一〇〇年を超える二つの新聞の誕生

『福島民報』は、福島県の自由党の人々が自分たちの機関紙を作ろうということで、一八九二（明治二五）年八月一日に創刊した。一方の『福島民友』（当時は『福島民友新聞』）が創刊したのは、約七年後の一八九九（明治三二）年一一月二五日だった（号数は『福島実業新聞』などを引き継いで一〇六五号から始まる）。そのため、両紙は創刊一〇〇年を超える伝統ある新聞である。注目しておきたいのは、『福島民友』の創刊に、自由党の分裂が関係していることである。一八九八（明治三一）年に、自由党の福島支部が自由党本体から離れる「分離派」と、支部を継続する「非分離派」とで立場が分かれた。そのうちの非分離派が、『福島民報』社長らが所属する旧自由党系の憲政党（後の立憲政友会）となった。一方で、分離派の憲政本党（後の立憲民政党）も、自分たちの機関紙を必要とした。こうして福島の憲政本党の人々が作ったのが、『福島民友』だった。

新聞統合と一県一紙体制

福島県での新聞統合が始まるのは、一九三九（昭和一四）年からである。それ以前の状況では、日刊新聞が小さいものも合わせて二九紙が存在していた。統合にあたっては、会津、中通り、浜通りという三つの地区に分けて、まずそれぞれの統合が進められた。会津では一九三九（昭和一四）年に統合して新たに『会津新聞』となり、浜通りでは一九四〇（昭和一五）年に統合して新たに『磐城毎日新聞』となった。問題は、中通りである。福島市には立憲政友会系の『福島民報』と立憲民政党系の『福島民友』の二紙が存在していた。統合にあたっては県知事の橋本清吉による強い要請もあり、最終的には一九四一（昭和一六）年一月に、歴史が最も古い『福島民報』を残し、統合することとなった。つまりここで一旦、『福島民友』は歴史から名前が消えた。その後、一九四一（昭和一六）年八月と九月に『会津新聞』と『磐城毎日新聞』はそれぞれ発行を停止することになり、最終的に『福島民報』に統合された。

『福島民報』の売却と『福島民友』の復刊

戦後になると、『福島民報』は戦時中に県内での独占体制を築いていた状態が終わり、東京の全国紙との激しい競争が予想された。そのため、一九四五（昭和二〇）年八月の日本の敗戦から二ヶ月ほどして、福島民報社の経営権が毎日新聞社に売却された。当初は、『毎日新聞』の支社とする構想であったが、社内外に強い反対を生み出し、最終的には毎日新聞社が買収して経営権を持つが、紙名はそのまま発行されることとなった。

一方で、福島民報社内で毎日新聞社による買収に反発した人々は、『福島民報』を飛び出して自分たちの新聞を発行しようと試みる。こうして再び誕生したのが、『福島民友』である。『福島民友』が再刊したのは、一九四六（昭和二一）年二月二〇日だった。だが、最初は業務を行う社屋も印刷のための設備もない状態から始めなければいけなかった。そのため、社屋は社長に就任した田子健吉が以前経営していた電気会社の建物を使用し、印刷は『河北新報』に代行してもらうことになった。とはいえ、それほど時間を要さずに、『福島民友』は一九四八（昭和二三）年に、自社の印刷工場を設立するまでに成長した。この時、工場建設のために協力を要請した相手が『読売新聞』だった。『読売新聞』と『福島民友』の間で提携契約が成立し、この関係は現在でも続いている。
こうして、福島県は現在でも『福島民報』と『福島民友』が二大県紙として並立する珍しい県となった。

〔参考文献〕

里見脩『新聞統合――戦時期におけるメディアと国家』勁草書房、二〇一一年
町田久次『ふくしま新聞史読本――なぜ福島県には2つ地方紙があるのか』歴史春秋社、二〇一八年
福島県『福島県史 第20巻 各論編6 文化1』福島県、一九六五年
福島民友新聞百年史編纂委員会『福島民友新聞百年史』福島民友新聞社、一九九五年
福島民報社百年史編集委員会『福島民報百年史』福島民報社、一九九二年

column

如春荘——地域住民が文化を守り楽しむ場

——田村奈保子

福島県立美術館と道を挟んだ南側に、「如春荘」と木の看板を掲げた白壁の日本風家屋がある。この建物は、福島大学経済学部（現経済経営学類）財団法人信陵会が学生や職員たちのための集会所施設として一九三七年に建てたものである。その後、国に移管され、現在は福島大学が管理を行っている。県立美術館は、金谷川移転前の経済学部森合校舎跡地に建てられた。そのため、当時校舎近くに建てられた如春荘は、美術館の近くに位置している。如春荘は、管理は続けられていたものの、長い間あまり利用されていなかった。それぞれにしつらえの違う数寄屋造り風の四部屋からなっており、庭も含めて、歴史と趣を感じさせる建物である。筆者が所属する美術館とまちづくり研究会では、美術館に近いという好立地から、二〇一〇年から展示やワークショップ、講座の会場としてここを利用するようになった。当時の活動で最も思い出されるのは、二〇一〇年一一月に行った親子向けの和紙のワークショップである。二本松市特産の和紙でランプシェードを作る際、庭に落ちた紅葉の葉を利用した。子どもたちが縁側から庭に降り、地面を覆う葉から気に入ったものを数枚拾い、ボンドと混ぜた和紙に張り込む様子が、今でも目に浮かぶ。この時、日本的な自然の風景を残す如春荘の良さ

写真１　如春荘玄関

写真2　如春荘春の庭

写真3　如春荘秋の庭と和菓子

を強く実感した。春の桜も美しい。当研究会は引き続き如春荘の利用を希望していた。しかし、東日本大震災後、如春荘は被災した文化財の保管場所に使われるようになったと聞き、当研究会は二〇一一年の七月を最後に催しの場を他所に移し、如春荘から遠ざかった。

その後、二〇一八年六月に、現在運営に当たっている佐藤宏美さん（福島大学教育学部卒）らが如春荘の存在を知り、中に入ったとのことである。その時は震災後の支援物資であった毛布や座布団などが置かれたままで、畳には埃がたまり土足で歩くような状況であったという。同年七月から大学に利用について相談し、九月から庭と縁側の開放が始められた。この時、主催団体として「如春荘の会」という任意団体が結成されたとのことである。開放のための清掃や準備は佐藤さんら団体の方々によって行われ、月一回の「縁側喫茶」が開始された。以前から如春荘に興味を持っていた人たちが当初から多く訪れたとのことである。一二月に企画された大掃除の呼びかけには三〇名近くの参加があり、掃除が一気に進んだと聞く。二〇一九年度から佐藤さんが持つ別法人「一般社団法人ＧＤＭふくしま」と大学との間で賃貸契約が結ばれ、「如春荘の会」として現

写真４　如春荘縁側

在に続く如春荘の運営が本格的に始められた。

同年春には、県立美術館で開催された「東日本大震災復興祈念　伊藤若冲展」に合わせて縁側カフェの臨時営業が行われた。この時の収入で台所の改修が行われ、現在のような定期的な喫茶の営業が可能になった。また、多世代が交流できる催しや伝統文化行事。県立美術館での作品鑑賞後の交流会、ヨガ、金継ぎ、書道などの教室、哲学的対話や震災後の学び、お月見や餅つき、地域芸能祭なども行われている。市のアートイベントの場としての活用も始まっている。

こうして、如春荘の文化施設としての活用は少しずつ安定した方向に向かっているように思われる。しかし、課題も多く残されている。最も大きな課題は、建物の改修である。福島大学からの費用負担が望めない状況にあるため、これまでの工事費用にはカフェ営業などの売り上げがあてられてきた。二〇二一年二月と二二年三月の地震の際には、大学を通じて文部科学省から予算がおり、補修工事を行うことが出来たが、古い建物であるため、今後大規模修繕が必要になることも考えられる。

福島大学経済学部のために建てられた如春荘は、その後管理体制や利用者層は変われど、多くの人たちにとっての文化的施設であり続けている。昭和初期に建てられた歴史的建造物としての価値のみでなく、訪れた人たちそれぞれの思い出の場所ともなっている。再度如春荘の立地を振り返れば、フォーラム福島、県立美術館・図書館、県文化センター、市音楽堂などが点在する文化ゾーンに位置している。如春荘はそのゾーンの豊かさを支える大切な施設でもある。そして、近年の如春荘の利用と保全のための活動が地域住民によって支えられていることも特筆に値する。如春荘は地域文化を守り楽しもうとする住民の文化的意識の醸成の場となっているのである。

如春荘をめぐる活動は、地域住民である私たちが文化を守り育てるにはどうすればよいかを考えさせてくれる好例でもある。公的な大きな施設だけが地域の文化を創り出すのではない。住民が価値を見出し、積極的に活動していくことが、地域の文化を守り豊かにするために欠かせない。その意味でも、如春荘がこれからも福島の文化的な核の一つとして存続していくことを願う。

●写真1～4は佐藤宏美さん（如春荘の会）提供

column

一切経山・安達太良山・磐梯山から見える風景

佐々木康文

福島県には素晴らしい風景が見える山が数多くある。深田久弥の『日本百名山』や田中澄江の『花の百名山』に選ばれて全国的に有名な山はもちろん、地元から愛される山もあり、そこから見える風景が人々を魅了している。ここでは互いに比較的近い場所にある三つの火山から見える風景について述べてみたい。

一切経山

まず初めは一切経山である。この山は、『日本百名山』に選ばれている吾妻山を構成する一連の山々に含まれる火山であり、白い噴気を上げている。一切経山のすぐ近くには吾妻小富士があり、晴天の日などは、福島市内からこの二つの山を見ることができる。

一切経山と吾妻小富士には、磐梯吾妻スカイラインの開通期間であれば、車で浄土平にアクセスし、そこから登ることができる。浄土平には、大きな駐車場に加え、ビジターセンター、天文台、レストハウスがある。また、浄土平の湿原には木道が整備されており、例えばワタスゲなど、湿原に生育する季節ごとの植物と花々を観察しながら、木道歩きを楽しめる。

浄土平から一切経山の山頂に向かう途中は、急登もあり体力を使うが、様々な風景を楽しむことができる。例えば、浄土平では見上げていた吾妻小富士を上から見下ろすことができる。また、雲がかかっていなければ、山頂から

写真１　一切経山への登山中に見下ろした吾妻小富士

は魔女の瞳という別名を持つ五色沼や福島市などが見える。五色沼は雲の動きや光の加減などによって色が変化するように感じる神秘的な沼である。この他には、周囲に木道が整備されている鎌沼に足を延ばして散策することもできる。

安達太良山

次は安達太良山である。この山は、『日本百名山』だけではなく、『花の百名山』にも選ばれており、加えて、高村光太郎の『智恵子抄』に「ほんとの空」がある場所として出てくることでも知られる。

安達太良山にはロープウェイがあり、薬師岳まであれば、比較的容易にアクセスできる。薬師岳には展望台があり、安達太良山とそれに連なる山々の美しい姿を眺めることができる。安達太良山は、花や緑の季節の風景も素晴らしいが、特に印象的なのはその紅葉である。薬師岳からも、雄大な山容が黄色や赤で見事に染まる風景を眺めることが可能であり、紅葉の時期には多くの観光客が訪れる。

写真２　薬師岳から見た安達太良山

薬師岳から安達太良山の山頂までは体力を必要とする登山となる。山頂からは、天気が良ければ、磐梯山などが見えることに加え、二本松市や郡山市などを見下ろすことができる。また、安達太良山も火山であり、山頂からは少し歩くが、火口である沼ノ平を間近から眺めることができる。沼ノ平では、過去の噴火が作り出した迫力のある風景に感動し、月や火星などの異世界に来たような感覚になる一方で、人間の力が及ばない自然の恐ろしさを感じることができる。

磐梯山

最後に磐梯山である。この山も『日本百名山』の一つであるとともに、火山であり、猪苗代湖側からは会津富士という呼び名に相応しく美しい姿を見ることができるが、明治の噴火で山体崩壊が発生した裏磐梯側は荒々しい火山の姿となっている。また、裏磐梯側には、明治の噴火でできた桧原湖や五色沼湖沼群などの美しい自然があり、観光地として多くの人々を魅了している。

磐梯山の登山には体力が必要であるが、その疲れを癒してくれるものとして、まず述べたいのは、弘法清水の付近から見える桧原湖などの裏磐梯の風景である。これは、明治の噴火の前には存在していなかった景色である。

弘法清水から山頂までは、きつい急登があり、足場に気をつけながら登ることになる。しかし、体力を使って登った頂上には、天気が良ければ、眼下に三六〇度の素晴らしい眺望が広がっている。国内で四番目に面積が広い猪苗代湖や、桧原湖などの裏磐梯の美しい風景はもちろん、安達太良山や吾妻の山々などの名山、そして猪苗代町や会津若松市なども見ることができる。また猪苗代湖側では、田植えで水田に水が入った後、一面の水田が水鏡になり、あたかも猪苗代湖の水が水田にあふれたように見える時期がある。この地域で継続的な米作りが営まれていなければ見ることができない風景であろう。

写真３　磐梯山の山頂から見た猪苗代湖

これらの山には様々な植物が生育しており、季節ごとの花々などを楽しむことができる。時には、雲海が広がる様子を見ることもできる。また、この三つの山は火山であり、周辺の温泉地に湧き出す様々な泉質の温泉も素晴らしい。

ただし、これらの山に登る際には、急な火山活動の活発化、火山ガス、天

索引

●あ行●

●か行●

さ行

た行

な行

は行

●ま行●

●や・ら・わ行●

気の急変、危険箇所、落石や滑落、蜂や熊などの野生動物との遭遇、強風、雨や霧、雪、低温や凍結など、様々なリスクがある。各自がリスクを認識し、登る山に関して、天候も含む最新の情報とルートの詳細および経験者のアドバイスなどを得ることや、十分な登山装備と水分や食料などの準備、無理のない計画と休憩、登山届の提出などが重要であろう。

●写真1～3は筆者撮影

〔参考文献〕

深田久弥『日本百名山』新潮文庫、改版、二〇〇三年
田中澄江『花の百名山』文春文庫、新装版、二〇一七年
高村光太郎『智恵子抄』新潮文庫、改版、一九七二年

田村奈保子（たむら・なほこ）／福島大学行政政策学類教授／フランス文学／ポール・ヴァッカ著『鐘の音が響くカフェで』（訳書）春風社、2018年など

久我和巳（くが・かずみ）／福島大学行政政策学類教授／文芸社会学／フレドリック・ジェイムソン著『近代という不思議：現在の存在論についての試論』（訳書）こぶし書房、2005年など

佐々木康文（ささき・やすふみ）／福島大学行政政策学類教授／情報社会論／「ダニエル・ベルの脱工業社会論と資本のシステム」『商学論纂』第54巻第3・4合併号、2012年など

執筆者一覧（執筆順：氏名〔＊は責任編集者〕／所属〔2024年 9月現在〕／専門分野／主要業績）

菊地芳朗（きくち・よしお）／福島大学副学長・行政政策学類教授／考古学／『陸奥と渡島』（共著）KADOKAWA、2022年など

＊**阿部浩一**（あべ・こういち）／福島大学行政政策学類教授／日本中世史／『戦国期の徳政と地域社会』吉川弘文館、2001年など

荒木田岳（あらきだ・たける）／福島大学行政政策学類教授／地方行政／『村の日本近代史』筑摩書房、2020年など

徳竹剛（とくたけ・つよし）／福島大学行政政策学類准教授／日本近現代史／『政治参加の近代―近代日本形成期の地域振興』清文堂出版、2021年など

功刀俊洋（くぬぎ・としひろ）／福島大学名誉教授／地方政治論／「全国革新市長会の結成」『行政社会論集』第34巻第2号、2021年など

金井光生（かない・こうせい）／福島大学行政政策学類教授／憲法学・憲法哲学／『裁判官ホームズとプラグマティズム―＜思想の自由市場＞論における調和の霊感』風行社、2006年など

高橋有紀（たかはし・ゆき）／福島大学行政政策学類准教授／刑事法・刑事政策／「「地域共生社会」は「最良の刑事政策」になり得るか?」『犯罪社会学研究』46号、2021年など

阪本尚文（さかもと・なおふみ）／福島大学行政政策学類准教授／憲法・史学史／『歴史学の縁取り方―フレームワークの史学史』（共著）東京大学出版会、2020年など

今西一男（いまにし・かずお）／福島大学行政政策学類教授／都市計画論／『住民による「まちづくり」の作法』公人の友社、2008年など

塩谷弘康（しおや・ひろやす）／福島大学行政政策学類教授／法社会学／『共生の法社会学―フクシマ後の〈社会と法〉』（共著）法律文化社、2014年など

廣本由香（ひろもと・ゆか）／福島大学行政政策学類准教授／環境社会学・地域環境論／『パインと移民―沖縄・石垣島のパイナップルをめぐる「植民地化」と「土着化」のモノグラフ』新泉社、2024年など

髙橋準（たかはし・じゅん）／福島大学行政政策学類教授／社会学・ジェンダー研究／『ジェンダー学への道案内』北樹出版、2014年など

岩崎由美子（いわさき・ゆみこ）／福島大学行政政策学類教授／農村計画／『食と農でつなぐ　福島から』（共著）岩波新書、2014年など

西田奈保子（にしだ・なほこ）／福島大学行政政策学類教授／行政学／『災害公営住宅の社会学』（共著）東信堂、2021年など

鈴木典夫（すずき・のりお）／福島大学行政政策学類教授／地域福祉／『原発被災した地域を支え、生きる』（編著）旬報社、2022年など

新藤雄介（しんどう・ゆうすけ）／福島大学行政政策学類准教授／メディア史・社会学／『読書装置と知のメディア史―近代の書物をめぐる実践』人文書院、2024年など

大学的福島ガイド――こだわりの歩き方

2024年10月15日　初版第1刷発行

編　者　福島大学行政政策学類
責任編集者　阿部　浩一

発行者　杉田　啓三
〒607-8494 京都市山科区日ノ岡堤谷町3-1
発行所　株式会社　昭和堂
振込口座　01060-5-9347
TEL(075)502-7500／FAX(075)502-7501
ホームページ　http://www.showado-kyoto.jp

印刷　亜細亜印刷

ISBN 978-4-8122-2316-1
乱丁・落丁はお取り替えいたします。
Printed in Japan

かいせいざん
安積中學校
道因寺
開成小學校
開成社
開成山公園
大神宮
競馬場
五十鈴湖
開成沼
淨水池
開成クラブ
名古屋紡績工場
夜打川
日東紡績第二工場
高等女學校
桃見台小學校
農事試驗場
揚水装置場
逢瀬川
會津街道
久保田
福原
三春街道
逢隈橋